JN438799

실로 만드는 행복한 세상

릴공예 홀릭

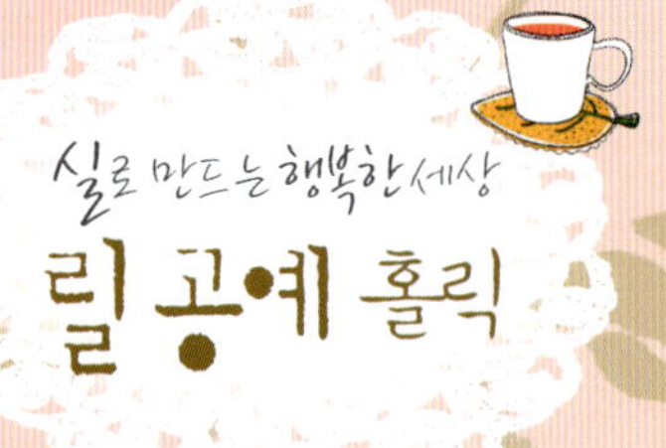

초판 인쇄일 _ 2010년 10월 7일
초판 발행일 _ 2010년 10월 12일
지은이 _ 이지언
발행인 _ 박정모 / **발행처** _ 도서출판 혜지원
주소 _ 서울시 동대문구 장안 1동 420-3호
전화 _ 영업부 02)2212-1227, 2213-1227
전화 _ 편집부 02)2249-7975
팩스 _ 02)2247-1227
홈페이지 _ http://www.hyejiwon.co.kr

기획 · 진행 _ 박정아
디자인, 본문편집 _ 김경미
일러스트 _ 안홍준
표지 _ 김경미
교정, 교열 _ 이희경
영업마케팅 _ 김남권, 황대일, 서지영, 김보균
ISBN _ 978-89-8379-667-7
정가 _ 19,000원

● **잘못 만들어진 책은 구입한 서점에서 교환해 드립니다.**
『릴공예 홀릭』 판매에 대한 여러분들의 소중한 수익금은 출판사 혜지원과 함께 〈KBS 동행〉에 기부됩니다.

혜지원

P r o f i l e

2000년 릴공예 장신구 연구개발

2002년 인천민족미술인협회 섬유미술작가로 활동
"릴" 브랜드 등록

2003년 인사동 가나아트갤러리샵 선정작가(2003년~2006년)
인천민미협 정기전(해시)

2004년 부산공예전 "비움" 초대작가
인천민미협 정기전(인천종합예술회관)
황해미술제 "공터"전
가나아트샵 애장품전 초대전시

2005년 mbc문화센터 "릴공예" 강사
인천지역 사생대회 심사위원
인천민미협 정기전 "세상을 보는 시선" 릴공예 워크샵 진행
제18회 인천노동문화제 기획위원단
연수문화원미술아카데미 "50호에서 놀자" 진행강사
황해미술제 "how much 2080전"(인천종합예술회관)
노동미술가 "성효숙선생님" 인터뷰와 원고기재
쌈지길 공모전 "릴 한복 장신구" 입상

2006년 텐 바이텐 핑거스아카데미 강사
노동문화제 메인디자인
쌈지길 공예작가 온라인샵 오픈
민중가수 "지민주 2집" 자켓디자인
한국타이어 사보 표지작업
대한민국 올해의 작가 "이종구" 교수님 인터뷰와 원고기재
제25회 도쿄디자인페스타 참여(빅사이트)

2007년 온라인샵 "바보사랑" 입점
전교조 기금마련전

2008년 제29회 "대한민국 현대미술대전" 공예부문 입선
공예잡지 "craft house" 창간호 인터뷰
쌈지길아트마켓행사(수원 애경백화점)
신세계 문화센터(죽전) 특강진행
효성초등학교 학부모아카데미 특강
대전 한라비발디 문화클래스 특강
제4회 "경향미술대전" 공예부문 특선

2009년 중동 롯데백화점 릴샵 입점
효성초등학교 학부모아카데미 특강
자이갤러리 문화클래스 특강(대치동)
지펠 문화클래스 릴공예 특강
GS문화센터(송파) 릴공예 특강
"바보사랑" 오프라인 매장 1호점 입점(안양)
"퀸" 12월호 잡지촬영

2010년 제31회 "대한민국 현대미술대전" 공예부분 입상
리빙센스 잡지촬영(핑거스 아카데미강좌)

Prologue

어느날 우연히 십자수라는 것을 알게 되었고

예쁜 색색의 실들을 보니 어릴 때 어머니가 곱게 수놓았던 방석을 즐겨보던 기억이

새삼 떠오르게 되었어요.

우리 동양 자수는 곱고 아기자기하면서도 색채의 대담함까지

다양한 매력이 있지만 평면이라는 한계가 참 아쉬웠어요.

'저것들을 입체적으로 만들어서 내가 지니고 다닐 수는 없을까' 하면서

이렇게 저렇게 연구하고 작업하던 게 시초가 되어 어느덧 10년이라는 시간이 흘렀고

드디어 이렇게 릴공예를 체계화 하는 단계까지 왔네요.

현재 우리나라에는 우리 고유 공예보다 외지에서 들어온 공예들이 많이 활성화되어 있어요.

이와는 반대로 앞으로는 우리나라에서 개발된 릴공예가 해외로 널리 널리 전파되었으면 좋겠어요.

릴공예가 대중적이지 않아 생소할 수도 있고 감이 쉽게 오지 않을 수도 있어요.

그래서 차근차근 그대로 따라할 수 있도록

모든 과정을 사진으로 최대한 자세하게 설명해 놓았습니다.

모쪼록 여러분들이 많이 아끼고 사랑해주세요.

Contents

Chapter 01

릴공예를
소개할게요

Reel Is

릴공예란?

'REEL'이라는 말은 사전적 의미처럼 '실을 얼레[실패]에 감다',
'명주실을 고치에서 자아내다' 라는 뜻이예요.
실을 가지고 작품을 만드는 것과 릴공예 기초 기법인 감는 행위가
이 단어와 참 잘 맞아떨어지고
기억하기도 쉬워 '릴공예'라 칭하게 되었어요.

주로 면사나 특수실 등을 와이어나 PVC판에 감거나 붙여서
장신구나 인테리어 소품 등을 만드는 공예예요.
동양의 아름다움과 현대적 실용미를 접목시켜 디자인되며
특히 면사 소재는 여름엔 시원하고 겨울엔 따뜻하여 착용감이 우수하며
본드의 특수성 때문에 세척이 가능하고
다른 장신구에 비해 매우 가볍다는 장점이 있어요.

각종 실 | 릴공예에 주로 쓰이는 재료

(Anchor)
독일 앵커 면사

릴공예에 가장 많이 쓰이는 면사예요.

장점: 꼬임이 톡톡해서 와이어나 특히 넓은 면적에 감을 때 볼륨있게 촘촘히 감겨요. 원색의 발색력이 좋아 동양적인 미를 자아낼 수 있습니다.

단점 : 디엠씨에 비해 중간톤의 색상 수가 적어요.

(DMC)
프랑스 디엠씨 면사

장점: 중간톤의 색상이 많아요.

단점: 꼬임이 느슨하여 와이어나 특히 넓은 면을 감을 때 고르고 촘촘히 감기가 힘듭니다.

(Anchor)
독일 앵커 레이온사

앵커의 레이온사는 실크 느낌을 낼 때 사용하기 좋으며 두께가 얇고 색감이 뛰어나 동양적인 신비감을 주는 작품에 쓰면 굉장히 고급스러워요. 반면 디엠씨의 레이온사는 품질이 떨어지고 두꺼워 잘 사용하지 않습니다.

(PRECIOUS METAL EFFECTS)
프랑스산 메탈사 - 프레시어스 이펙트

펄감이나 색상이 고급스럽고 재질이 부드럽습니다.

(JEWEL METAL EFFECTS)
프랑스산 메탈사 - 쥬얼리 이펙트

중간톤의 다채로운 색상이 곱고 역시 펄감이 좋으며 재질이 부드러워요.

(ANTIQUE METAL EFFECTS)
프랑스산 메탈사 - 앤틱 이펙트

매트한 느낌으로 앤틱한 느낌을 낼 때 사용해요.

(ANCHOR LAME METAL)
독일 앵커 메탈사

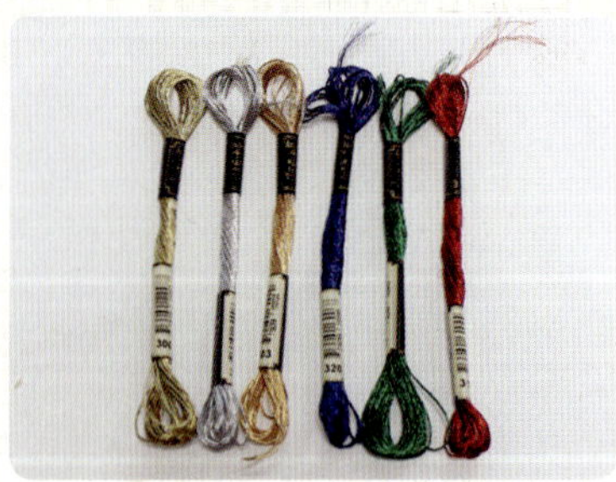

프랑스 메탈사에 비해 빳빳하며 두께가 얇고 광택이 뛰어납니다.

(TIARA METAL)
프랑스 티아라 메탈사

흔하지 않는 특수사인만큼 감았을 때 펄감을 100% 살릴 수 있는 메탈사이며 굉장히 부드럽고 한 줄의 폭이 넓어 감기도 편리합니다.

(NORDIC GOLD METAL)
영국 노르딕골드 메탈사

프랑스 티아라 메탈사와 거의 유사하여 유용하게 쓰여요. 값비싼 티아라 메탈사에 비해 저렴한 편이에요.

(DIADEM)
코츠사의 특수 메탈사 – 다이어뎀

펄감이 고급스럽고 넓적하여 금장이나 은장 효과를 낼 때 최고의 메탈사로 여러 방면으로 유용하게 쓰입니다.

(OPHIR)
코츠사의 특수 메탈사 – 오피르

얇은 한 줄짜리 금사, 은사예요. 부드러워 사용하기 편리하며 얇은 와이어에 자주 사용됩니다.

(GUTERMANN-SULKY)
일본의 특수 메탈사 – 구터만

굉장히 얇은 한 줄에 여러 색상이 그라데이션 되어 있어 독특한 효과를 낼 수 있어요. 단독으로 쓰이기보단 여러 겹으로 사용됩니다.

(CRISTALLINA)
코츠사의 특수 메탈사 – 크리스탈리나

이름처럼 마치 얇은 금속판을 보는 듯한 느낌의 가느다란 메탈사예요. 일본의 특수 메탈사처럼 단독사용보단 여러 겹으로 사용됩니다.

(REFLECTA)
코츠사의 특수 메탈사 – 리플렉타

보슬보슬한 느낌의 얇팍한 한 줄 메탈사로 부드러워 한 줄만으로도 사용하기 좋으며 그라데이션 효과를 낼 때 아주 유용해요.

낚시줄과 투명실

왼쪽은 낚시줄로 비즈를 연결할 때 자주 사용되며 낚시줄 중 가장 얇은 두께예요. 오른쪽은 독일의 투명실로 굉장히 얇고 강도도 좋은 편이어서 자주 애용됩니다.

(DMC)
프랑스 복합사

자연스러운 그라데이션이 되어 있는 면사로서 꽃잎을 표현할 때나 자연물을 표현할 때 유용하게 쓰입니다.

(ANCHOR)
독일 복합사

프랑스 복합사보다 좀 더 다이나믹한 그라데이션으로 1300번대의 색상들은 고급스러운 매치의 컬러들이 복합되어 있어 또 다른 독특함을 느낄 수 있어요.

마끈

소품에 많이 이용되며 내츄럴한 분위기를 내거나 다채로운 면사를 수용하기에 제일 좋은 재료입니다.

와이어와 각종 부자재 | 릴공예에 주로 쓰이는 재료

공예용 와이어(철사)

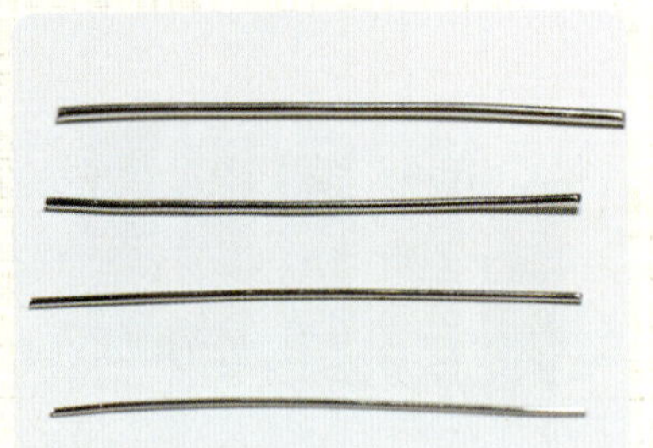

위부터 3mm/2mm/1.6mm/1.2mm이며 굵기에 비해 강도가 부드럽습니다. 그밖에 0.8mm/0.5mm/0.3mm가 자주 쓰입니다(숫자가 작을 수록 얇아요).

플라워 와이어(꽃철사)

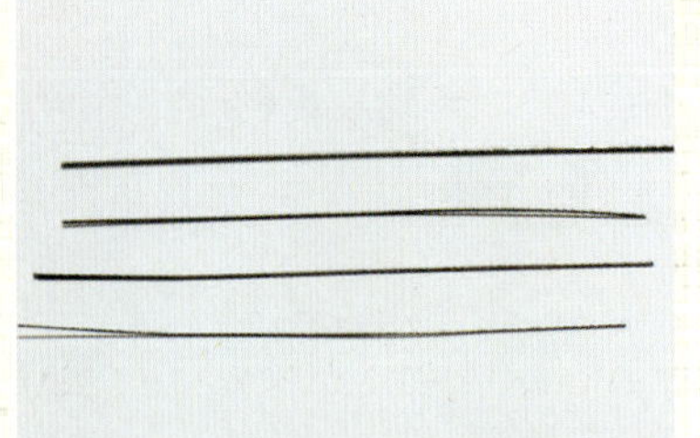

위부터 20호/22호/24호/26호이며 호수가 높을 수록 얇아요. 굵기에 비해 강도가 센 편이에요.

pvc 판(투명 혹은 불투명바디)

얇은 플라스틱 같은 재질의 판이에요.
릴공예에서는 0.5mm pvc(제일 두꺼움), 230mic(중간 정도의 굵기), 200mic(얇은 굵기)가 주로 사용되며 일명 '바디'라고 불립니다.

씨드비즈

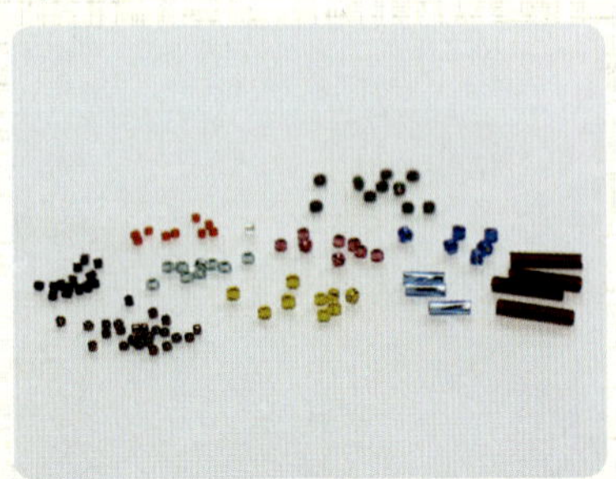

씨드비즈는 일반적으로 일본산이 제일 고르고 품질이 좋으며 그중 기와의 극소비즈는 흔치 않으며 꽃 수술에 많이 사용됩니다.

비즈부자재

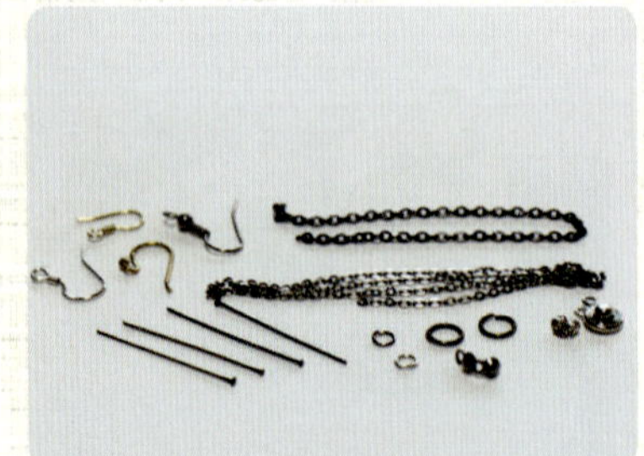

T침, 체인, O링, 귀걸이침 등 동대문이나 인터넷 비즈 사이트에서 쉽게 구입할 수 있어요.

크리스탈

스와로브스키사의 크리스탈들이며 3~4mm 주판알과 축구볼, 물방울, 네모 모양 등이 있는데 비즈공예 느낌을 배제하기 위해 포인트로만 소량 쓰입니다.

각종 진주

크기별 천연담수진주와 크기별 스와로브스키사의 파우더 진주가 쓰입니다.

레이스

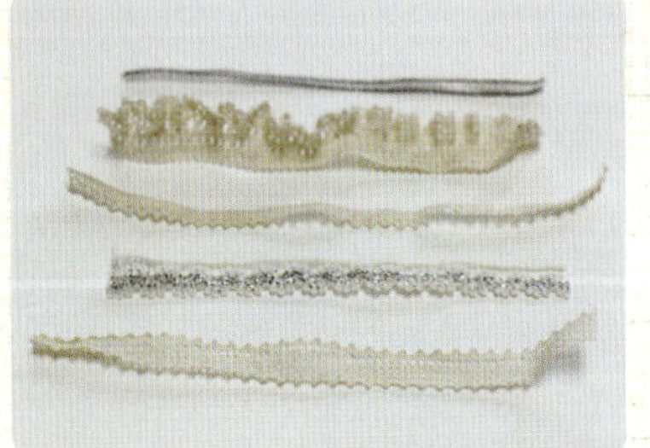

소품이나 액세서리, 인형 등에 다용도로 쓰이며 주로 얇고 가는 레이스들이 많이 쓰입니다.

각종 원석들

그밖에 색색의 각종 원석들과 나무 비즈, 아크릴 비즈 등이 포인트로 사용됩니다.

릴공예에 주로 쓰이는 재료 | 핫픽스

핫픽스(Hot fix)란?

말 그대로 본드가 아닌 뜨거운 열을 가해 고정을 시킨다는 뜻이에요.
스와로브스키사의 크리스탈 뒤쪽을 납작하게 커팅해서 접착제를 붙여놓은 뒤
인두기나 다리미로 열을 가해 크리스탈을 붙이게 됩니다.
핫픽스는 천에 강합니다.
그래서 실을 주재료로 사용하는 릴공예의 모든 크리스탈 장식은 이 핫픽스를 이용합니다.

그럼 릴공예에서 자주 쓰는 크기와 색상 이름에 대해 알아볼까요?

★ 핫픽스의 단위는 ss로 시작됩니다. 숫자가 클수록 사이즈도 커져요.
주로 쓰는 ss6은 2mm 정도이고 ss10은 3mm예요.

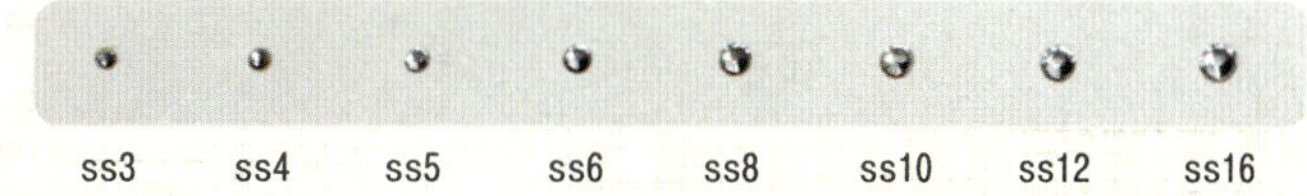

★ ss3과 ss5 크기도 쓰이는데 크기가 작아도 가격이 ss6과 ss10에 비해 비쌉니다.

핫픽스 색상표

핫픽스 크리스탈의 주로 쓰이는 색상표예요.

공구들 | 릴공예 작업 시 꼭 필요한 도구

인두기

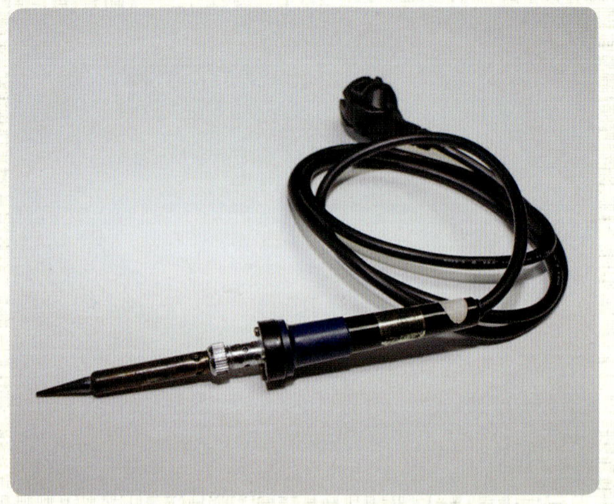

크리스탈(핫픽스)을 붙일 때 쓰이고 지저분한 글루건 자국을 정리하거나 작품을 깔끔히 마무리 하는 데 쓰입니다. 인두기는 온도가 중요한데 반드시 18w로 사용해야 크리스탈이 변색 없이 잘 부착됩니다.

구매처 | 각종 인두기 사이트

글루건

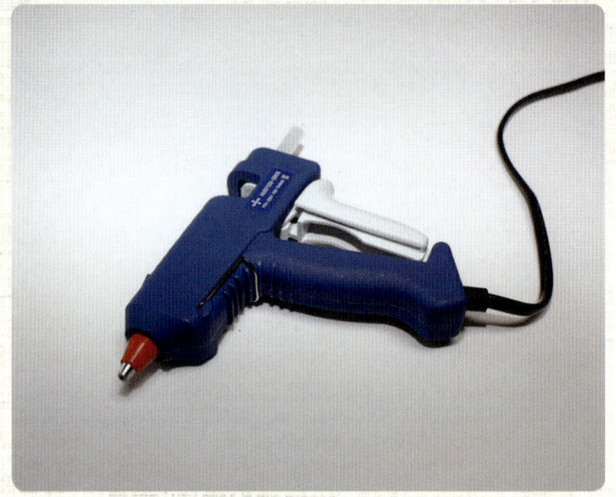

브로치나 핀장식을 부착하는데 사용되며 작품을 빠른 시간 안에 튼튼히 고정할 때도 사용됩니다. 글루건심은 투명한 것이 가장 깔끔하게 마무리 됩니다. 글루건을 튼튼히 붙이는 요령은 재빨리 짜고 재빨리 붙여주는 것입니다.

구매처 | 대형문구점이나 마트, 공구상가

릴공예 전용 접착제(빨간통)

릴공예 작업에 없어서는 안 될 가장 중요한 접착제입니다.
최소한의 독성, 섬유와의 강한 밀착성, 물에도 강한 내수성이 장점이에요. 빨간통은 통끝이 얇고 길어 섬세한 곳을 작업하기에 좋습니다.

구매처 | "릴공예" 온라인 Shop(http://ireel.cafe24.com)

릴공예 전용 접착제(일반통)

내용물은 빨간통과 같으며 가장 평범하게 사용되는 통이에요.
통이 말랑말랑해서 본드가 쉽게 나와 작업이 편리해요.

구매처 | "릴공예" 온라인 Shop(http://ireel.cafe24.com)

뾰족가위

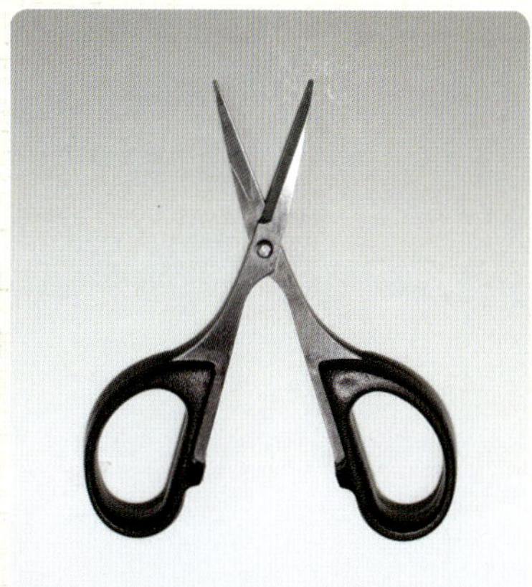

날끝이 얇고 뾰족해야 하며 실을 잘라야 하므로 성능이 좋아야 합니다. 다른 것을 자르는 가위와는 구분해서 실만 자를 때 사용해야 오래 씁니다.

구매처 | 동대문 종합상가나 비즈 사이트

짧은 롱로즈

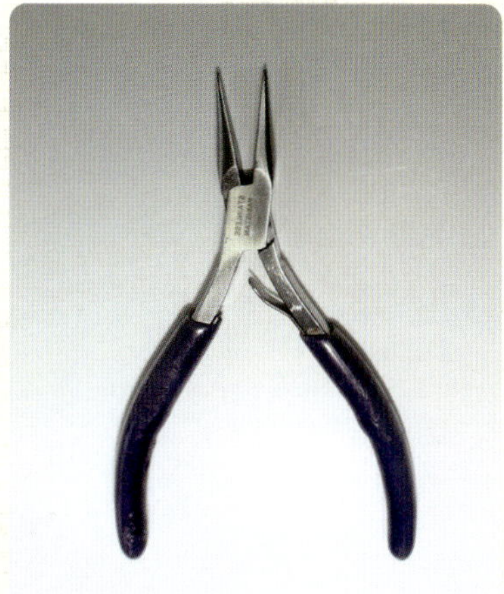

끝이 얇고 날이 짧아 모양잡기에 아주 편리해요. 안쪽에 굴곡이 없이 매끈한 것이어야 합니다.

구매처 | 비즈 사이트

긴 롱로즈

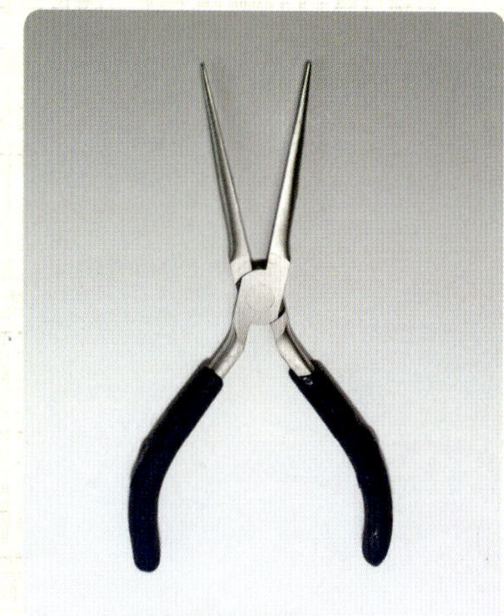

역시 안쪽이 굴곡 없이 매끈해야 하며 주로 비즈 작업 시 사용됩니다.

구매처 | 동대문 종합상가나 비즈 사이트

구자말이

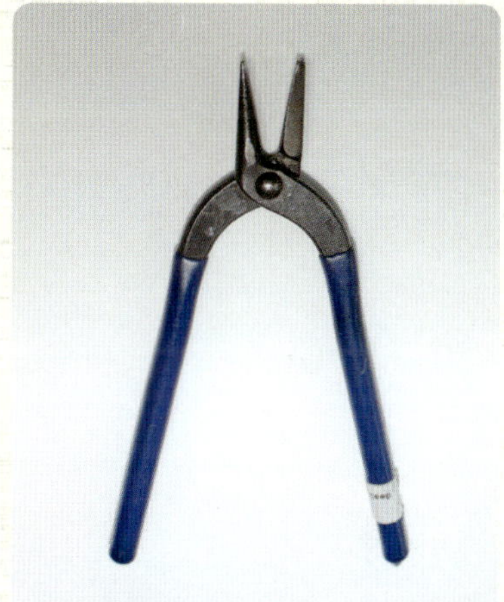

T침이나 와이어를 구부려 예쁜 고리를 만들 때 쓰입니다.

구매처 | 동대문 종합상가나 비즈 사이트

니퍼(일제 TOP 공구)

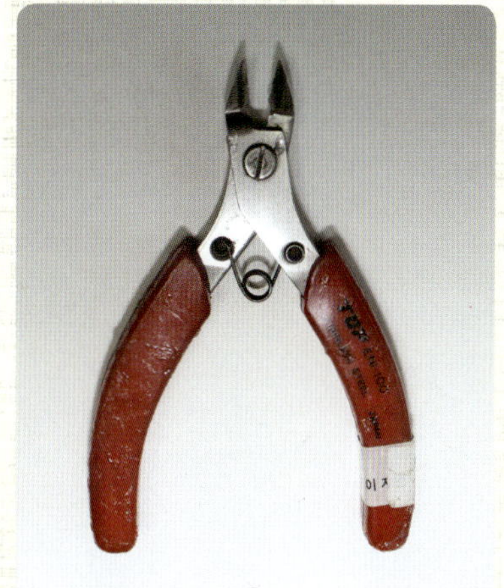

날이 얇고 뾰족한 니퍼예요.
와이어뿐 아니라 pvc의 모양을 자를 때나 마무리할 때도 아주 유용하게 쓰입니다. 특히 와이어의 단면이 깨끗이 직각으로 잘려 저렴한 니퍼보다 좋습니다.

구매처 | 동대문 종합상가나 비즈 사이트

ㄴ자형 핀셋

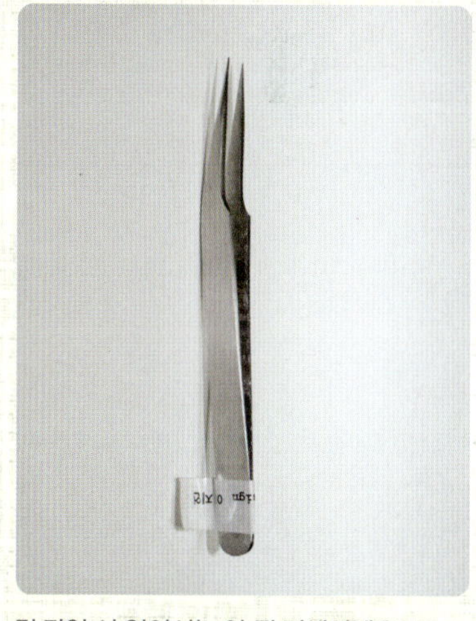

릴 작업 시 없어서는 안 될 핀셋이에요.
본드를 제거하거나 본드양을 조절할 때, 픽스를 잡을 때, 모양을 만들 때 등 아주 유용하게 쓰입니다.

구매처 | 인두기 사이트나 공구 사이트

Chapter 02

꼭 알아두어야 할 기본기법

릴공예 기초기법 | 반드시 알아두기

1. 실 방향

실을 감을 땐 오른손을 사용하여 가슴에서 바깥쪽으로 감아주세요.

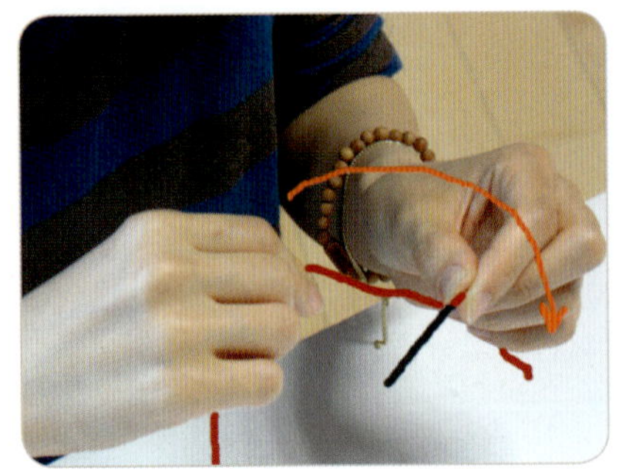

실은 반드시 오른손으로 감습니다.
(왼손잡이도 오른손으로 감아야 합니다)

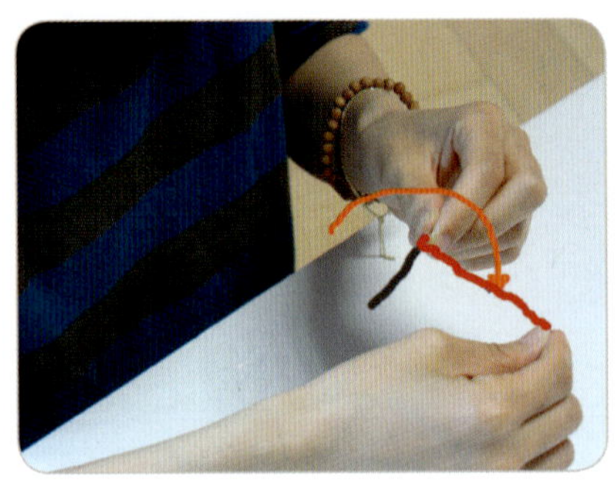

십자수실이 6가닥으로 꼬여 있어 방향을 타므로
반드시 가슴에서 바깥쪽으로 실을 감아야 합니다.

*TIP 단, 독일제 레이온사를 감을 땐 오른손으로 감되
실 감는 방향이 면사의 반대가 되도록 바깥쪽에서 가슴쪽으로 감아야 해요.

2. 본드칠

본드는 빨리 마르고 만질수록 지저분해져요.

그래서 면사를 감을 땐 폭을 길게 칠해봤자 금방 마르기 때문에 1cm 미만으로 발라주고
본드양을 적게 하여 아주 얇게 발라야 합니다(마치 와이어에 비닐랩 두 장 덮은 정도로 얇게 바릅니다).
단, 메탈사를 감을 땐 본드의 양을 면사의 3배 정도 많게 칠하세요.
마사를 감을 땐 본드양을 1mm 두께 정도로 칠하고 본드를 칠하는 길이는 2cm 정도로 면사보다 2배 정도 길게 발라도 됩니다.
본드통 입구는 작업하다 보면 지저분해지니 반드시 휴지로 닦아가며 깨끗한 상태를 유지해주세요.

3. 손과 공구는 깔끔하게 유지

작업하다 보면 손이나 공구에 본드 찌꺼기가 묻습니다.
티슈 등으로 즉시 즉시 닦으면서 하세요. 그렇지 않으면 작품에 달라붙어 제거하지 못하게 됩니다.
그러니 항상 손이나 공구에 본드 찌꺼기가 없는 상태를 유지해주세요. 본드가 손에 묻었을 땐 비벼서 제거하면 됩니다.

4. 픽스 잡는 법

핀셋을 ㄴ자 형태로 잡고선 거의 눕혀서 픽스를 잡습니다.
힘을 주면 튕겨나갈 수 있으니 살짝 잡으세요.

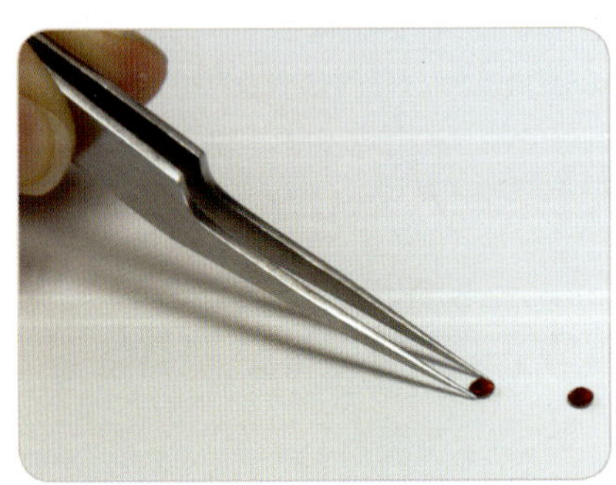

5. 인두기 사용법

인두기는 코드를 꽂고 10분 정도 달군 후 연필 잡듯이 잡고 45도 각으로 눕혀 핫픽스 위에 직접 대고 사용하세요.
처음부터 인두기에 힘을 줘서 핫픽스를 누르면 튕겨나갈 수 있으니 처음 3초 정도까지는 살짝 얹어 열만 가하고
그 다음 지긋이 눌러주면 됩니다.

ss10번 크기의 핫픽스 : 14초 정도,
ss6번 크기의 핫픽스 : 9초 정도,
ss3번 크기의 핫픽스 : 3초 정도만 눌러주세요.

단, 인두 작업은 온도와 주위 환경에 따라 조금씩 다른데
겨울이나 에어콘을 틀어 시원할 경우엔 위 예시보다 1초 정도 더 눌러주고
덥거나 따뜻한 곳에선 1초 정도 덜 눌러주세요.

*TIP 기본적으로 인두기는 90도로 곧게 세워서 사용하면 열 전도가 덜 됩니다.
45도 보다 눕혀 사용하면 열전도가 높고 빠르니 가급적 45도를 유지해서 붙여주세요.

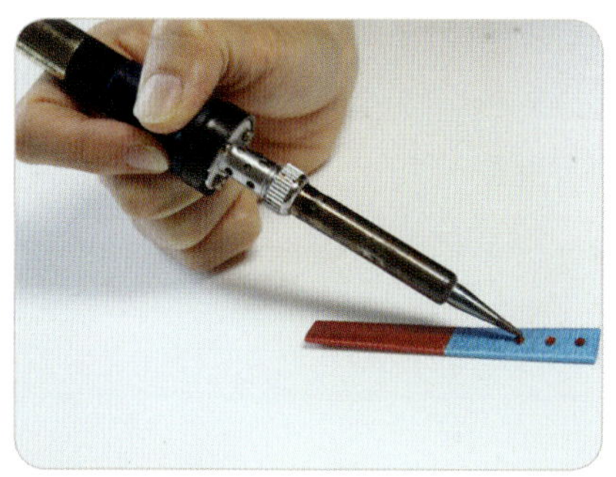

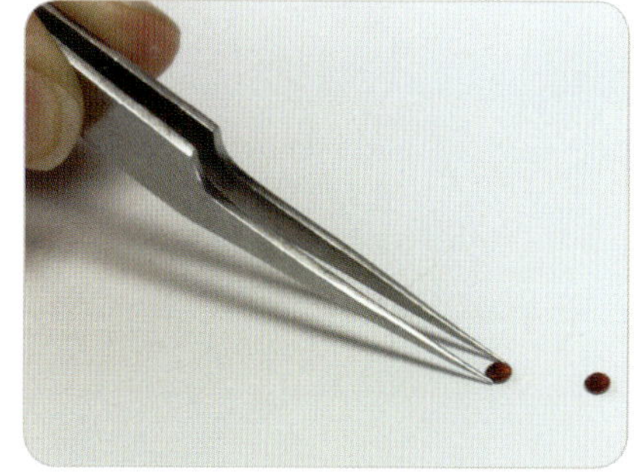

6. 코팅하기

바느질이 풀리지 않도록 매듭을 짓는 것과 같은 원리로 마무리하는 작업을 릴공예에서는 '코팅'이라고 합니다.
그러므로 실을 감고 난 후 가위질하고선 반드시 코팅을 해야 실이 절대 풀리지 않습니다.
코팅은 본드통 속에서 금방 나온 본드를 가위질한 곳에 깨알 반만큼 짜서 재빨리 손으로 톡톡 눌러주세요.
코팅을 할 땐 손에 본드가 묻게 되니 반드시 본드 없는 손만 골라가면서 코팅해야 하는 점 잊지마세요.
본드 묻은 손으로 계속 코팅한 곳을 눌러주면 허옇게 본드 찌꺼기가 생겨 지저분해지니 꼭 주의하세요.

실 감은 형태에 따라 코팅법이 조금씩 다르니 다음 페이지의 실 감는 방법들에서 각각의 알맞는 코팅법을 확인하세요.

7. 기본 와이어에 실감기(얇은 철사)

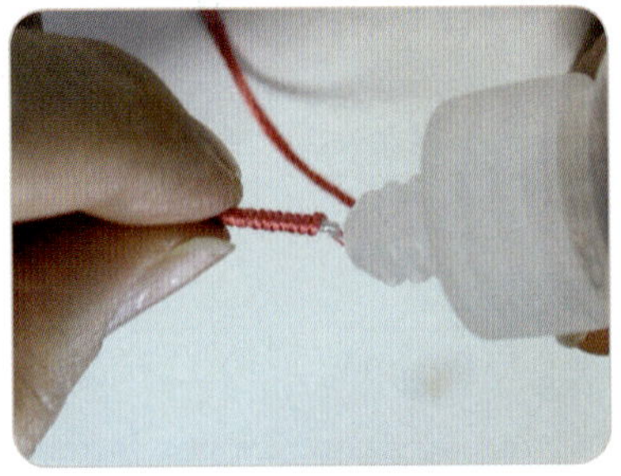
01 | 실을 감다가 거의 끝까지 와서 두 번 정도 감을 공간이 남았을 때 다시 한 번 본드를 칠해주고

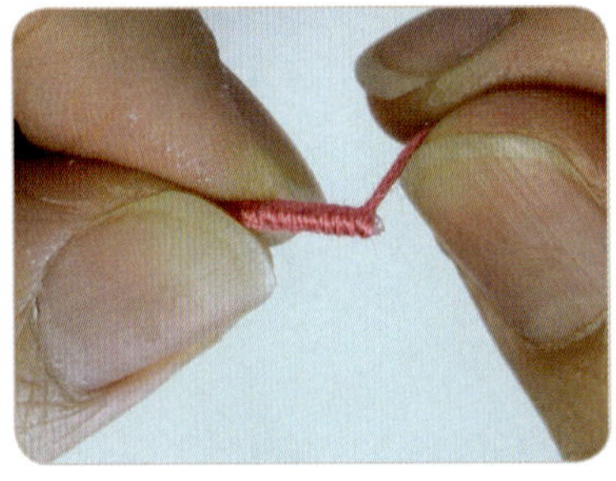
02 | 와이어가 안 보일 때까지 완전히 감아주세요.

03 | 가위로 여분 없이 바짝 잘라주세요.

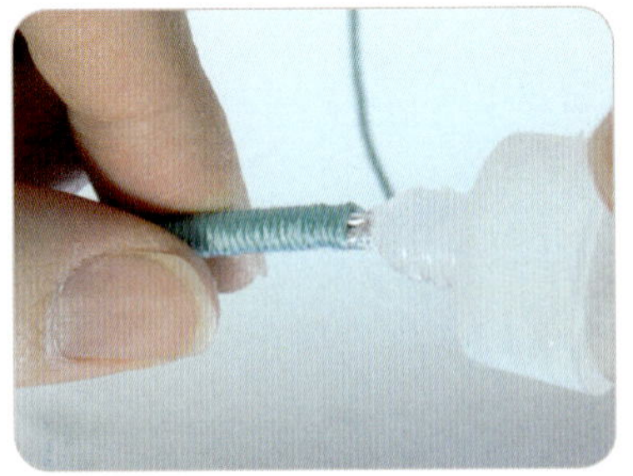
04 | 실을 자른 후 반드시 코팅을 하세요. 깨알 반만큼 실 자른 곳에 톡 칠해주고

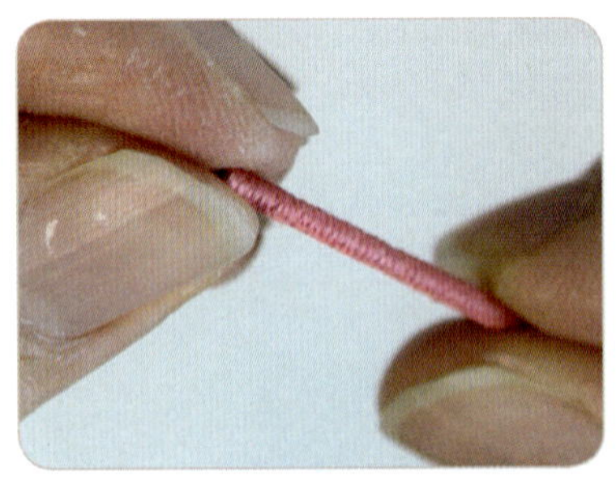
05 | 재빨리 오른손으로 실 감은 방향대로 한바퀴 지긋이 힘주어 돌려주고 다시 본드가 묻지 않은 왼손으로 지긋이 힘주어 실 감은 방향으로 돌려주세요.

06 | 사진처럼 옆면도 본드기 없는 손으로 두 번 톡톡 두드려주면 기본 와이어 감기와 코팅이 끝납니다.

8. 굵은 와이어에 실감기

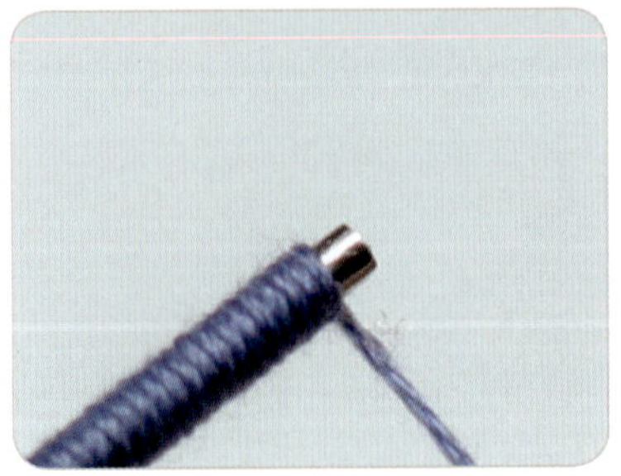
01 | 실을 쭉 감아오다 거의 끝까지 올 때쯤

02 | 다시 한 번 더 전체적으로 얇게 본드칠을 해주고

03 | 와이어가 안보일 때까지 끝까지 감아주세요.

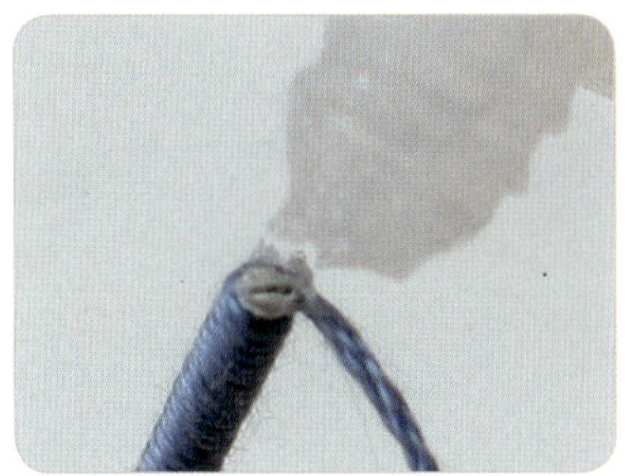
04 | 옆면에도 본드를 칠해주고

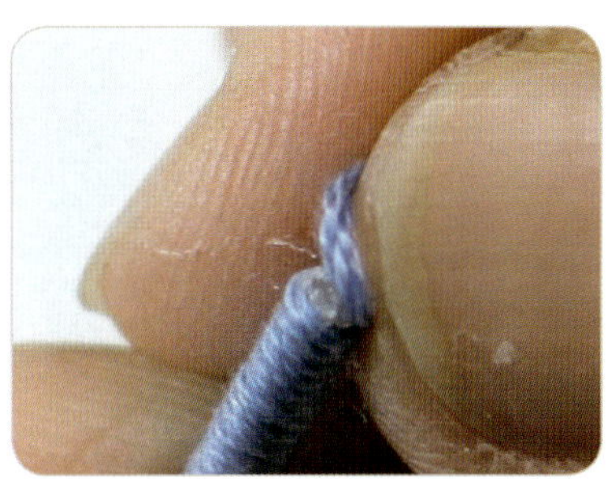
05 | 실을 인위적으로 둥글게 말아 본드칠 한 곳에 붙여 와이어 옆면까지 전부 커버하세요.

06 | 가위 끝을 이용해 옆면에서 바짝 잘라주고

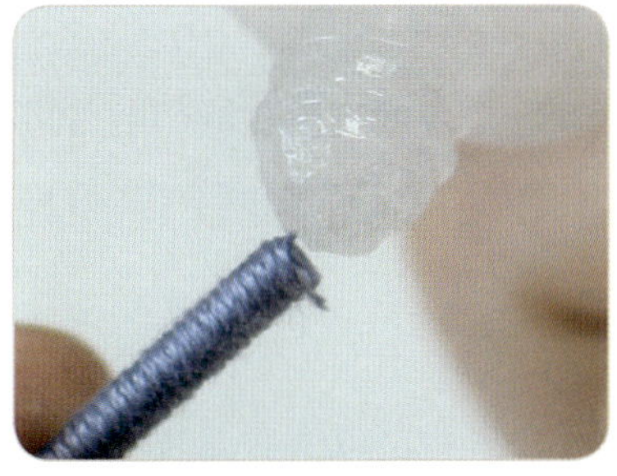
07 | 가위질한 부분에 금방 나온 본드를 깨알 반만큼만 톡 칠해주고

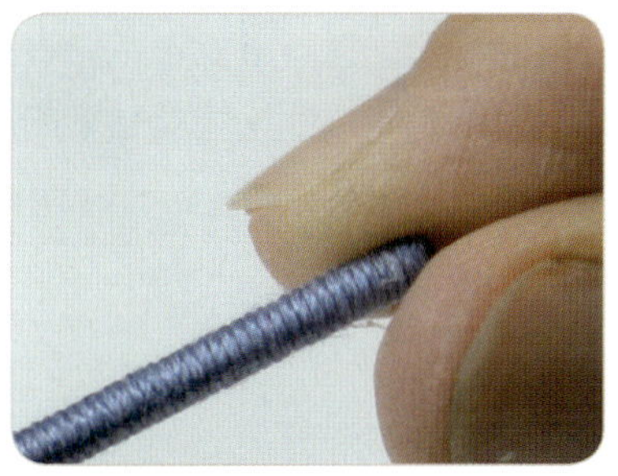
08 | 재빨리 감긴 실 방향으로 지긋이 힘주어 한 번 돌려주세요.

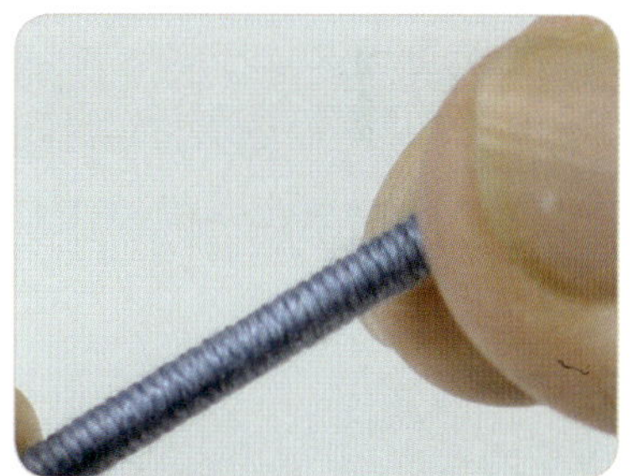
09 | 다시 본드기 없는 깨끗한 손으로 실 감은 방향으로 지긋이 힘주어 돌려주고

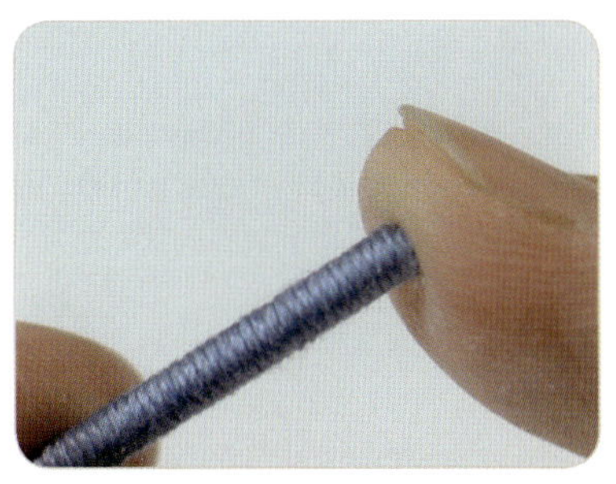
10 | 옆면을 역시 본드기 없는 손으로 두 번 톡톡 쳐주면 굵은 와이어에 실 감기와 코팅이 마무리됩니다.

9. 사각모양 pvc에 실감기

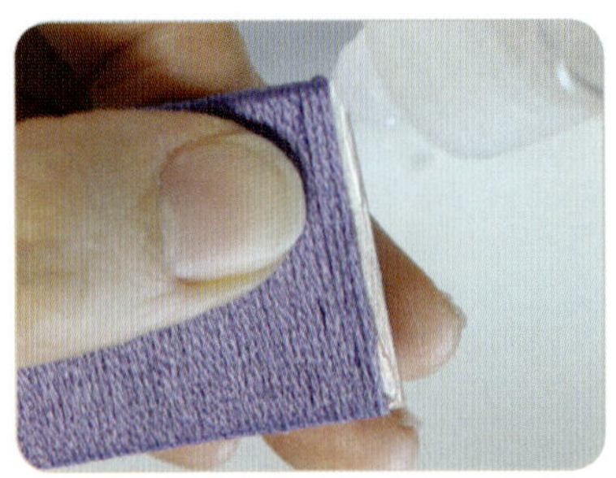

01 | 실을 두 번 정도 감을 만큼 남았을 때 본드를 앞뒤로 칠해주세요.

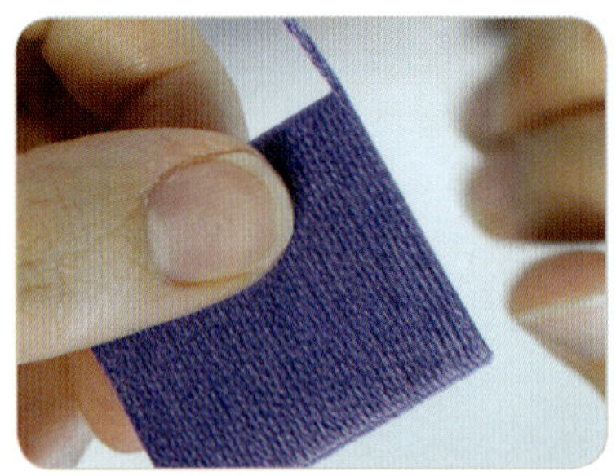

02 | pvc가 안 보이도록 감아주되 실이 뒤쪽으로 마무리 되도록 하세요.

03 | 가위로 여분 없이 바짝 잘라주세요.

04 | 가위질한 곳에 금방 나온 본드를 깨알 반만큼 톡 칠하고

05 | 오른손으로 한 번 지긋이 문지르고 다시 본드기 없는 왼손으로 톡톡 눌러주세요.

06 | 또 다시 금방 나온 본드를 실감은 pvc 옆면에 1mm 두께로 빠르게 칠해주세요.

07 | 재빨리 양쪽으로 본드를 쓸어내리듯 문질러 주세요. 면이 넓은 곳은 양쪽 모서리 실이 벗겨질 수 있기 때문이에요.

08 | 본드기 없는 손으로 앞뒤로 쭉 눌러주세요.

09 | 다시 본드기 없는 손으로 옆면을 전체적으로 문질러 주세요. 왼손으로도 07 ~ 09번 과정을 반복하면 모서리 실이 풀리지 않고 튼튼하게 코팅됩니다.

*TIP 사각형의 pvc 바디를 감을 땐 크기가 넓든 좁든 위와 같은 방법으로 만들어 주면 됩니다.
본드는 세로 방향(↕)으로 앞뒤로 아주 얇고 균일하게 칠해줘야 깔끔히 감깁니다.

10. 이중와이어에 실감기

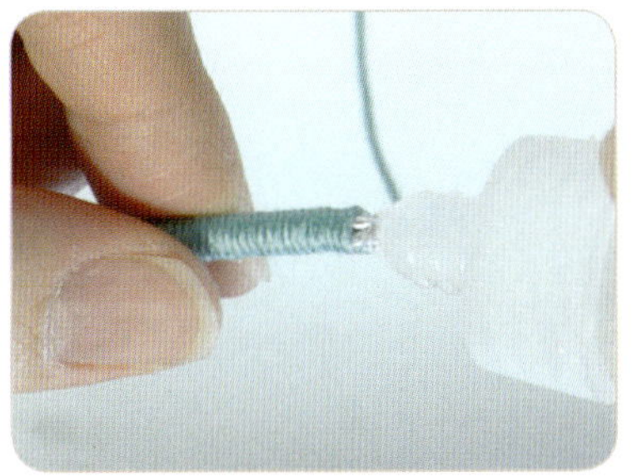

01 | 실을 거의 다 감아서 두 번 정도 감을 만큼 남았을 때 본드를 다시 한 번 칠해주고

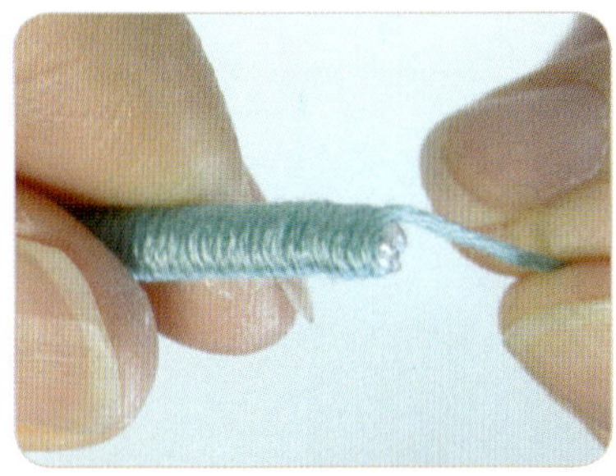

02 | 와이어가 완전히 안 보이도록 감아주세요.

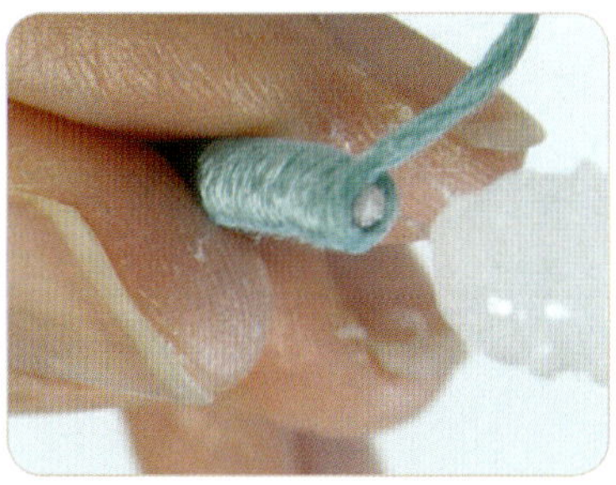

03 | 이중 와이어로 두께감이 있을 땐 옆면에 와이어가 보일 거예요. 그럼 그곳에 다시 한 번 본드를 칠하고

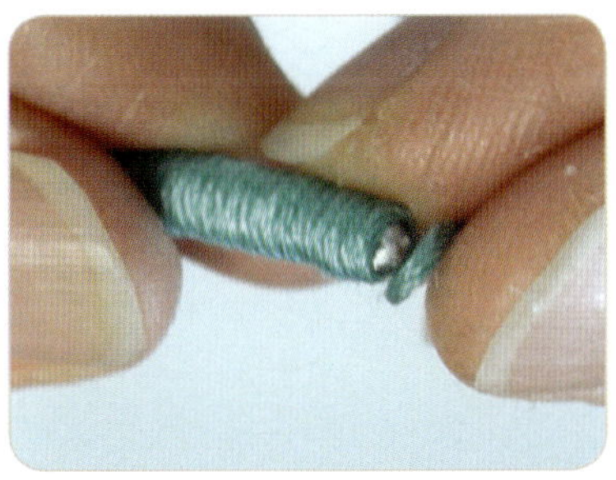

04 | 사진처럼 실을 인위적으로 둥글게 말아 붙여서

05 | 와이어의 옆면까지 완전히 보이지 않도록 감아주세요.

06 | 가위 앞쪽을 이용해 옆면에서 여분 없이 실을 바짝 잘라주세요.

07 | 실 자른 곳에 금방 나온 본드를 깨알 반만큼 톡 칠해주고

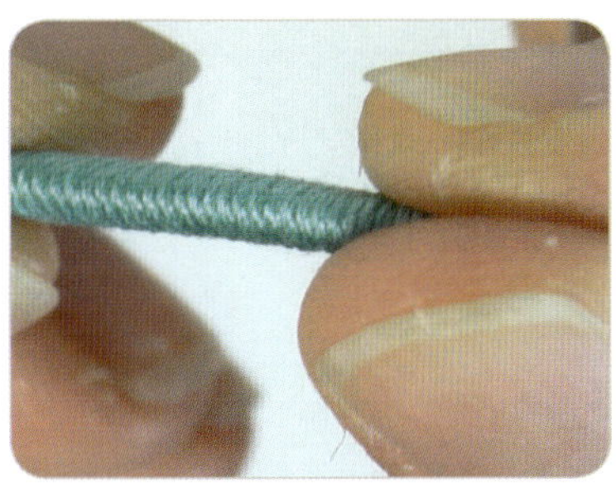

08 | 오른손으로 앞뒤를 누르고 본드기 없는 왼손으로 다시 앞뒤 눌러주고

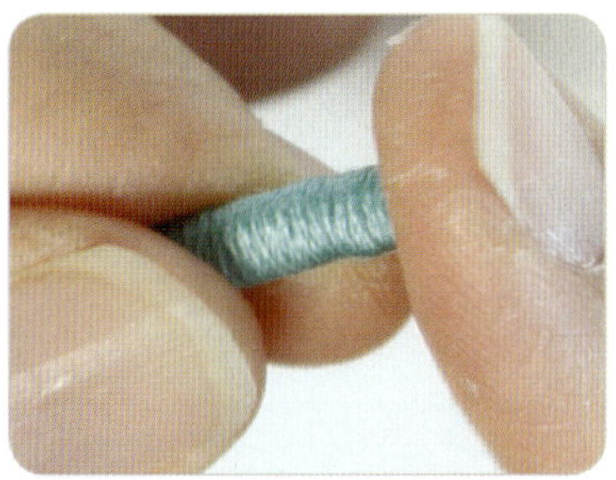

09 | 옆면을 오른손으로 톡 두드려 주고 본드기 없는 왼손으로 톡 두드려 주면 이중와이어에 실감기와 코팅까지 끝납니다.

11. 와이어에 두 가지 색실 연결하고 마무리하는 방법

01 | 실과 실이 만나는 곳에 금방 나온 본드를 깨알 반만큼 톡 칠해주세요.

02 | 본드를 칠한 부분에 대고 양쪽 실을 만나도록 붙여주고 세 번 정도 와이어를 돌려 꼬아 주세요.

03 | 실이 꼬아진 곳을 가위로 바짝 누르듯이 잘라주세요.

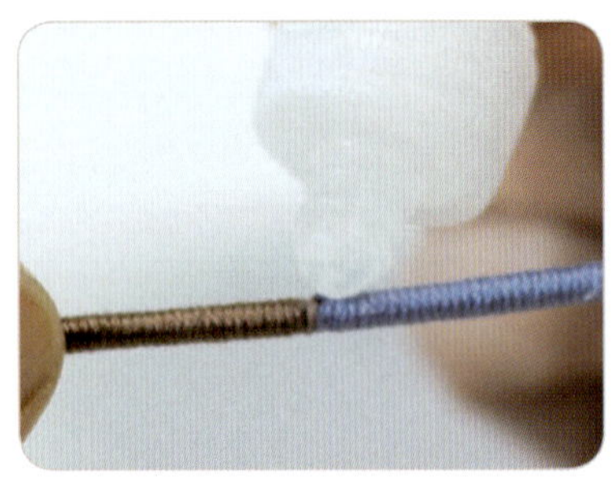

04 | 가위질한 곳에 본드를 깨알 반의 반만큼만 톡 칠해주고

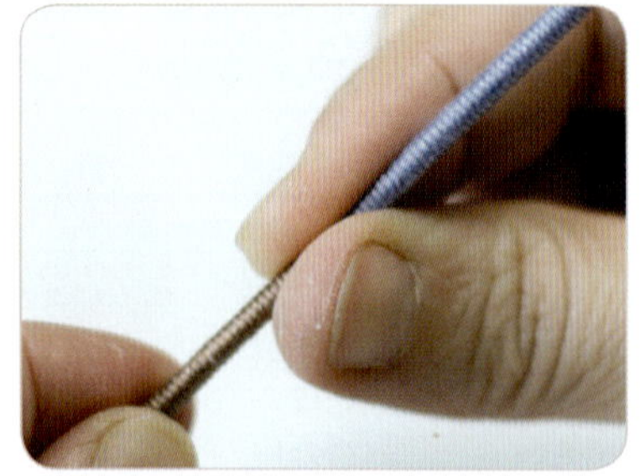

05 | 오른손으로 한 번 지긋이 누르면서 돌려주고 본드기 없는 왼손으로 지긋이 누르면서 돌려주세요.

06 | 다시 한 번 가위로 자르듯이 눌러줍니다(이때 튀어나온 실 여분을 자르면서 마무리 해줍니다).
이렇게 05~06번 과정을 한 번 더 반복합니다.

12. pvc 바디에 두 가지 색실 연결하고 마무리하는 방법

01 | 실이 서로 만나는 pvc판에 핀셋 등을 이용해 본드를 쭉 칠해주세요(빨간색 동그라미 부분).

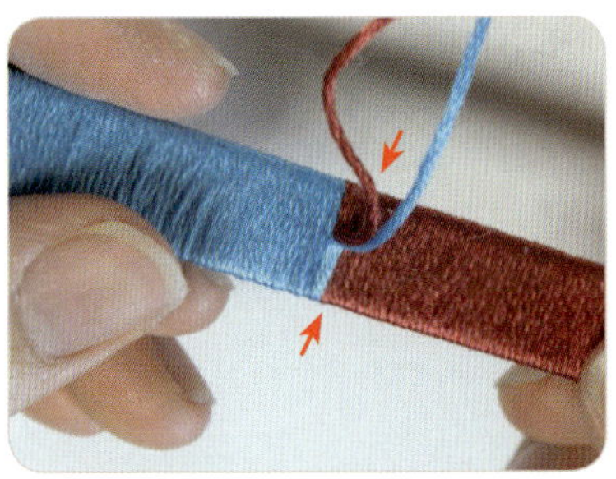

02 | 본드를 칠한 곳 중앙에서 양쪽 실이 만나도록 핀셋으로 쓸어 붙이고

03 | pvc 바디를 돌려 실을 세 번 정도 꼬아주세요.

04 | 가위 앞쪽을 이용해 바짝 잘라주세요.

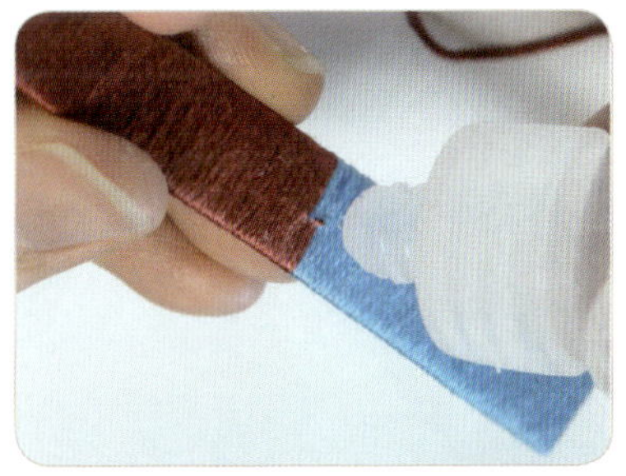

05 | 가위질한 곳에 본드를 깨알 반의 반만큼 톡 칠해주고

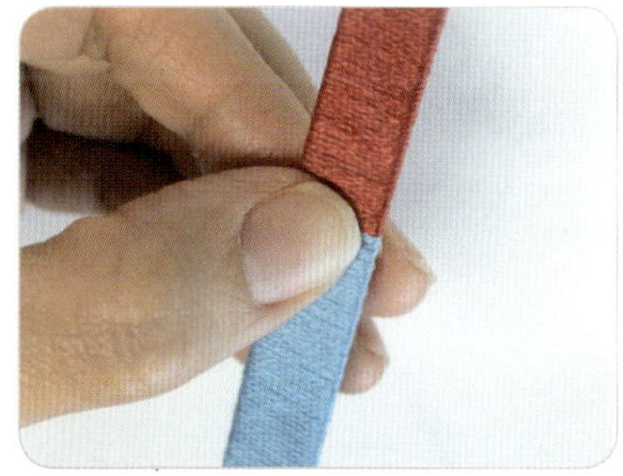

06 | 오른손으로 톡톡 눌러주고 본드기 없는 왼손으로 톡톡 눌러주고 다시 가위로 조금이라도 남은 여분을 누르듯이 잘라준 뒤 05~06번을 한 번 더 반복하세요.

13. 와이어에 실 이중감기

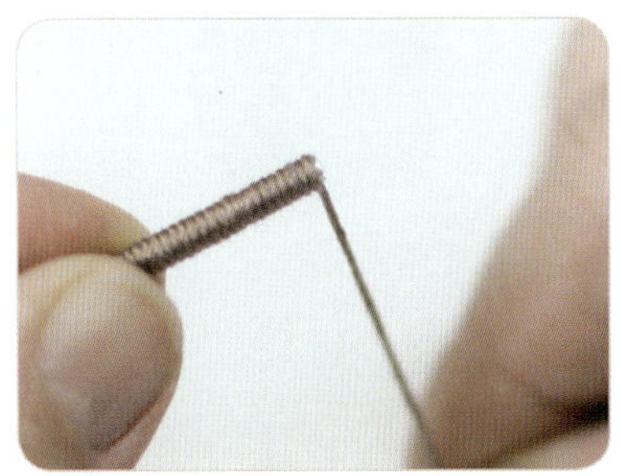

01 | 실을 와이어가 안보일 때까지 감고

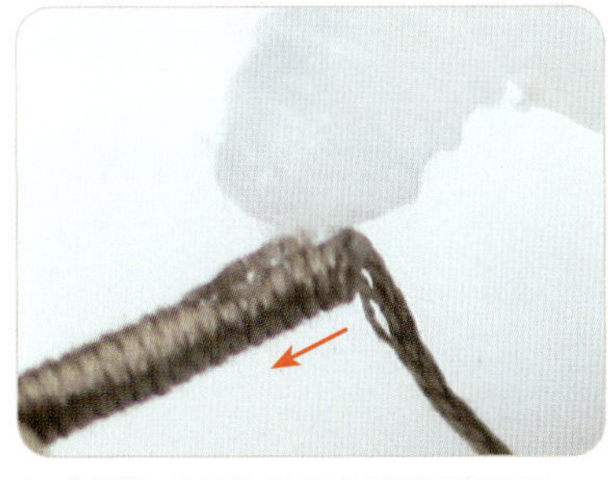

02 | 실을 다 감은 끝에서 안쪽 방향으로 1cm 정도 전체적으로 본드를 얇게 칠해주세요.

03 | 그 위에 그대로 실을 얹어 본드를 칠한 부분만큼 감아주고 다시 본드를 칠해가며 촘촘히 감아주세요.

14. 골뱅이 감기

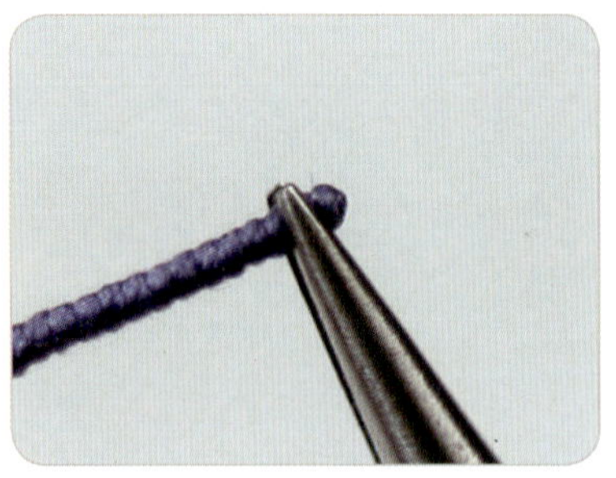
01 | 롱로즈의 거의 앞쪽을 이용해서 롱로즈 바깥쪽으로 실 감은 와이어가 2mm 정도 튀어나오게 잡아주세요.

02 | 01번 상태로 양 손목을 각각 바깥 방향으로 돌려 와이어가 U자형으로 구부러지도록 하세요(아주 최소한으로 작게 돌려주셔야 해요).

03 | U자가 된 와이어를 틈이 생기지 않도록 롱로즈로 지긋이 붙여주세요.

04 | 그 다음 사진처럼 롱로즈로 위 아래를 지긋이 눌러주세요.
이 높이가 길면 타원이 되거든요.

05 | 그 다음부터는 손으로 조금씩 말아주는데

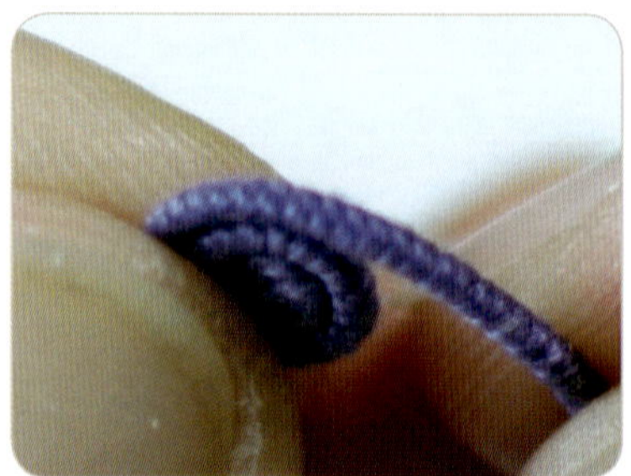
06 | 와이어 등에 의지하듯이 조금씩 당기면서 말아주어야 원이 일정하고 예쁘게 나옵니다.

07 | 골뱅이 시작점의 25분 방향에서 니퍼로 잘라주세요.

08 | 니퍼로 자른 곳은 와이어를 살짝 들어 본드로 코팅하고 다시 둥글게 말아 붙여요.

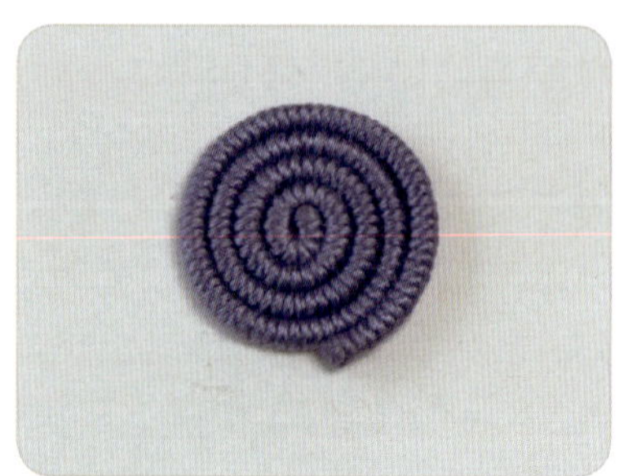
09 | 그럼 이렇게 예쁘고 동그란 골뱅이가 완성됩니다.

15. 레이스 만들기

01 | 롱로즈 앞쪽을 이용하여 롱로즈 바깥쪽으로 원하는 레이스 폭의 반 정도만 나오게 잡아주세요.

02 | 01번 상태로 양 손목을 구부려 주고 다시 빨간 표시한 쪽으로 공구를 옮겨 이번엔 와이어를 잡은 손을 위로 올리세요.

03 | 이런 식으로 와이어가 단단하면 롱로즈로, 와이어가 얇고 부드러우면 손으로 웨이브를 만들어 주되

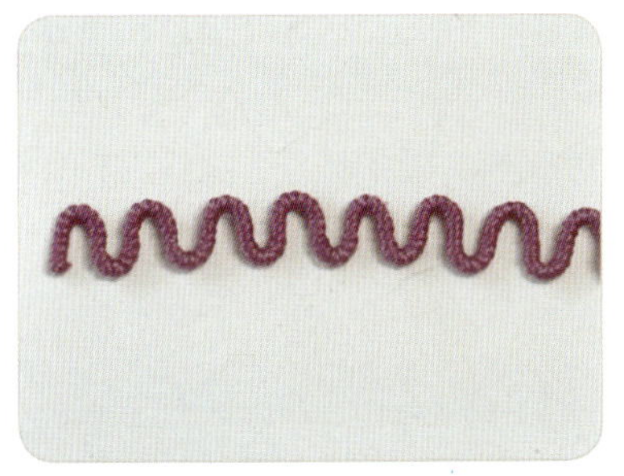

04 | 주의해야 할 것은 간격과 길이가 일정하게 만들어야 하는 점이에요.

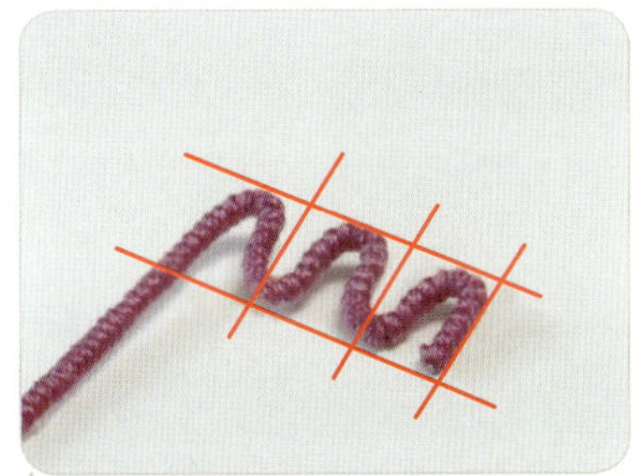

05 | 길이와 폭이 일정하지 않으면 모양이 예쁘게 만들어지지 않습니다.

16. 핀대 붙이기

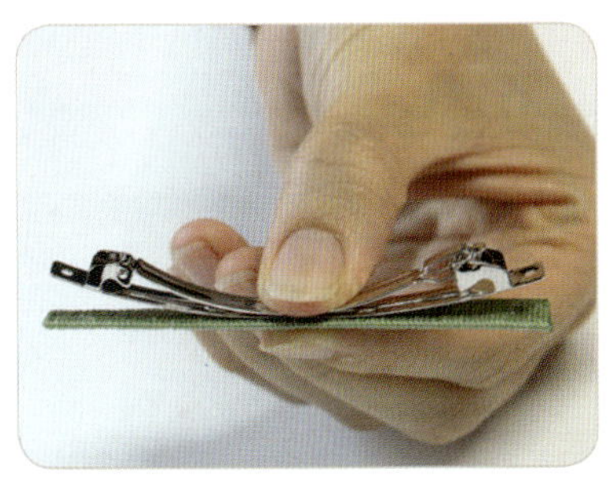

01 | 핀대 바디는 핀대와 길이가 거의 맞도록 만들어 주어야 튼튼하고 오래 쓸 수 있어요.

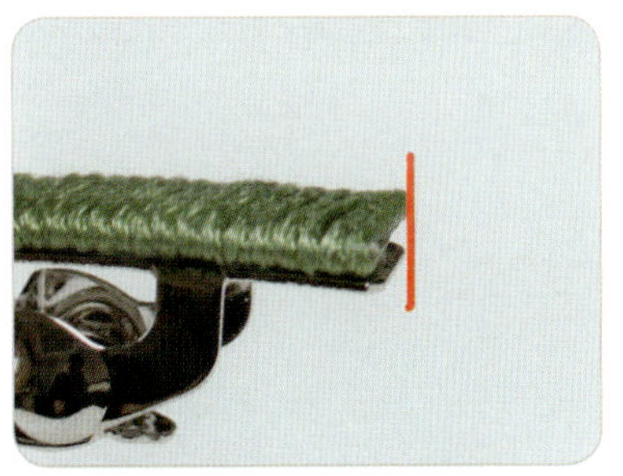

02 | 핀바디와 핀대 열리는 곳 앞쪽이 사진처럼 일직선상에 오도록 맞추고

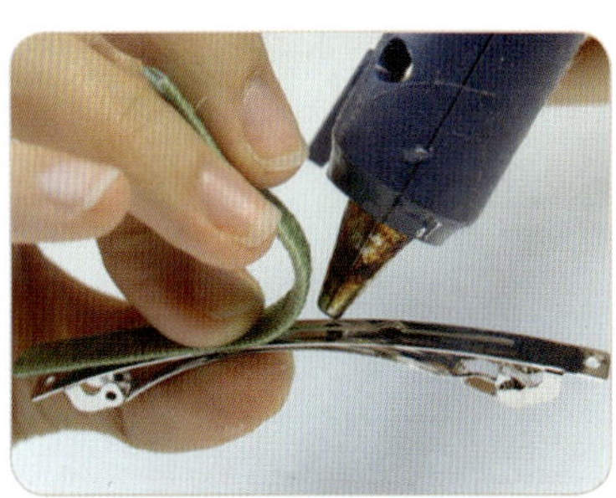

03 | 핀대 바디를 2등분한 지점을 손으로 눌러 고정하고 핀대 열리는 곳부터 글루건을 재빨리 쏘고 재빨리 눌러 붙여요.
그렇게 반쪽이 고정되면 나머지 반쪽도 똑같이 붙입니다.

17. 릴공예에 쓰이는 비즈기법(고리 만들기)

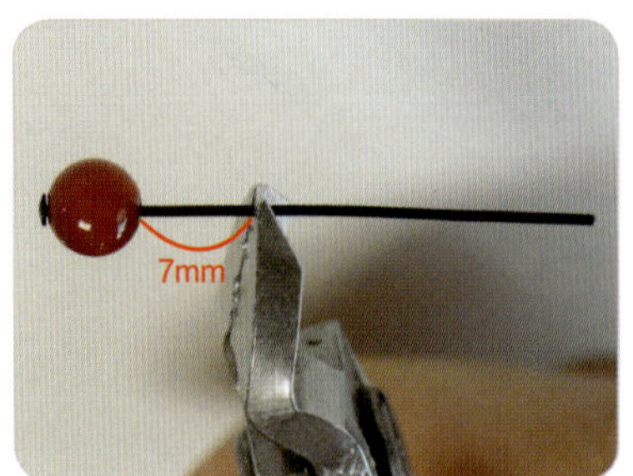

01 | 진주나 원석을 T침에 끼우고 7mm만 남기고 니퍼로 잘라주세요.

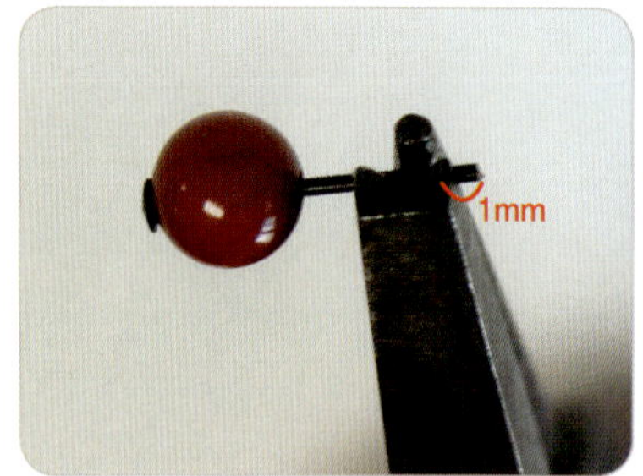

02 | 구자말이를 이용해 T침이 구자말이 바깥쪽으로 1mm 튀어나오게 잡아주고

03 | 구자말이 잡은 손목을 둥글려주세요.

04 | 이번엔 빨간 부분쪽으로 구자말이를 옮겨서 화살표 방향으로 조금만 젖혀주세요.

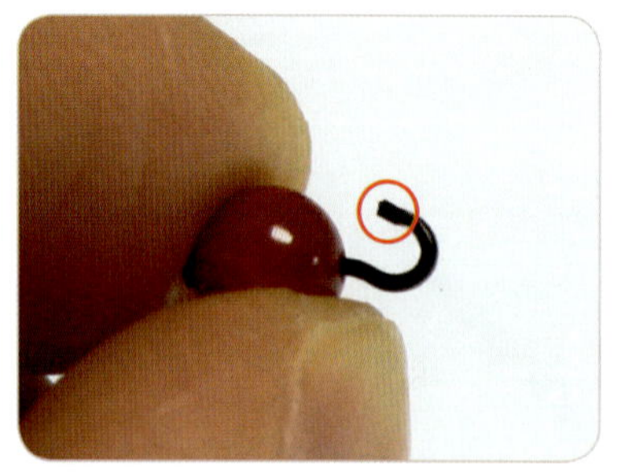

05 | 마지막으로 빨간 표시 부분에 구자말이를 놓고 안쪽으로 조금만 구부려 주어

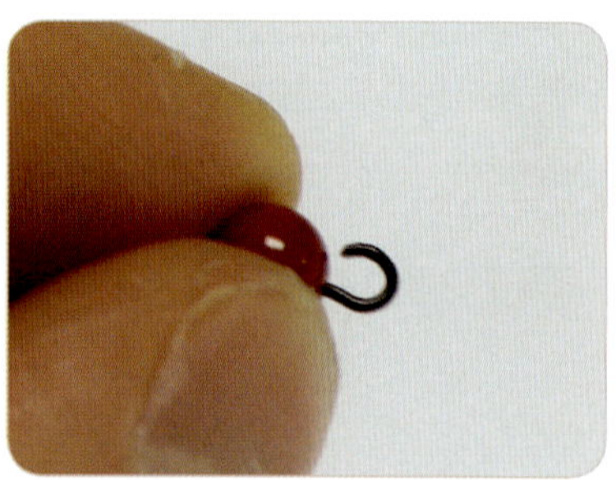

06 | 사진처럼 물음표 모양이 되도록 만들면 됩니다.

18. 릴공예에 쓰이는 비즈기법(고리 체인에 연결하기)

01 | 고리를 체인에 걸어주세요.

02 | 롱로즈를 이용해 사진과 같은 방향에서 지긋이 꾹 눌러 벌어진 틈을 조여주세요.

03 | 고리끼리 완전히 붙도록 꽉 조여야 체인이 빠지지 않는답니다.

19. 릴공예에 쓰이는 비즈기법(양쪽 고리 만들기)

01 | 원석이나 진주를 T침에 넣고 비즈 크기에 상관없이 무조건 양쪽으로 7mm 여분을 남기고 니퍼로 자릅니다.

02 | 앞의 고리 만들기 기법과 동일하게 구자말이를 이용해 한쪽의 고리를 만들어요.

03 | 양쪽 고리 방향이 반대가 되도록 앞쪽의 고리 만들기 기법과 동일하게 만들어 주면 됩니다.

20. 릴공예에 쓰이는 비즈기법(O링 체인에 연결하기)

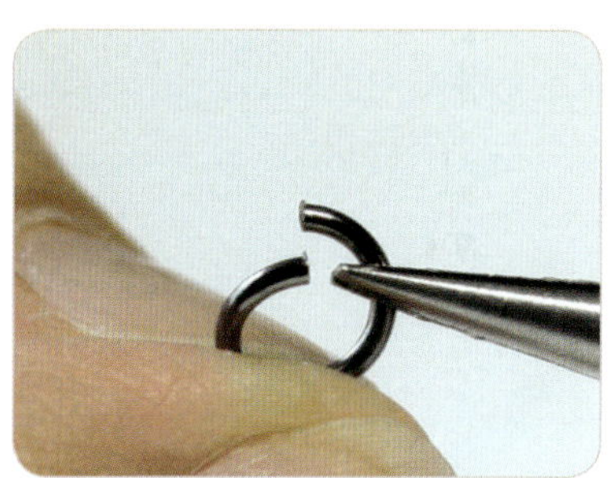

01 | O링을 롱로즈와 손을 이용해 벌려줍니다(너무 많이 벌리면 다시 모으기 힘들어요).

02 | 체인에 걸어 놓습니다.

03 | 롱로즈와 손으로 다시 제자리에 놓고 사진처럼 양쪽을 지긋이 눌러 벌어진 틈을 없애주세요.

21. 그 외에 반드시 알아두어야 할 기초 상식

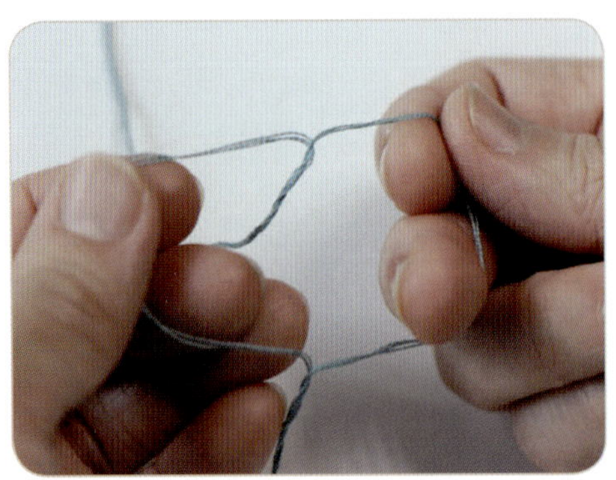

★ 실 나누기

십자수실은 6가닥이 꼬여 있어요.
릴공예에서는 6가닥 그대로 사용할 때보다는 3~4가닥으로 감을 때가 많으니 그때는 실을 뽑아내지 말고 감고자 하는 길이로 자른 후에 그 실의 중앙쯤에서 3가닥이 필요하다면 정확히 3:3으로 나눈 뒤 사진처럼 양쪽으로 벌려서 나눠 주어야 해요.
그렇지 않고 뽑아내면 실이 다 엉킵니다.
실 가닥을 나눈 후엔 다시 3가닥끼리 꼬이도록 툭툭 털어주세요.

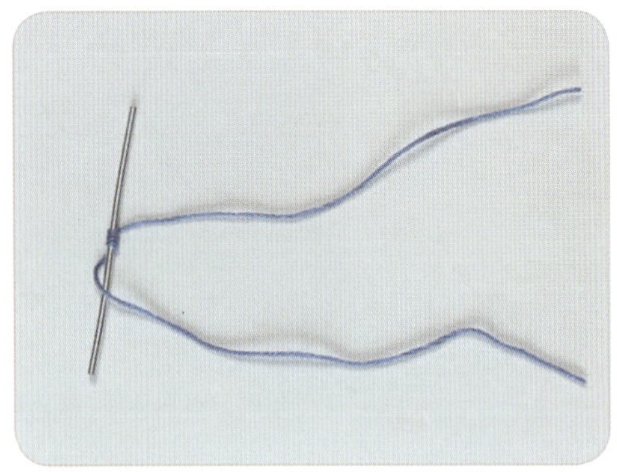

★ 중앙감기

웬만한 릴공예의 감기는 중앙감기로 시작됩니다.
중앙감기란 말 그대로 실의 중앙과 와이어의 중앙지점에서 감기 시작하는 방법이에요.
사진처럼 중앙을 잡아놓고 오른쪽부터 쭉 감아주고 다시 반대쪽이 오른쪽에 오게끔 위치를 바꾼 뒤 오른손으로 감아주면 됩니다.
간혹 저렇게 중앙감기를 시작할 때 한 쪽은 오른손으로 감고 반대쪽은 왼손으로 감는 경우가 있는데 그러면 절대 안돼요.
실은 항상 오른손으로만 감아야 한다는 걸 명심하시면 이해하기 쉽습니다.

★ 실 코팅하기

동물이나 인형 눈에 쓰기 위해 실을 코팅해요.
일단 못쓰는 비닐 위에 본드를 완두콩만큼 짭니다.
오른손 엄지와 검지손가락으로 짜낸 본드를 거의 다 잡아서 최대한 면사에 본드가 많이 묻도록 세 번 쭉쭉 재빨리 문지릅니다.
다시 왼손으로 본드기 없는 곳만 골라 세 번 쫙쫙 문질러 주고 가만히 놔두면 굳습니다.
면사가 빳빳해지면 코팅이 잘된 겁니다.

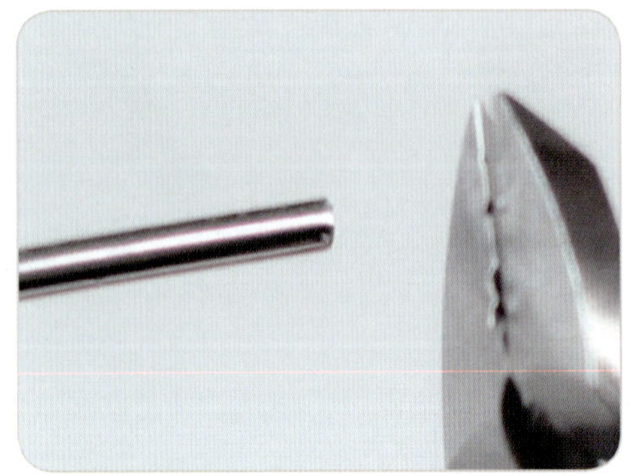

★ 와이어 자르기

0.1mm 두께 이상의 와이어를 자를 땐 반드시 일제 니퍼(TOP ENI-100)를 이용하세요.
사진처럼 와이어의 옆면이 반듯하게 잘립니다.

memo

Chapter 03

도전! 릴공예 기초 만들기

Notice
만들기 전에 알아두세요

릴공예 작업 시 꼭 알아두어야 할 기초기법(22~34페이지)을

반드시 꼭 숙지한 후 작업을 시작하세요.

사진을 첨부하여 최대한 꼼꼼히 설명해 드렸습니다.

기본 기법은 릴공예 카페

http://cafe.naver.com/ireel 〈릴공예가 좋아~〉에

동영상이 있으니 가입해서

봐두는 것도 좋을 거예요.

릴공예 카페 기초 과정은 장신구 위주로 작업이 됩니다.

주로 귀걸이를 작업했는데 이는 귀걸이를 만들면

목걸이 펜던트로 응용이 가능하기 때문이에요.

목걸이탑을 이용해 펜던트도 만들어 보세요.

그리고 만들기 전 한 번 쭉 읽어보시고 작업하는 게 더 좋고요.

색상 역시 정해진 건 없어요.

자신의 취향과 개성을 살린 색상으로 작업하는 것도 좋아요.

#01

심플리본 이어링

Simple Ribbon Earring

#01 심플리본 이어링

심플하고 깔끔한 리본 귀걸이예요.
소녀적인 감성을 느낄 수 있어요.
예쁜 여자아이가 있다면
선물해도 좋아요.
매우 쉽고 간단히 만들 수 있답니다.

H o w t o m a k e

준비물 : 앵커 면사 206번 120cm ×2개
앵커 면사 74번 70cm ×1개
2mm 와이어 9cm ×2개
26호 와이어 8cm ×2개
백금귀걸이침과 T침 ×각 2개씩
백금체인 4cm
스와로브스키 진주 크림색 3mm ×2개
O링 ×2개, 핫픽스 ss10 로즈 ×4개

완성품 크기 : 리본크기만 가로 약 2.8cm×2.6cm

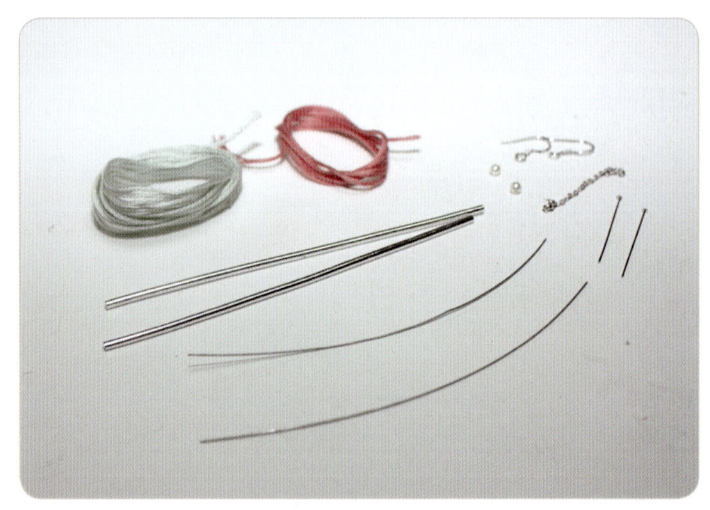

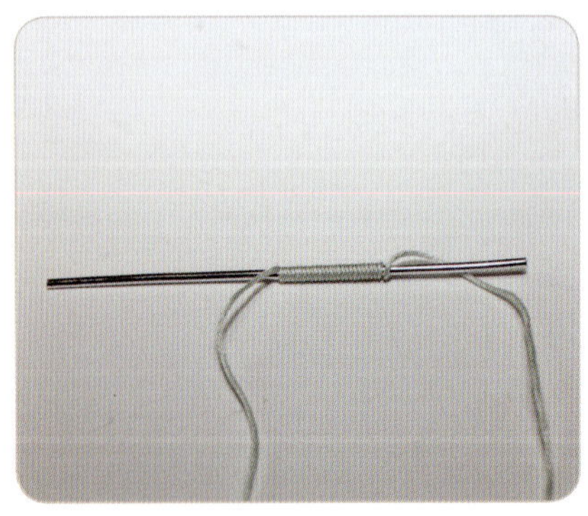

01 2mm 와이어 9cm에 앵커 면사 206 번 120cm로 중앙감기 해주세요.

02 2mm 와이어는 제법 두꺼우므로 옆면에 본드를 칠하고 실을 인위적으로 옆면 크기만큼 말아 붙여주세요.
p.24 기본기법 중 굵은 와이어에 실감기 참고

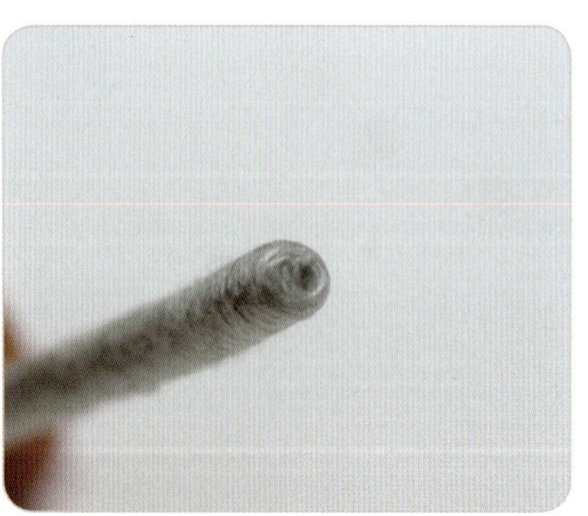

03 사진처럼 옆면에서 가위질 바짝 하고 코팅도 해주세요. 반대쪽도 마찬가지로요.

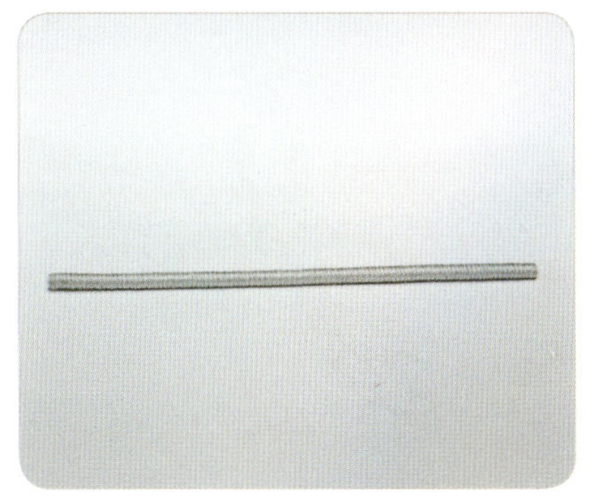

04 와이어가 휘지 않도록 곧게 펴준 상태에서

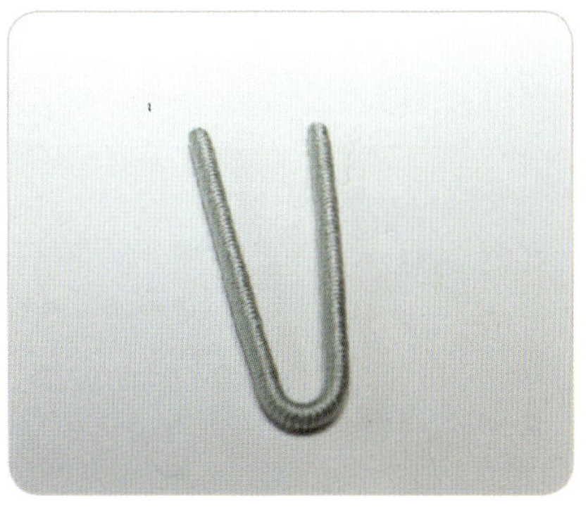

05 절반을 꺾어 올려 사진처럼 간격이 좁게 벌어진 V자형을 만들어 주세요.

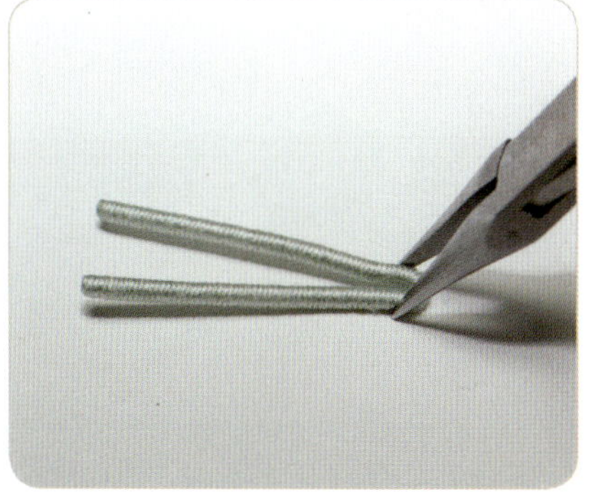

06 롱로즈로 연결된 부분을 지긋이 눌러서 좀 더 좁혀지도록 하세요. (이때 힘을 너무 가하면 실이 벗겨져 버리니 살살 할 수 있는 만큼만 오므리세요)

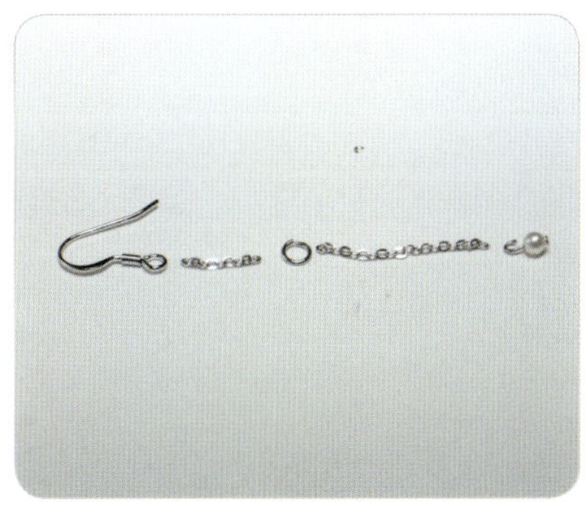

07 귀침+체인1cm+O링+체인 2cm +고리 만든 진주 순으로 연결해 주세요.

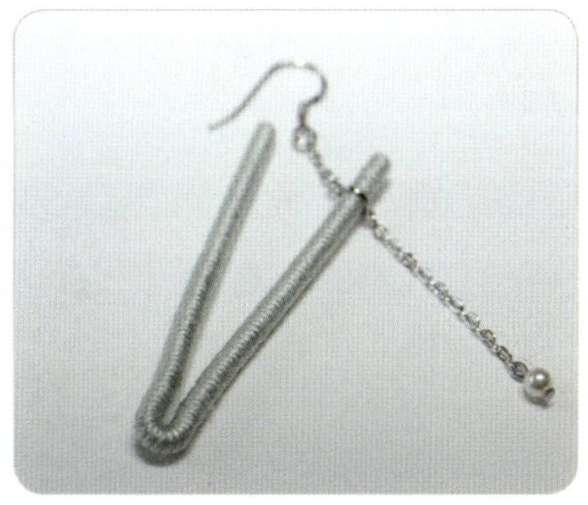

08 연결한 귀침고리를 06번에 만들어 놓은 와이어에 O링 부분을 통과시켜 주세요.

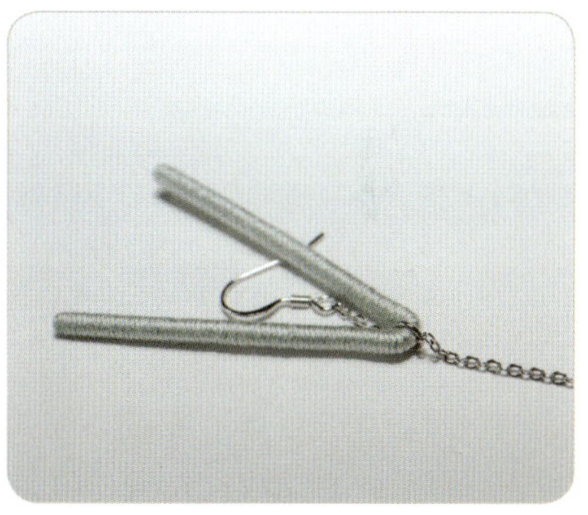

09 O링을 V자형 가운데 오도록 하고 귀침이 위쪽을 향하도록 위치를 잡아주세요.

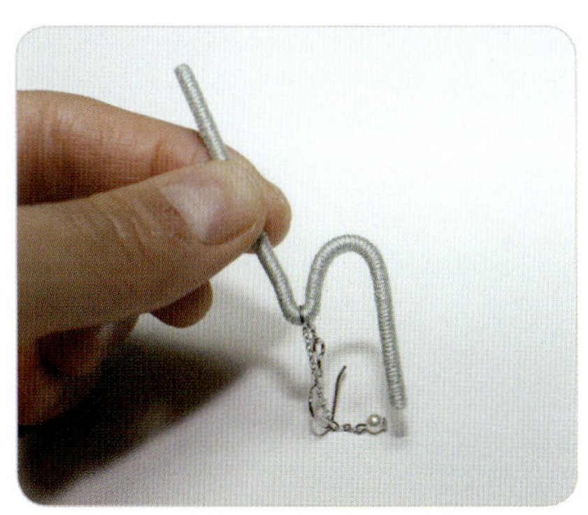

10 와이어 한 쪽을 지긋이 꺾어 귀침이 놓인 곳과 반대방향으로 내려주세요.

11 반대쪽도 사진처럼 꺾어서 내려주어 살짝 하트모양이 되도록 만들어 주세요.

12 꺾어 내려온 한쪽 부분의 중앙지점에 롱로즈를 대고 다시 반대쪽으로 꺾어 올려주세요. 양쪽 모두 하세요.

⑬ 한가운데(빨간점 표시부분)가 벌어지지 않도록 모두 모아주세요.

⑭ 리본 안쪽에도 롱로즈를 이용해 좀 더 예쁜 리본이 되도록 모양을 잡아주세요.

⑮ 꼬리쪽도 중앙지점에 롱로즈를 잡고 살짝 안쪽으로 구부려 단정하게 모아주시고요.

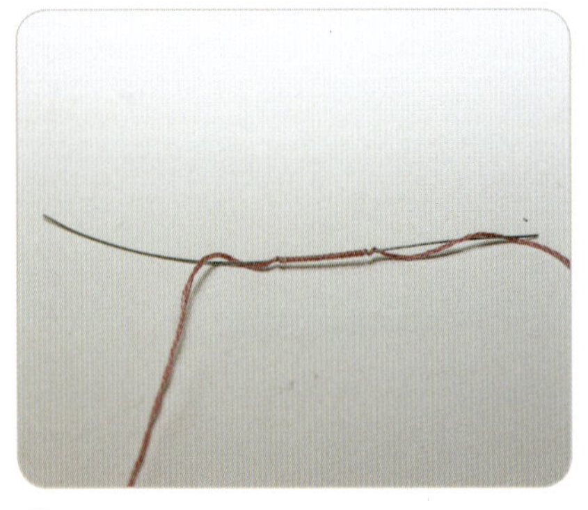

⑯ 26호 와이어 8cm에 앵커 면사 74번 70cm 3가닥으로 중앙감기 하세요.

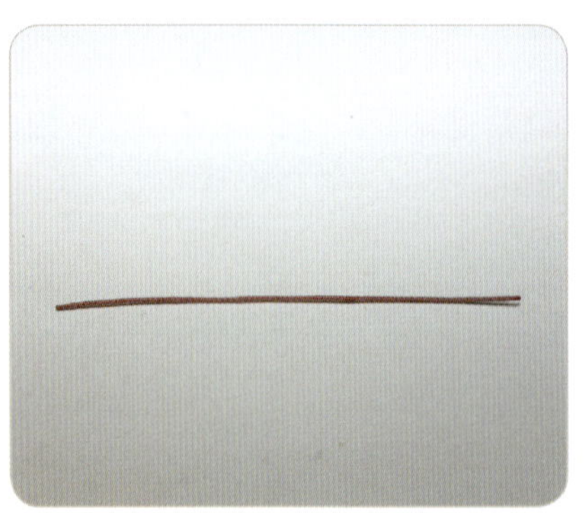

⑰ 와이어가 휘지 않도록 곧게 펴주고

⑱ 4cm로 잘라 두 개의 골뱅이를 만들어 줍니다.
p.30 기본기법 중 골뱅이 감기 참고

⑲ 리본 중앙 골뱅이에 본드를 전체적으로 칠해서 앞뒤로 붙여주세요.

⑳ 골뱅이 가운데 ss10 로즈 핫픽스를 앞뒤로 붙이면 끝!

memo 

귀엽게 귀엽게 . . . 아주 아주 귀엽게~

예쁘게 예쁘게 . . . 아주 아주 예쁘게~

#02

트리플 미니 리본 이어링

Triple Mini Ribbon Earring

#02 트리플 미니리본 이어링

색색이 배합되는
만들기 재미난 귀걸이예요.
앙증맞은 디자인에 색 고르는 재미까지....
기본 사이즈보다 작게 만들어서
아이와 세트로 착용해 보세요.

How to make

준비물 : 앵커 면사 878번, 261번, 1048번, 874번
40cm씩 1줄
26호 와이어 10cm 짜리 ×6개
7cm 짜리 ×2개
백금귀침 한쌍, 백금체인 4cm
스와로브스키 핫픽스 ss6 에리나이트 ×12개
0.3mm 와이어 5cm ×2개

완성품 크기 : 리본 크기만 가로 약 3cm×2.2cm

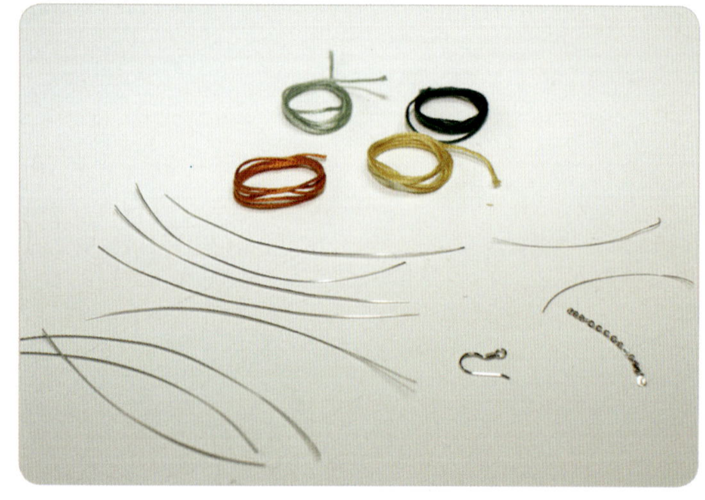

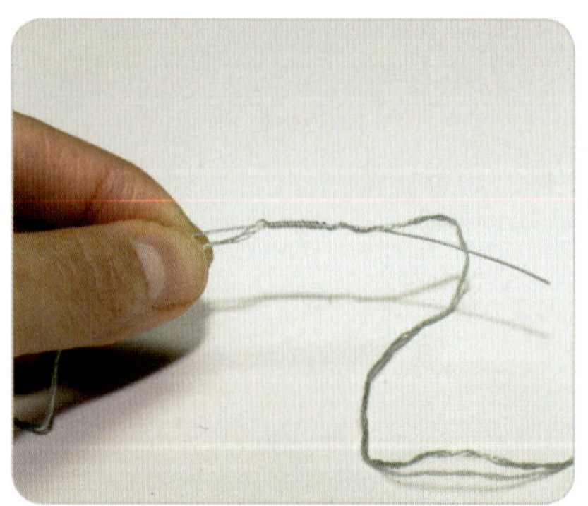

01 26호 와이어 10cm 짜리에 앵커사 261번을 3가닥으로 중앙감기 해주세요.

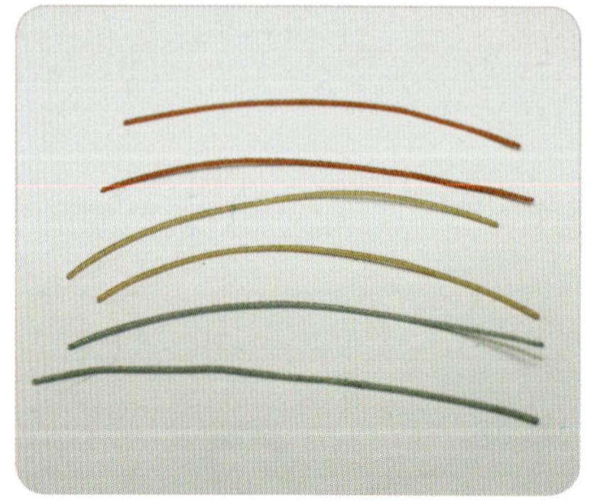

02 1번처럼 앵커사 1048번과 874번을 각각 26호 와이어 10cm에 3가닥으로 촘촘히 중앙감기로 감아주세요.

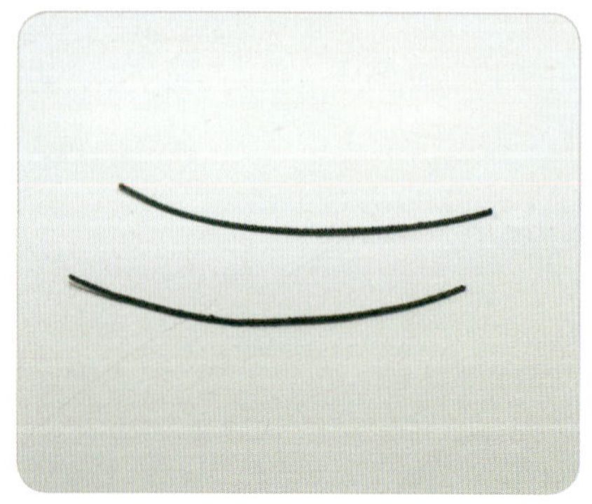

03 26호 7cm에 앵커사 878번 3가닥으로 촘촘히 중앙감기 해주세요.

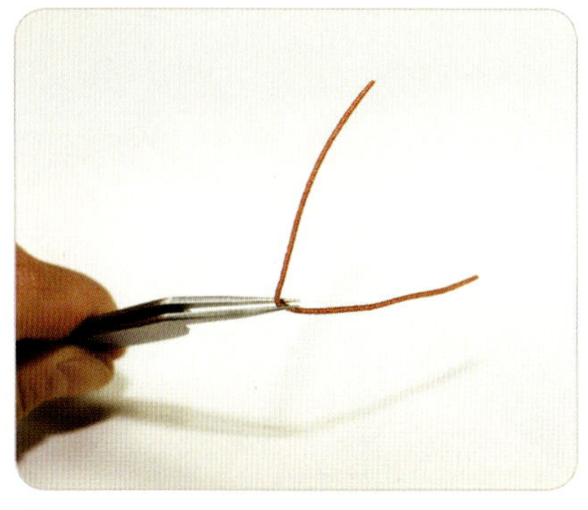

04 10cm에 감아놓은 와이어를 리본으로 만드는데 그림처럼 핀셋으로 와이어 가운데서 V자 형태로 반 접어주세요.

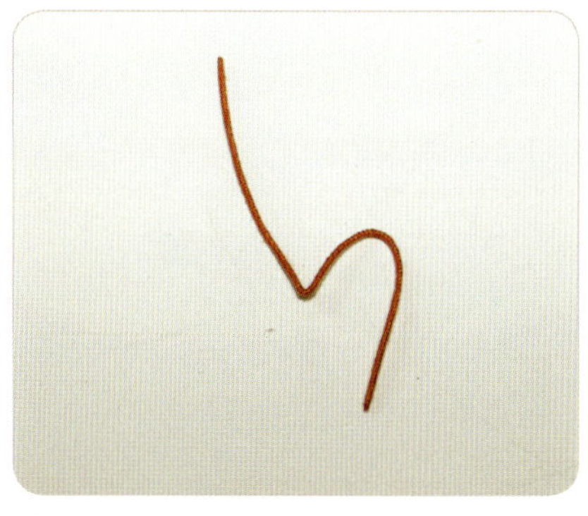

05 V자형 중 한 쪽을 중앙 지점에서 아래쪽으로 내려주세요.

06 내린쪽을 반대쪽으로 완전히 보내 V자 아래쪽에 닿을 듯 휘어주세요.

07 반대쪽도 사진 05~06번과 같이 만들어 주세요.

08 리본 꼬리를 아래쪽으로 꺾어 내려주세요.

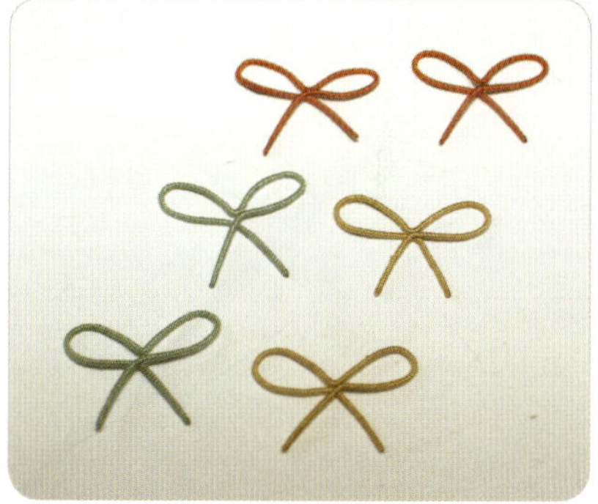

09 나머지 10cm 짜리 와이어도 04~08번과 같이 모두 리본으로 만들어 둡니다.

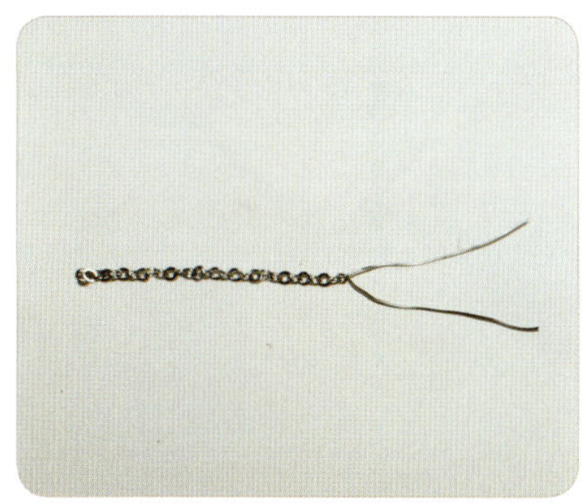

10 체인을 2cm로 자르고 아래쪽에 5cm 짜리 0.3mm 와이어를 걸어주고 빠지지 않게 한 번 꼬아주세요.

11 만들어 놓은 리본 3개를 나란히 겹쳐 놓고

12 10번에 꼬아놓은 0.3mm 와이어로 리본 아래쪽에서(세 번 정도만) 바짝 꼬아주세요.

⑬ 롱로즈로 와이어 가운데 부분을 눌러서 꼬아준 와이어가 리본에 더 밀착되도록 해주세요.

⑭ 리본이 흔들거리지 않도록 0.3mm 와이어를 다시 한 번 바짝 조여주고

⑮ 꼬인 부분 1mm 정도 남기고 나머지 와이어는 니퍼로 잘라주고 1mm 꼬아진 와이어는 리본 뒤쪽으로 꺾어 붙여주세요(아래로 뾰족 나오지 않도록).

⑯ 7cm 초록 와이어를 0.3mm 와이어 옆쪽에 대고 리본 꼬리 길이만큼 남기고 뒤로 꺾어주세요.

⑰ 뒤로 꺾은 와이어를 다시 앞쪽으로 당겨 올리고(이때 0.3mm 와이어가 가려지도록).

⑱ 또 한 번 바짝 당기면서 뒤쪽 아래로 꺾어 내려주세요.

⑲ 다시 한 번 올려 당기고 마지막으로 한 번 더 아래쪽으로 꺾어 내려서 세 번이 감기게 해주세요.

⑳ 아래쪽 초록 와이어를 그 옆에 있는 리본 꼬리와 꼬아서 풀리지 않게 해주고

㉑ 반대쪽도 마찬가지로 옆쪽 리본 꼬리와 꼬아주세요(너무 꼬면 안 예쁘니 한 번만 꼬아주세요).

22 남은 길이의 와이어는 니퍼로 리본 꼬리와 비슷하도록 잘라내고

23 사진처럼 롱로즈로 초록 와이어 부분을 지긋이 꾸욱 눌러서 가운데 부분을 핫픽스 붙이기 좋도록 납작하게 해주세요.

24 마지막으로 롱로즈로 초록 부분 옆쪽을 지긋이 눌러 가지런히 모아서 처음에 묶어주었던 0.3mm 와이어가 보이지 않도록 잘 정리해주세요.

25 체인 끝에 귀침고리를 열고 걸어주세요.

26 에리나이트 핫픽스를 초록끈 부분에 앞뒤로 나란히 3개씩 붙여주세요.

B O N U S T I P

블루톤

리본 : 앵커 면사 433, 86, 386번 / **리본끈** : 앵커 면사 265번

보라톤

리본 : 앵커 면사 386, 110, 185번 / **리본끈** : 앵커 면사 98번

브라운톤

리본 : 앵커 면사 301, 167, 1086번 / **리본끈** – 앵커 면사 1094번

★ 제시된 만들기 과정에서 26호 와이어 길이를 8cm와 5cm로 실 길이 30cm로 만들어 보세요. 또 다른 앙증맞은 리본이 탄생할 거예요. 아이나 조카가 있으면 커플로 착용해 보세요! 무척 예쁘답니다.

소녀가 된 기분......

봄이 오는 계절에 가장 어울릴만한 패션 아이템.

빈티지한 컬러가 오래도록 변치 않는 매력을 드려요.

활짝 핀 장미 한 송이...이보다 더 예쁠 수 있을까요?

#03

빈티지 로즈 이어링

Vintage Rose Earring

#03 빈티지 로즈 이어링

여성미가 넘치는 디자인의 귀걸이예요.
큼직한 장미 모티브와
아담한 리본... 그리고 예쁜 진주방울...
따뜻한 봄날 니트와 함께
코디해 보세요.

How to make

준비물 : 앵커 면사 1021번 160cm ×2개
앵커 면사 1092번 50cm ×1개
1.6mm 와이어 17cm ×2개
26호 와이어 3cm ×2개
백금귀침 한쌍, 백금체인 1.5cm, O링 ×2개
스와로브스키 진주(크림색) 4mm 짜리 ×2개
스와로브스키 핫픽스 ss6 라이트 로즈 ×70개
스와로브스키 핫픽스 ss6 크리솔라이트 ×4개

완성품 크기 : 가로 약 3cm×세로 약 5.5cm

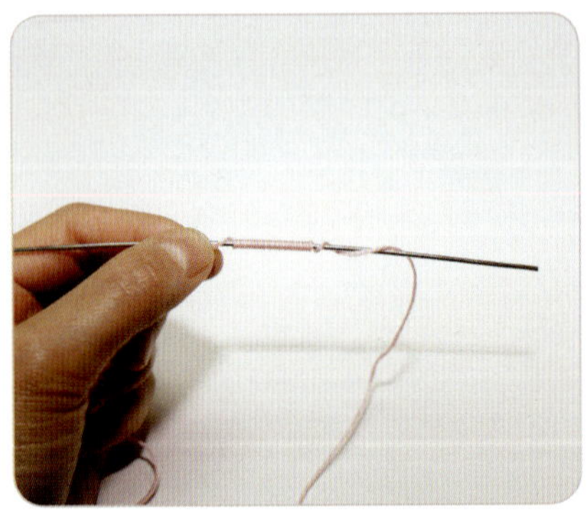

01 1.6mm 와이어에 앵커 면사 1021번 160cm 6가닥 그대로 중앙감기 하세요.

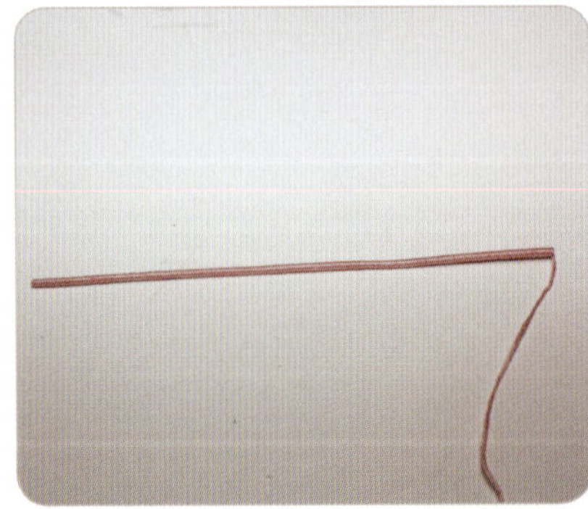

02 와이어 하나를 완전히 다 감고

03 한쪽 끝은 대충 놔두고 한쪽 끝은 와이어가 안 보이도록 완전히 감싼 후 튼튼히 코팅하세요.

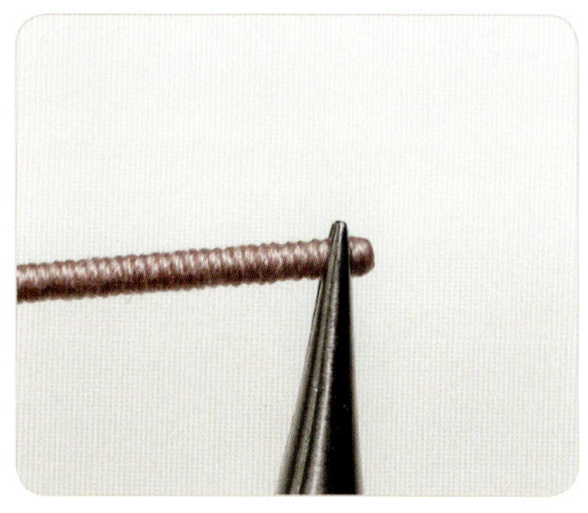

04 코팅을 잘 한 쪽을 롱로즈 바깥으로 2mm정도 나오도록 잡고선 양손을 굴려주세요.

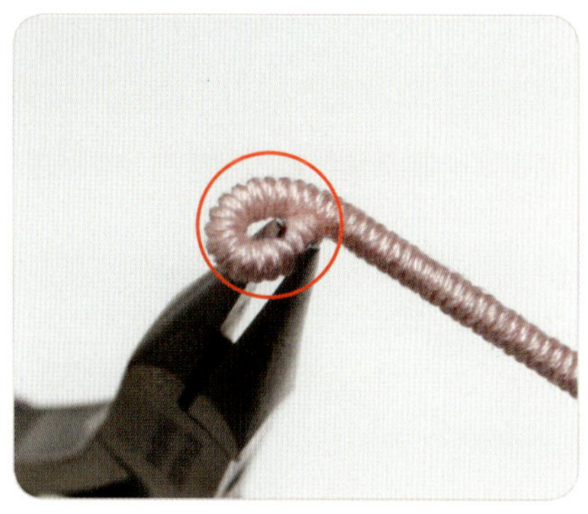

05 와이어 바깥쪽이 사진처럼 와이어에 닿도록 완전히 붙여주고 (동그라미 부분의 크기는 약 0.6cm 정도예요. 크게 만들지 않도록 하세요)

06 그 다음부터는 손으로 1cm 크기의 잔잔한 레이스를 만들어 주세요.

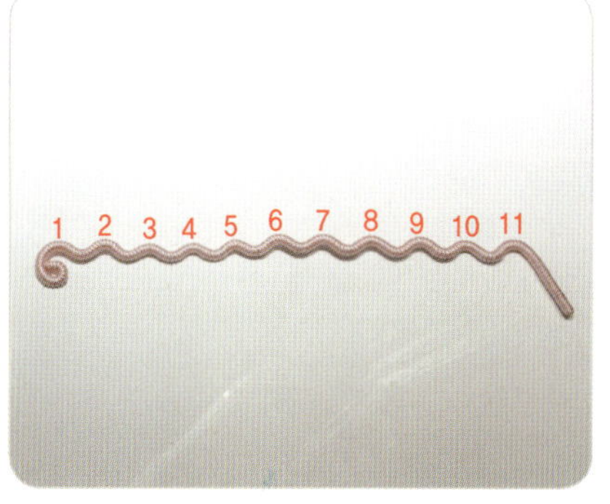

07 이런식으로 끝까지 일정한 레이스를 만들어 주세요(약 10개~11개 정도).

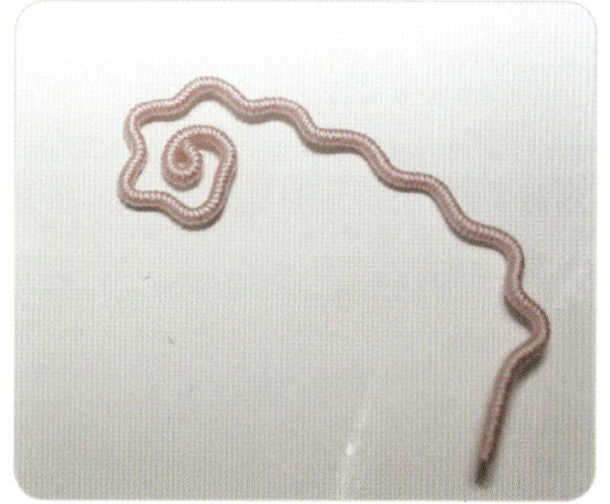

08 자연스럽게 동그라미 식으로 말아가세요.

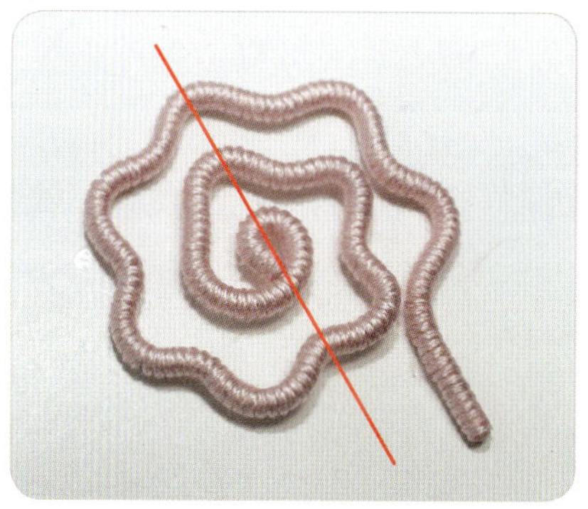

09 사진처럼 빨간선에 뾰족 나온 윗부분과 움푹 들어간 아랫부분이 일직선에 오도록 모양을 잡고

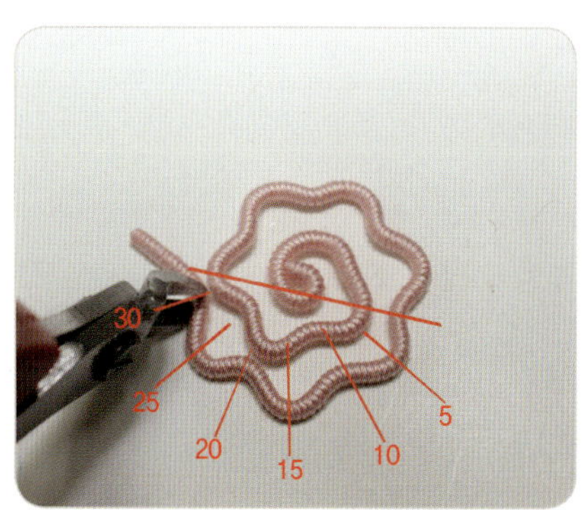

10 남은 여분은 시계숫자 30분 방향지점에서 니퍼로 잘라내세요.

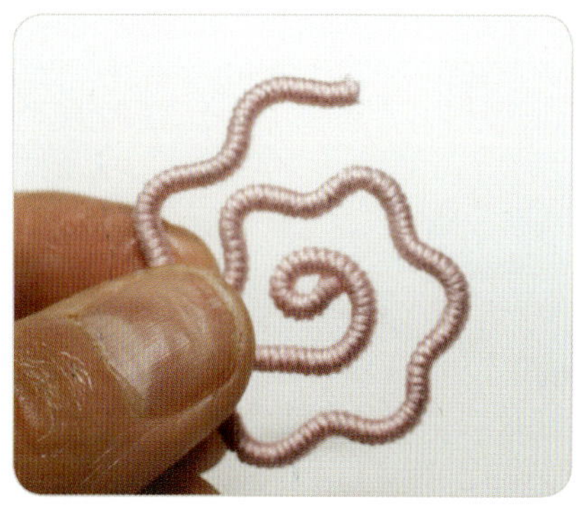

11 잘라낸 곳에 마무리 코팅을 잘 해주고

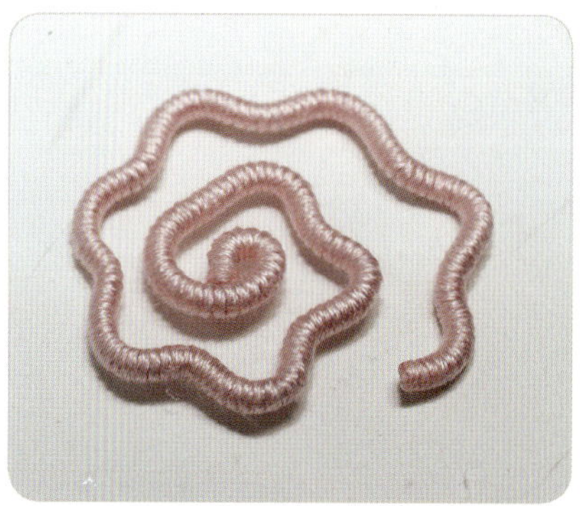

12 아직 다물지 말고 살짝 벌려놓으세요.

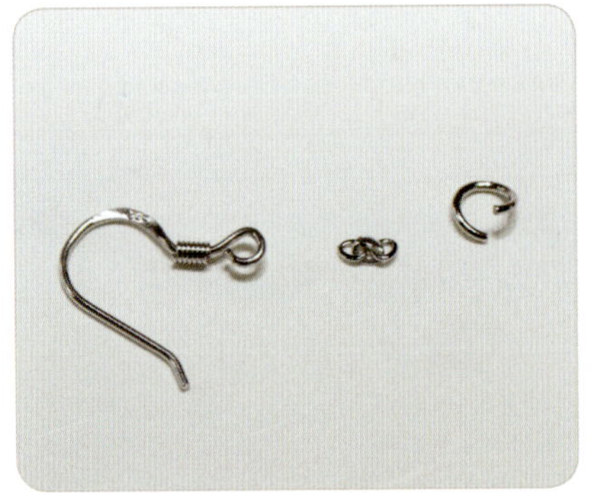

⑬ 귀침+체인3칸+O링 순으로
연결한 뒤

⑭ O링을 와이어에 통과해서

⑮ 사진과 같은 방향에 놓고 O링이
움직이지 않도록 꽉 고정시키고
장미끝을 본드로 붙여주세요.
(빨간 동그라미 부분)

⑯ 3cm로 잘라놓은 26호 와이어에
앵커 면사 1092번을 30cm로 잘라
3가닥으로 중앙감기 하세요.

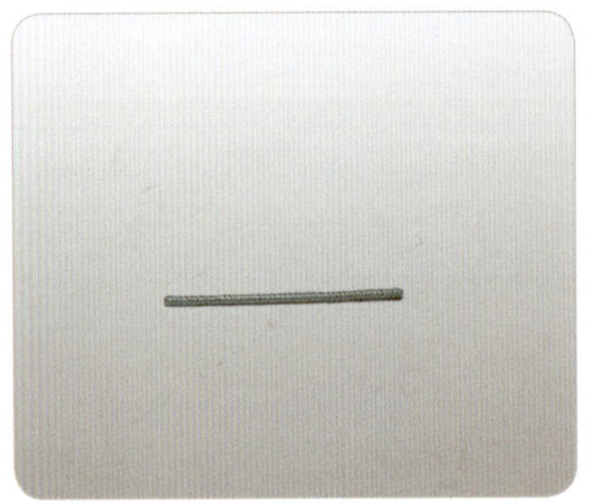

⑰ 이렇게 양쪽 다 감고 양 끝쪽을
마무리 코팅하고

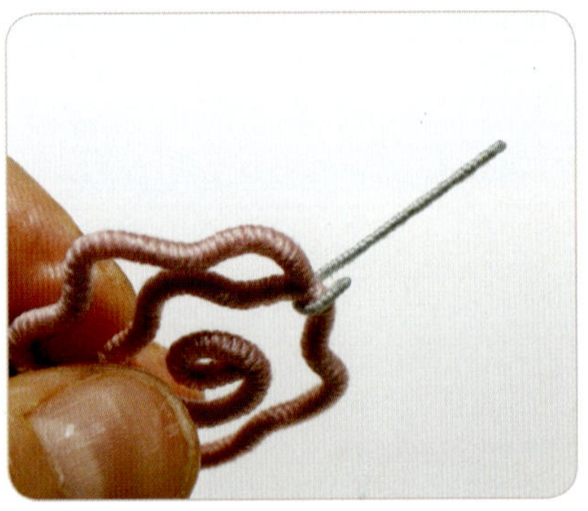

⑱ 민트색 와이어를 고리 형태로
만들어 안쪽에 본드칠 한 후
분홍 와이어에 걸어주고

⑲ 롱로즈로 꽉 눌러 고정하세요.

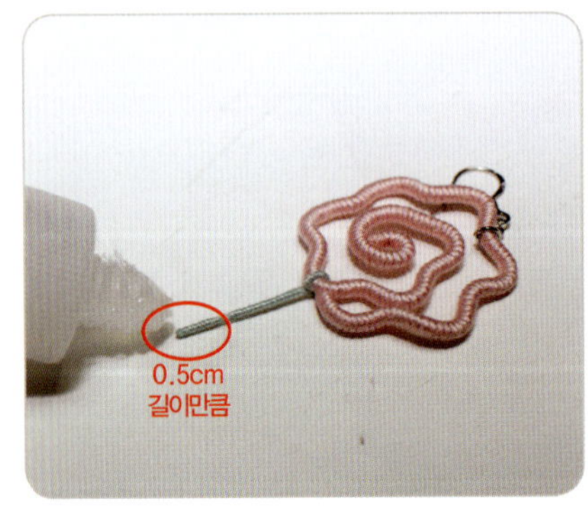

⑳ 빨간 동그라미 부분만큼 본드를
전체적으로 칠한 후

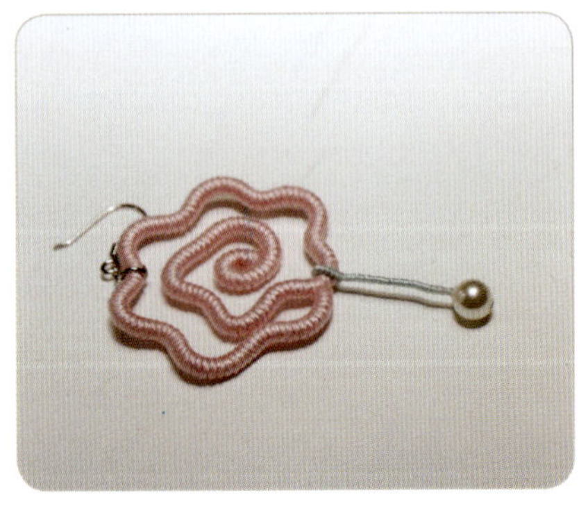

㉑ 진주구멍에다 살살 돌려 끼워주세요
(진주 밖으로 와이어가 나오기 직전까지
진주를 집어 넣으세요).

22 사진처럼 민트색 와이어를 자연스레 웨이브로 만들어 주세요.

23 1092번 앵커 면사 20cm 3가닥을 고리만든 끝쪽에 본드 톡 칠하고

24 작고 앙증맞은 모양으로 묶어주세요.

25 남은 실은 잘라내고

26 사진처럼 장미 모양에는 라이트 로즈로 리본 가운데는 크리솔라이트 핫픽스로 장식해주세요(위쪽도 똑같이 붙여주세요).

B O N U S T I P

베이지색 로즈

앵커 면사: 899번(장미), 928번(리본)

핫픽스: 라이트 콜로라도 토파즈(장미), 아쿠아마린(리본)

하늘빛 로즈

앵커 면사: 976번(장미), 1021번(리본)

핫픽스: 아쿠아마린(장미), 라이트 로즈(리본)

#04

그린 로즈 이어링

Green Rose Earring

고혹적인 초록빛의 장미가 심해처럼 깊디 깊은 흑진주와 만나

오리엔탈적인 매혹을 전해드려요.

#04 그린 로즈 이어링

작은 웨이브의 장미가 그린과 만났어요.
흑진주로 포인트를 주어 고혹적이며
이국적인 느낌을 가질 수 있어요.
특히나 체인의 길이가 길어 동양적인
아름다움까지 느낄 수 있어 조신하지만
은근히 돋보이고 싶을 때 착용해 보세요.

H o w t o m a k e

준비물 : 0.8mm 와이어 25cm x2개
앵커 면사 215번 150cm x2개
흑체인 14cm 정도
흑 O링 작은 사이즈 x2개
흑귀침 한쌍, 흑T침 x4개
스와로브스키 미스틱블랙진주 8mm x2개
4mm x2개
핫픽스 ss5번 페리도트 x 약 50개 정도

완성품 크기 : 가로 약 2.8cm×세로 약 10cm

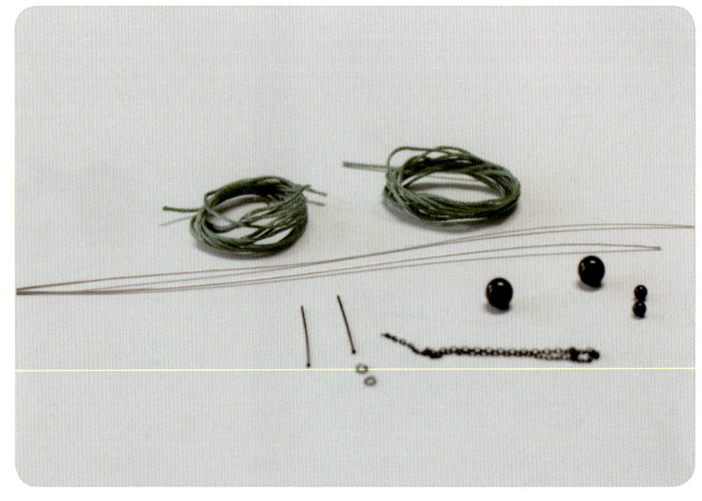

01 25cm로 자른 0.8mm와이어에 앵커 면사 215번 150cm 여섯 가닥 그대로 중앙감기 하세요.

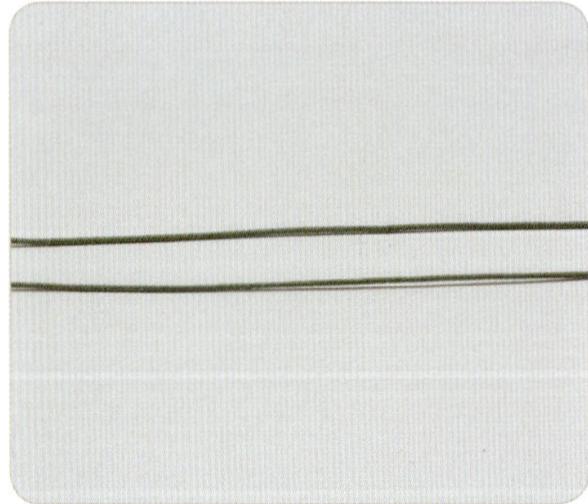

02 이렇게 두 개 모두 감아놓고

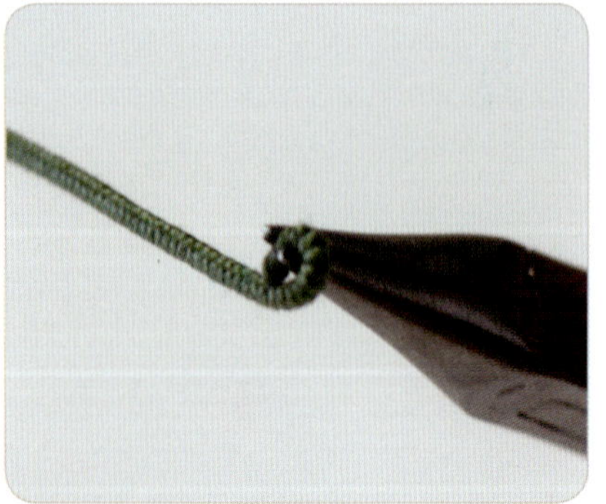

03 롱로즈 앞쪽 뾰족한 곳을 이용해 3mm정도만 꺾어서 옆쪽에 붙여주세요.

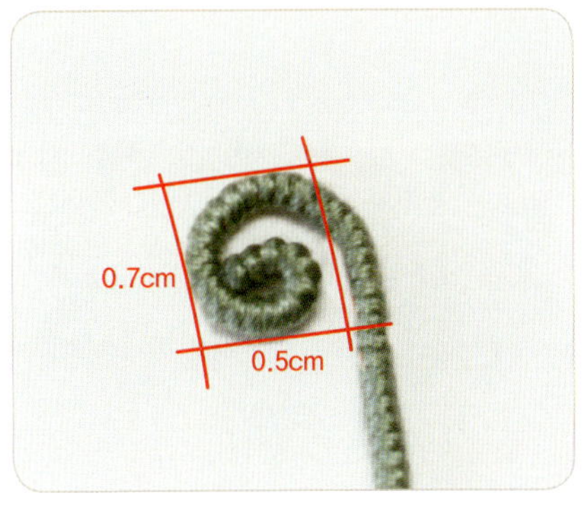

04 그리고 손으로 사진처럼 둥글게 말아 영어 소문자 e가 뒤집어진 형태로 만들어 놓는데 가로 0.5cm× 세로 0.7cm가 되도록 만들어주세요.

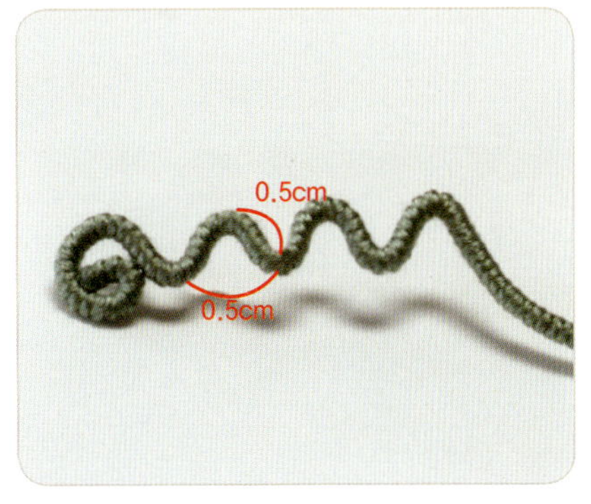

05 e자의 중간지점쯤에 오도록 폭 0.5cm, 길이 0.5cm 정도로 레이스를 일정하게 손으로 만들어 주세요.

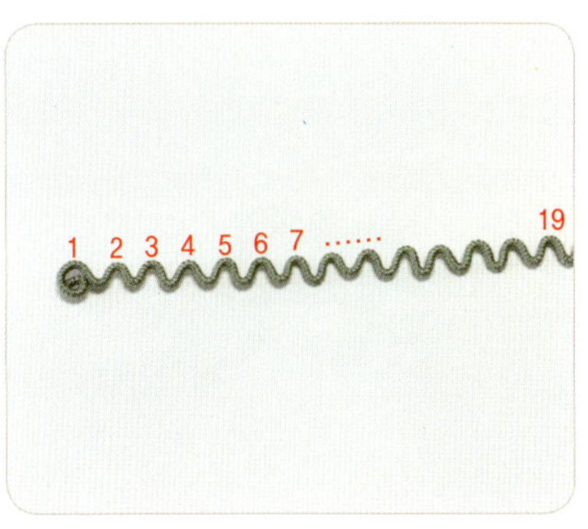

06 끝까지 일정하게 레이스를 만들어주면 아마 맨마지막이 조금은 남을 수도 있어요. 어쨌든 총 19개의 언덕이 만들어져야 해요.

07 19개의 언덕이 완성되었으면 차츰 원으로 말아가되 계단형으로 말아갑니다.

08 즉 처음이 위로 올라오고 점차 아래 아래 단계로 내려가도록 살짝씩 겹쳐 말아주세요.

09 참고사진

10 사진처럼 서로가 잎과 잎이 조금씩이라도 겹치지 않고 어긋나도록 계속 말아갑니다. 간격 조정은 와이어이므로 조금씩 넓히거나 좁히면서 하면 됩니다.

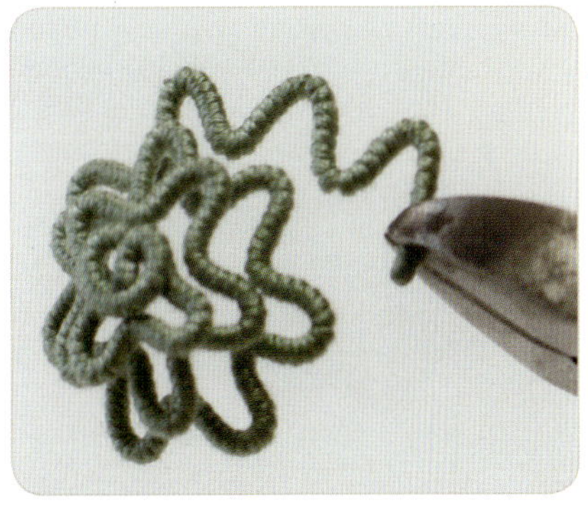

11 다 말았으면 끝에 남은 와이어는 니퍼로 잘라내 주세요.

12 커팅한 후 코팅을 잘해주고 맨 끝 잎은 롱로즈를 이용해 화살표 방향으로 살짝 꺾어주세요.

⑬ 앞 과정까지 다 끝냈으면 옆모습을 봤을 때 사진처럼 간격이 벌어져 있을 거예요. 그 간격을 붙여야 하는데

⑭ 왼쪽 오른쪽 손으로 잡고 사진처럼 윗쪽에서 눌러주고 아래쪽에서는 위쪽으로 올려서 벌어진 간격을 최대한 좁혀주세요.

⑮ 이런식으로 장미 2송이를 만들어 주되 사진처럼 직선상에 위꽃잎과 아래꽃잎이 거의 일치되도록 모양을 잡아 놓으세요.

⑯ 맨마지막 잎을 옆으로 벌리지 말고 그대로 위로 살짝 들어올려 빨간 동그라미 만큼(약 2~3mm 정도) 본드칠하고

⑰ 30초 정도 손으로 꾹 누르고 무거운 책을 올려놓으세요.

⑱ 미스틱 블랙진주 8mm를 T침을 이용해 양쪽으로 고리를 2개 만들어 놓고

⑲ 미스틱 블랙진주 4mm도 T침을 이용해 양쪽으로 고리를 만들어 놓으세요.

⑳ 장미 귀침 달릴쪽 부분보다 진주가 달릴쪽 꽃잎 부분이 경사가 좀 높도록 들춰주세요. 그래야 착용했을 때 꽃잎이 아래쪽으로 수그러지지 않아요.

㉑ 귀침+장미+O링+체인3칸+8mm 진주+체인6칸+4mm진주+체인 4cm 순으로 연결하세요.

22 진주가 달린 쪽의 O링을 왔다갔다 움직이지 않도록 롱로즈로 꽉 조여주세요.

23 이렇게 양쪽 다 만들어주고

24 장미 한쪽당 22~25개 정도의 핫픽스를 앞쪽에만 붙여주세요.

B O N U S T I P

★ 그 밖에 추천컬러

그린로즈 귀걸이는 포인트가 블랙진주와 매치하는 거예요.
핑크톤을 좋아하신다면 앵커 면사 55번과 미스틱 블랙진주를 매치하고
핫픽스 ss5번 파파라사를 붙여보세요.

★ 만약 블랙진주가 없다면 이렇게도 매치해 보세요.

앵커 면사 410번과 백금체인 라이트그레이 색상의 스와로브스키 진주...
그리고 핫픽스는 ss5번 깨끗한 크리스탈을 붙여주시면 시원한 블루로즈가
또 다른 매력을 드린답니다!
블랙 민소매 티셔츠에 착용해 보세요. 완전 멋져요!

설레는 내 마음에

작은 꽃송이 하나...

#05

미니 플라워 이어링

Mini Flower Earring

#05 미니 플라워 이어링

깜찍하고 귀여운 작은 꽃잎이 달랑달랑~
많은 진주들과 매치된 디자인이예요.
캐주얼에도 예쁘고 꽃잎이 작아
정장에도 제법 잘 어울려요.
예쁘게 만들어서 봄에 착용해 보세요.

How to make

준비물 : 0.5mm 와이어 9cm x2개
0.3mm 와이어 10cm x1개
26호 와이어 20cm x2개
앵커 면사 185번 80cm,
74번 110cm
스와로브스키 라이트그레이 진주 8mm x2개
크림진주 3mm x8개
백금체인 18cm, T침 x10개 , O링 x4개
일제비즈 x2개, 핫픽스 ss6 로즈 x32개
큐빅스톤 pp9 x24개

완성품 크기 : 가로 약 2cm x 귀침부터 총 길이 약 8cm

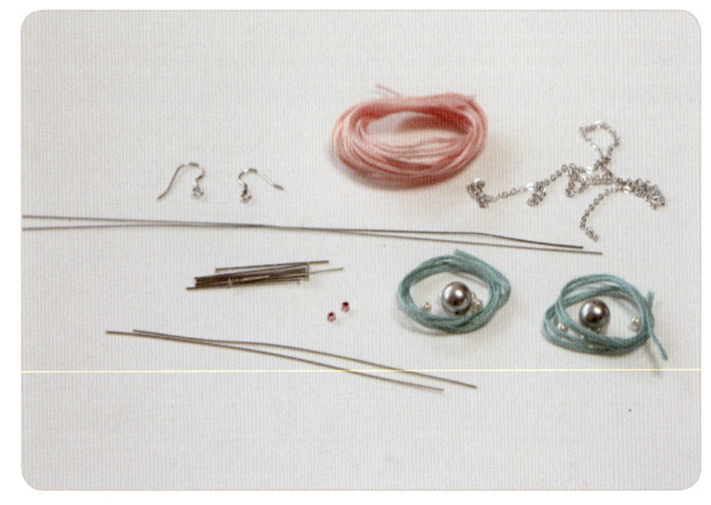

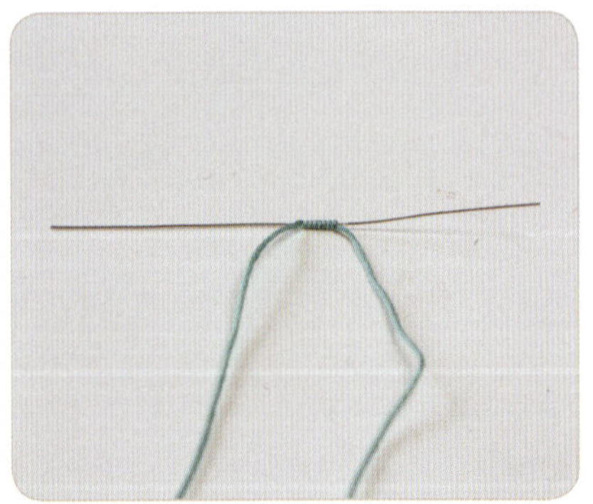

01 0.5mm 와이어 9cm에 앵커 면사 185번 40cm로 중앙감기 하세요.

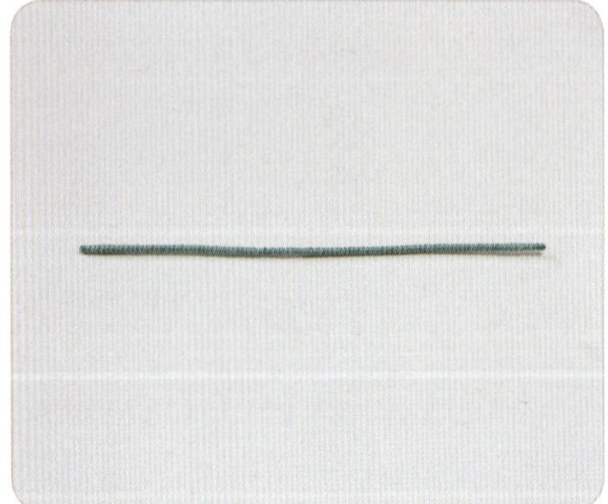

02 쭉 완성해놓고

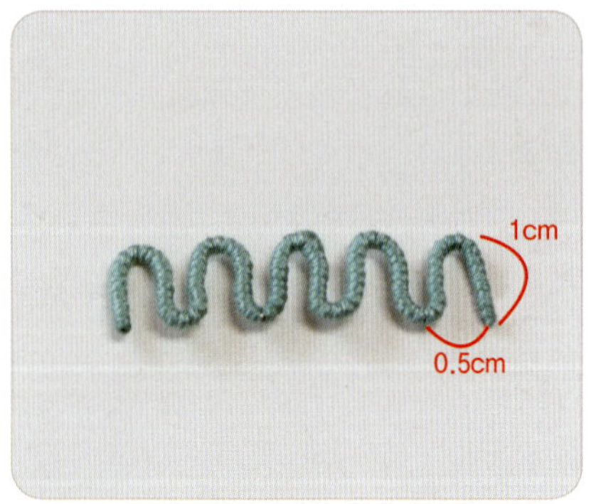

03 기본기법 중 레이스 만들기를 참고하여 물결무늬를 만들되 간격은 가로 0.5cm 길이는 1cm정도가 되도록 5개의 언덕을 만들어 주세요.

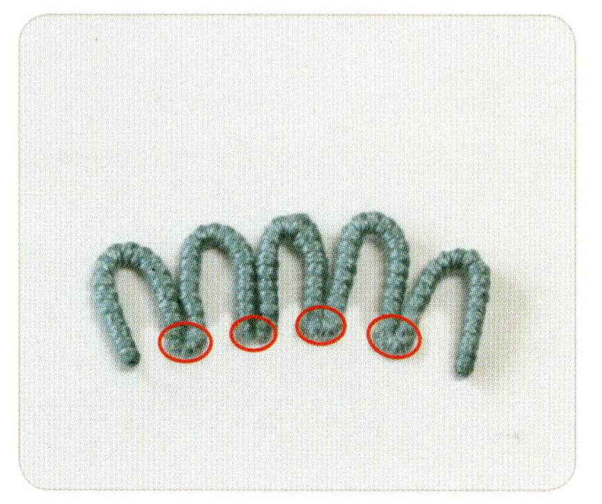

04 아래쪽 이어진 부분을 롱로즈로 지긋이 눌러 붙여주세요.

05 꽃잎을 하나씩 간격맞춰 손으로 벌려주어 사진과 똑같이 만드세요. (동그라미 부분을 일정하게 잘 모아주세요)

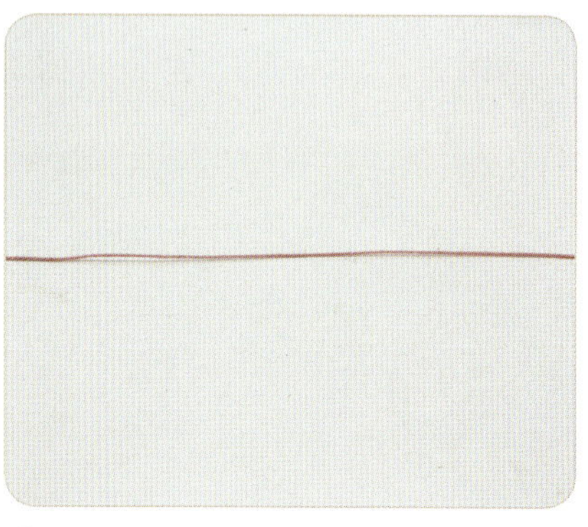

06 26호 와이어 20cm를 앵커 74번 110cm 3가닥으로 중앙감기 하세요.

07 감아놓은 분홍 와이어를 10cm씩 반으로 잘라 골뱅이 2개는 5.5cm로 나머지 2개는 4cm로 총 4개 만들어 주세요.

08 3mm진주 하나만 앞뒤로 T침을 이용해 고리를 만들고 나머지 진주는 사진처럼 T침을 이용해 한쪽만 고리를 만들어 주세요.

09 3mm 진주를 5.5cm로 자른 체인 양쪽에 하나씩 걸어 고정하세요.

10 귀침 앞쪽엔 3mm진주를 고정하고 뒤쪽엔 체인1cm를 걸고 1cm 체인 아래엔 O링을 걸어 놓으세요.

11 8mm 회색진주+체인 1.7cm+ 양쪽으로 고리만든 3mm 진주+ 체인 3칸+0.3mm 와이어 5cm 순으로 연결하되 와이어는 체인에 통과시켜 3번 정도만 바짝 꼬아 주세요.

12 체인에 꼬아놓은 와이어를 사진처럼 꽃잎 3번과 4번째 사이에 걸고 위쪽으로 5번 정도 바짝 꼬아서 고정시키세요.

⑬ 10번의 O링도 꼬아놓은 와이어 위쪽 꽃잎에 걸어주세요.

⑭ 자, 그럼 사진과 같이 될 거예요.

⑮ 5.5cm 분홍 골뱅이를 꽃가운데에 본드칠해서 앞뒤로 붙여주세요.

⑯ 꽃잎 아래쪽 체인에도 작은 진주와 큰 진주 사이에 4cm짜리 골뱅이를 본드를 듬뿍 칠해 앞뒤로 붙여주세요.

⑰ 이때 체인 때문에 가장자리부분이 뜰 거예요. 그냥 놔두세요. 공간이 생겨야 나중에 스톤을 넣을 수 있어요.

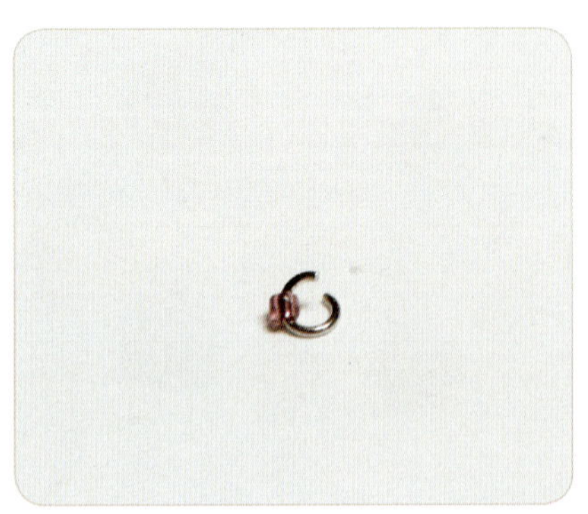

⑱ O링에 일제비드를 한 개 끼워주세요.

⑲ 09번의 만들어 놓은 진주체인을 아래쪽 꽃잎 한쪽에 길이를 언발란스하게 걸어주고 18번의 O링으로 고정해 주세요.

⑳ 자, 그럼 이렇게 되고요.

㉑ ss6로즈 핫픽스를 꽃잎 가운데에 앞뒤로 붙여주고

22 꽃잎 밑에 앞뒤로 붙여놓은 골뱅이 사이에 pp9 사이즈의 스톤큐빅을 본드칠해서 하나하나 집어 넣으세요. 한쪽 공간에 5~6개 정도 들어갈 거예요.

23 마지막으로 큐빅스톤을 붙인 골뱅이 위 정가운데에도 ss6로즈 핫픽스를 붙여주면 완성이에요.

24 예쁘게 만들어 보세요.

3

#06

일러스트 캔버스 이어링

Illust Canvas Earring

#06 일러스트 캔버스 이어링

아주 작은 무늬의 천을 이용해
만드는 귀걸이예요.
릴로 캔버스 바탕을 만들어 주고
천에 있는 예쁜 그림들을
오려 붙여주면 끝! 참 쉽죠?

H o w t o m a k e

준비물 : 230pvc 2.5x2cm 사이즈 x2개
디엠씨 ecru 면사 180cm x2개
신주포스트형 귀침과 체인 약 24cm
신주작은 O링 x10개
폭 0.5mm의 토숀레이스
컬러우드비즈 4가지 색 x각각 2개씩
일러스트 천, ophir실 300번 20cm
핫픽스 ss10 블루지르콘, 썬 x각각 9개씩

완성품 크기 : 가로 약 2.5cm×세로 총 길이 약 7.7cm

01 2.5×2cm로 자른 pvc판(p.341 실물본 참고)에 디엠씨 ecru면사를 180cm로 잘라 4가닥으로 중앙감기 해주세요.

02 이렇게 2장 촘촘히 감아주고 기본기법 중 사각바디 감기(p.26)를 참고하여 코팅도 잘 해주세요.

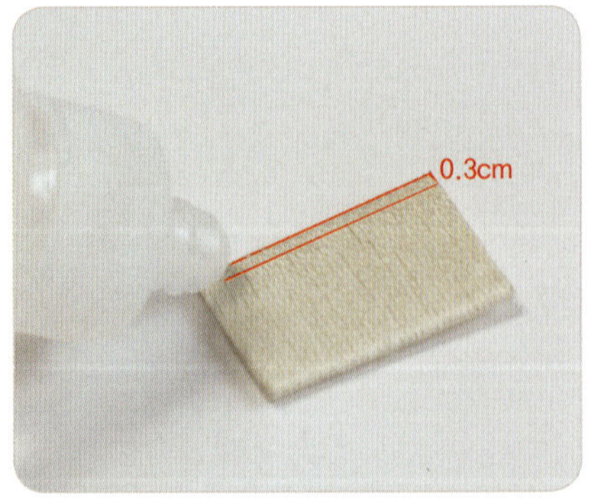

03 직사각형의 4면 중 1면씩 0.3cm 정도 적당히 본드칠해서

04 토숀레이스 폭 5mm 중 3mm 정도만 감아놓은 판에 맞도록 붙이고 잘라주세요. 옆쪽도 똑같은 방법으로 붙여주세요.

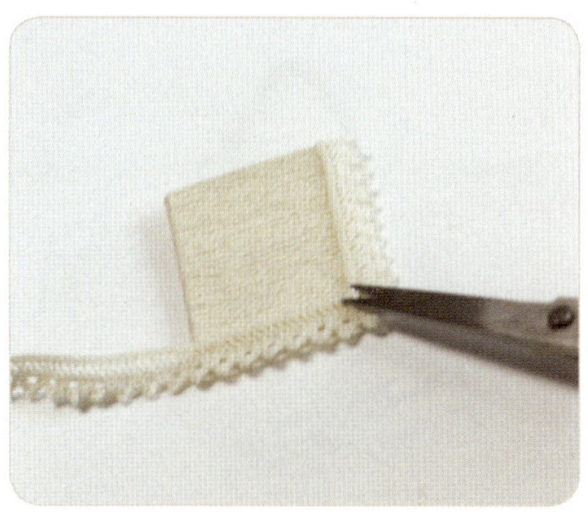

05 천과 천이 겹친 곳을 본드가 완전히 굳기 전에 사선으로 가위로 잘라주고 코팅해주세요.

06 이런식으로 나머지 면 모두 똑같이 만들어주세요.

07 뒤를 돌려보면 사진처럼 레이스 부분만 보이게 되어 있어요.

08 ophir 금사를 다시 앞면으로 돌려 레이스 중앙쯤에 포인트가 되도록 금사에 본드칠해서 붙여주세요.

09 이렇게 2장 모두 금색라인을 쳐주고

10 일러스트 천에서 오려낸 여자아이를 핀셋으로 집어 여자아이 뒤쪽에 본드를 전체적으로 얇게 칠해 감아놓은 판에 붙여주세요.

11 이런식으로 나머지 일러스트 그림도 조화롭게 붙여주고

12 반대쪽 귀걸이엔 남자아이를 여자아이와 똑같은 방법으로 붙여주세요.

⑬ 남자아이 옆에 사과나무도 붙여주세요.

⑭ O링 2개에 신주체인 19칸을 잘라 양쪽으로 고정시키고

⑮ 레이스 끝에서 0.5cm 정도 들어온 안쪽에 고정하세요.

⑯ 우드비즈에 신주T침을 이용해 고리를 만들어 주고

⑰ 신주체인을 7cm로 잘라 양쪽 끝엔 우드비즈를 달아주고 사진처럼 체인을 늘어뜨리되 노랑 우드 비즈쪽을 1cm 더 길게 늘어뜨린 후 O링에 걸어 고정시켜 주세요.

⑱ 우드비즈 연결해 놓은 걸 아래쪽 레이스에 바깥에서 0.5cm 정도 안쪽으로 들어와 걸어 고정하세요.

⑲ 그림과 같이 위쪽체인 중앙에 O링을 걸고 귀걸이 고리에 걸어 연결해 주세요.

⑳ 이렇게 남자는 청록과 보라색 우드비즈를 붙이고 연결해 주세요.

㉑ 뒤쪽은 핫픽스 ss10번 블르지르콘을 남자에, ss10번 썬을 여자쪽에 사진처럼 올려놓고 인두기로 15초 정도 눌러주세요.

BONUS TIP

★ 일러스트 천 구하기

각종 천을 파는 사이트에서 구매하실 수 있으며 꼭 똑같은 천이 아니더라도 각자 마음에 드는 일러스트 천을 골라 만들어 보세요. 단, 무늬는 1cm 미만의 것이어야 예뻐요.

★ 작은 토숀 레이스 구하기

릴공예 온라인 샵(ireel.cafe24.com)에서 구매하실 수 있어요. 이렇게 가느다랗고 좁은 레이스 구하기가 무척 힘들거든요.

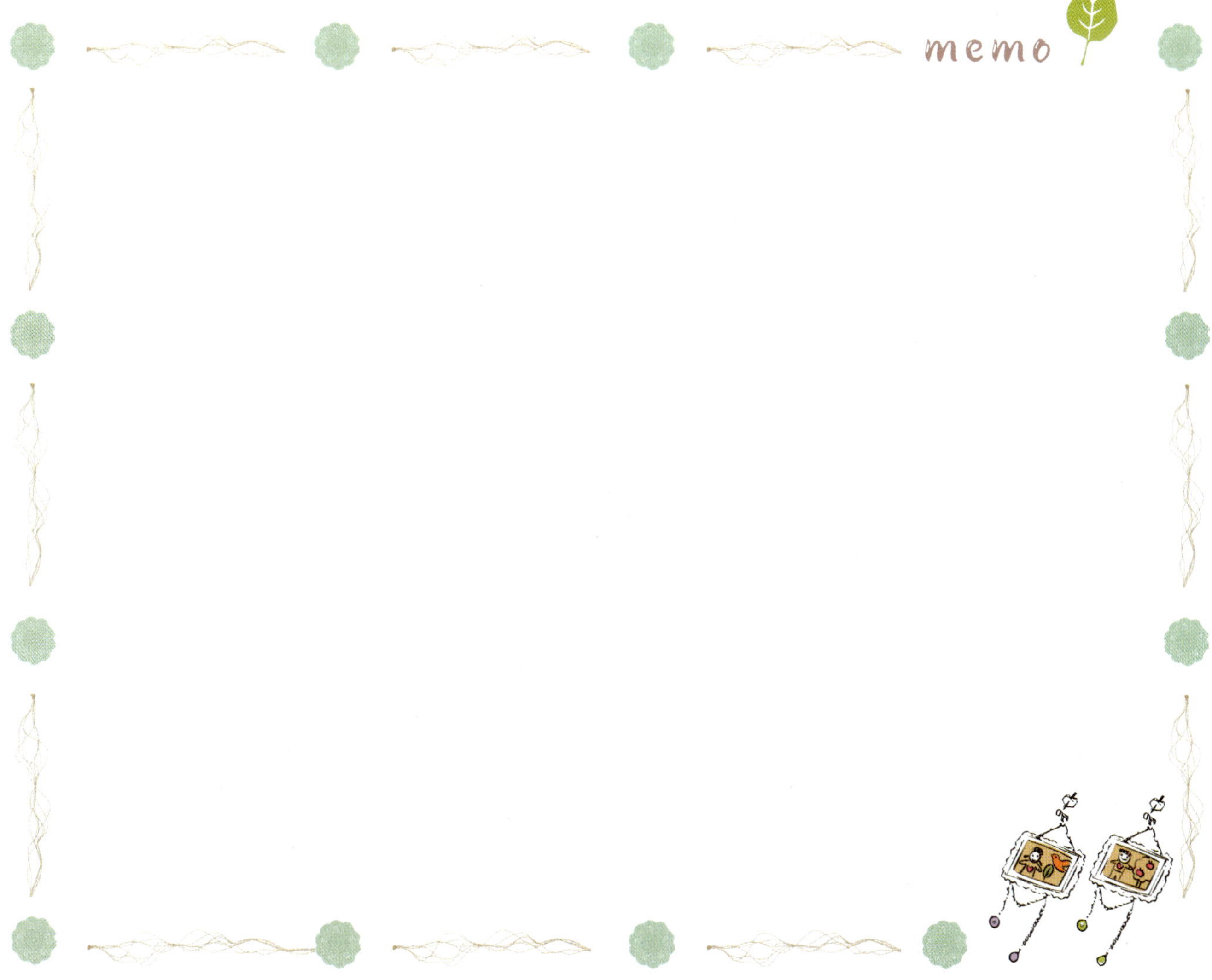

#07

레이스 패치 앤 브로치

Lace Patch Ann Brooch

#07 레이스 패치 앤 브로치

레이스가 풍성하고 자연스러운 코튼 컬러가
전체적인 베이스로 앤 일러스트를 패치하여
만든 브로치예요.
손쉽게 만들 수 있으며 캔버스백이나
포근한 니트에 코디해 보세요.
무척이나 사랑스럽답니다!

How to make

준비물 : 디엠씨 면사 712번 4m
230pvc 4x3cm, 앤 그림 있는 천
0.3mm 와이어 8cm
앵커 면사 87번 80cm,
177번 16cm
폭 1cm 레이스 60cm,
폭 1cm 또 다른 레이스 20cm
폭 1cm 토숀레이스 15cm, 브로치핀
씨드비즈 x7개, pp11큐빅스톤 x2개

완성품 크기 : 리본 크기만 가로 약 5cm×세로 14cm

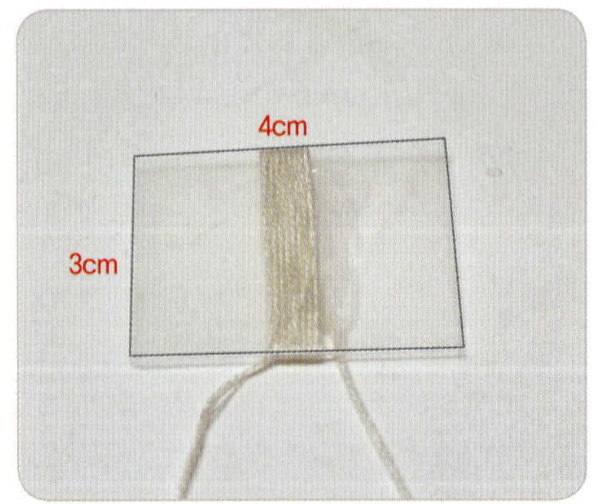

01 pvc를 p.341 실물본에 대고 잘라 사진처럼 놓고 디엠씨 면사 712번 4m로 중앙감기 하세요.

02 바디 면적이 넓으므로 본드를 앞뒤로 얇게 칠해야 하는데 본드 양 조절이 잘 안되면 핀셋으로 평평하게 문질러 주고 감으면 깔끔히 감깁니다.

03 거의 다 감았을 때 앞 뒤로 다시 한 번 본드칠 해주세요.

04 마무리는 모두 뒤쪽에서 해주고 코팅도 튼튼히 해주세요.

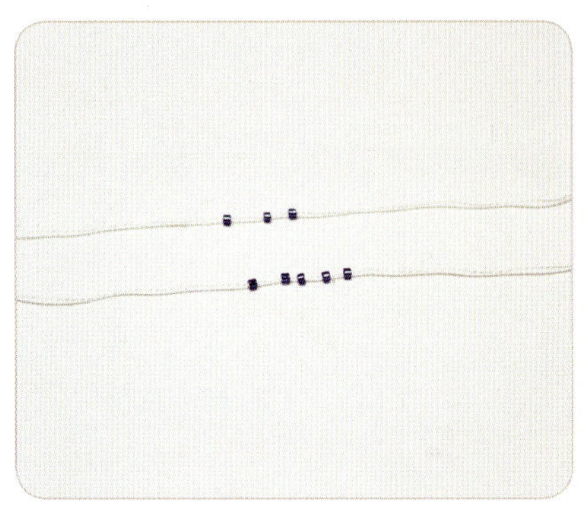

05 디엠씨 712번 10cm 한가닥에 한 줄은 씨드비즈 3개, 한 줄은 씨드비즈 5개를 넣어주세요(묶지는 마세요. 그냥 집어 넣기만 하세요).

06 04번에 감아놓은 바디 뒷면에 (사진의 빨간부분 정도에) 본드를 얇고 고르게 칠하세요.

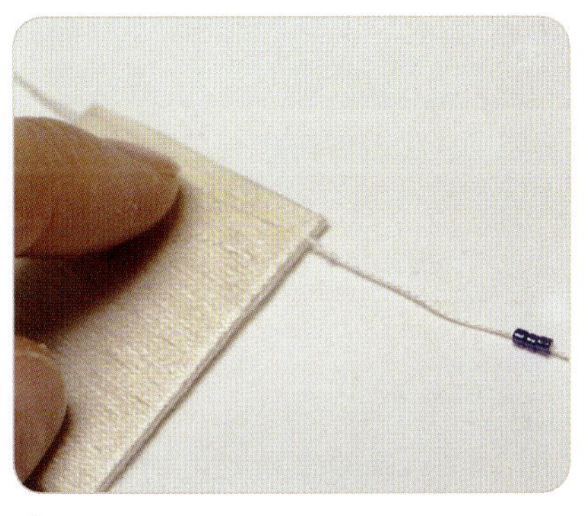

07 05번의 실을 끝에 1cm 정도 남기고 본드칠해 놓은 곳에 붙이세요.

08 다시 앞쪽으로 돌려 비즈들이 사진과 같은 위치에 오도록 하고

09 나머지 실을 다시 본드칠한 뒤쪽으로 돌려 붙여준 뒤 여분은 가위로 자르세요.

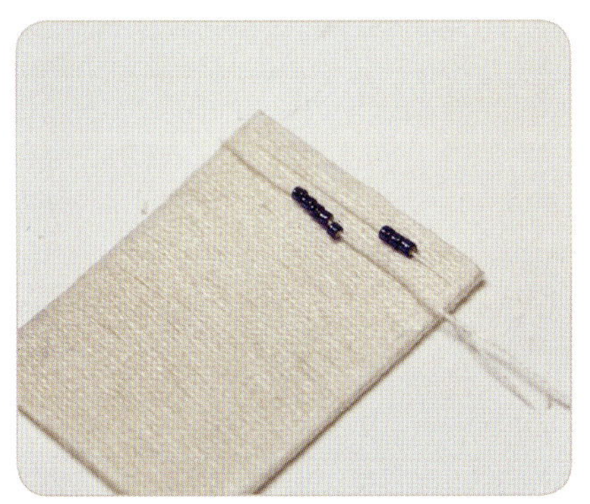

10 두 번째 줄도 마찬가지로 하고요.

11 그럼 사진처럼 됩니다. 비즈들은 그냥 왔다갔다 할 거예요. 자연스레 두세요.

12 앵커 면사 177번 16cm로 가장자리에 라인을 쳐주세요. 본드를 바디에 실 두께만큼 얇게 바르고 둘러주세요.

⑬ ㄱ자로 꺾어주고 가장자리 부분은 핀셋으로 집어서 확실하게 각을 살려주면 되고요.

⑭ 실과 실이 만나는 곳에서 가위로 자르고 그 자리에 본드를 톡 칠해서 코팅해주세요.

⑮ 사진처럼 완성하고요.

⑯ 천에서 앤 그림을 가위로 오려낸 후 앤에다 본드칠하고(본드는 재빨리 얇게 칠하세요)

⑰ 바디 아래쪽에 붙여주고 꽃모양도 오려 붙이세요.

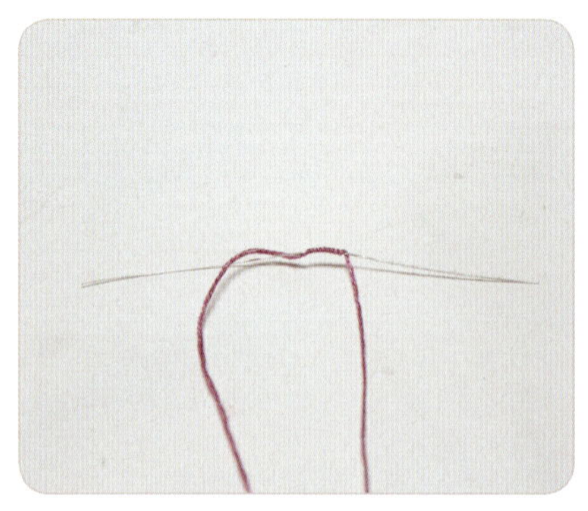

⑱ 0.3mm 멀티 와이어 8cm에 앵커 면사 87번 80cm 3가닥으로 촘촘히 감아주세요. 와이어가 부드러우니 조금씩 조금씩 감아나가면 됩니다.

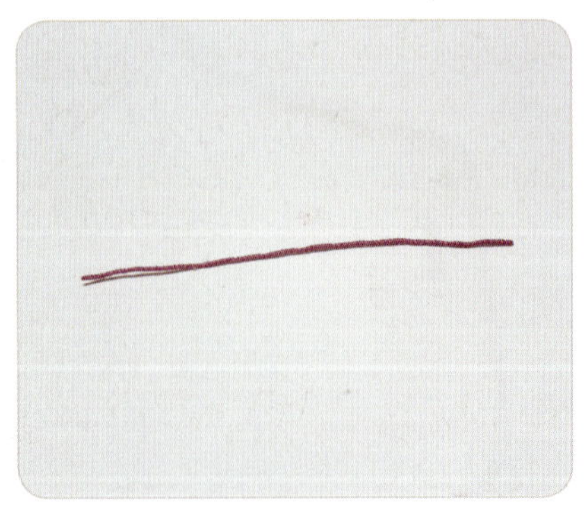

⑲ 8cm를 완성했으면 이걸 4cm로 잘라 두 개를 만드세요. 자른 곳은 반드시 코팅하고요.

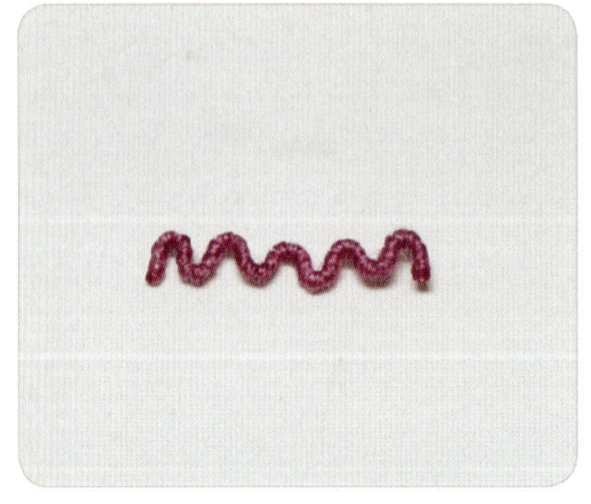

⑳ 4cm를 가지고 사진처럼 레이스를 만드세요. 언덕을 5개 만들면 됩니다. 굉장히 작아요(핀셋을 이용하세요).

㉑ 아래쪽을 모두 핀셋으로 집어주고요.

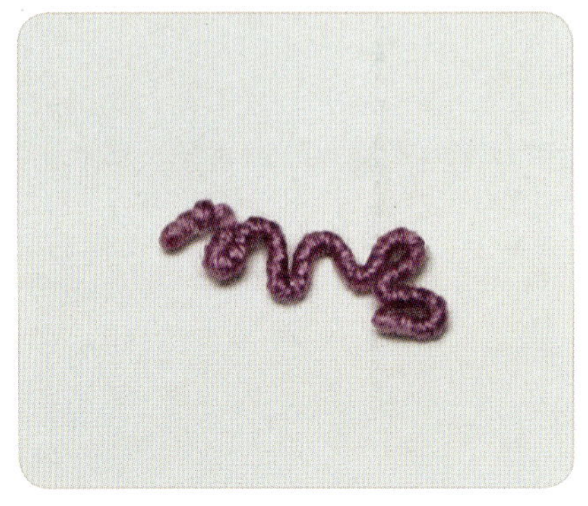

㉒ 21번에서 핀셋으로 집었던 아래쪽을 모두 모아보세요. 점차 꽃이 됩니다.

㉓ 핀셋을 이용해 가운데 공간이 1~2mm 사이로 좁아질 때까지 꽃을 잘 모아주세요.

㉔ 나머지 4cm도 똑같이 꽃모양을 만들어 주고선 사진과 같은 위치에 본드를 칠해서 붙여주세요.

㉕ 꽃송이 가운데 구멍에 pp11 스톤을 본드로 붙여주고 핀셋 뒤로 지긋이 눌러주세요(본드는 핀셋 끝을 이용해 구멍에 발라주고 큐빅을 얹으면 됩니다).

㉖ 본드를 칠해서 1cm 정도 되는 토숀레이스를 바디 뒤쪽에 붙여주세요.

㉗ 꺾이는 부분에선 사진처럼 레이스를 모아서 그 아래로 자연스럽게 붙여주세요.

㉘ 레이스를 모은 곳은 가위로 잘라주세요.

㉙ 가위로 자른 곳은 다시 코팅하고요.

㉚ 이런 식으로 쭉 레이스를 둘러주면 됩니다.

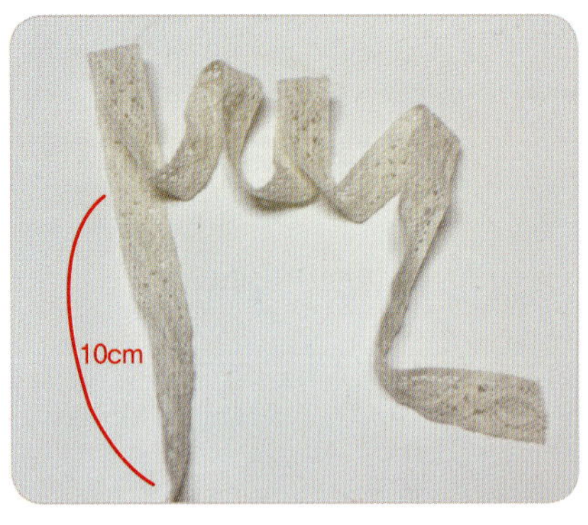

31 1cm 폭의 또 다른 레이스를 60cm로 잘라 왼쪽 길이를 10cm 정도 남기고 사진처럼 모양을 잡고

32 그대로 바디 뒷면에 본드로 붙여주세요.

33 사진처럼 한 쪽이 길게 남으면

34 이번엔 또 다른 1cm 폭 그물망 레이스 20cm를 반 접어 바디 중앙쯤에 붙여주세요.

35 레이스들이 모인 곳에 브로치핀을 붙이세요(중심에서 조금 위쪽에 붙여야 브로치가 늘어지지 않아요).

36 그럼 레이스가 러플러플한 브로치가 완성됩니다.

B O N U S T I P

★ 일러스트 천 구하기

각종 천을 파는 사이트에서 구매하거나 동대문 종합상가에 가보세요.
앤의 일러스트의 크기는 3cm 정도 된답니다.
꼭 앤이 아니더라도 3cm 크기의 예쁜 일러스트 천을 구해 마음껏 만들어 보세요.

★ 각종 레이스 구하기

릴공예 온라인 샵(ireel.cafe24.com)에서 앤 브로치에 쓰인 흔치 않은 레이스들을 구매하실 수 있어요.

memo

Yellow

Yellow

fashion color | yellow & blue

fashion code | bold & sexy

fashion style | big & square

#08

사각 미로 이어링

Square Maze Earring

#08 사각미로 이어링

따뜻한 봄날이나 더운 한여름
왠지 나만 돋보이고 싶을 때...
강렬한 옐로우와 시원한 블루 크리스탈의 조화가
독특한 개성을 느낄 수 있도록 해드릴 거예요!
크지만 가벼워 좋은 옐로 스퀘어 빅 이어링으로
진정한 패셔니스트가 되어 보세요.

How to make

준비물 : 0.8mm 와이어 45cm ×2개
앵커 면사 297번 190cm ×2개
백금체인 10cm, 백금귀침 한쌍
T침 ×2개, O링 ×2개
스와로브스키 핫픽스 ss6 사파이어 ×40개
스와로브스키 큐브크리스탈 0.4mm 사파이어 ×2개

완성품 크기 : 가로 약 4cm×세로 약 4cm
(총길이 10cm)

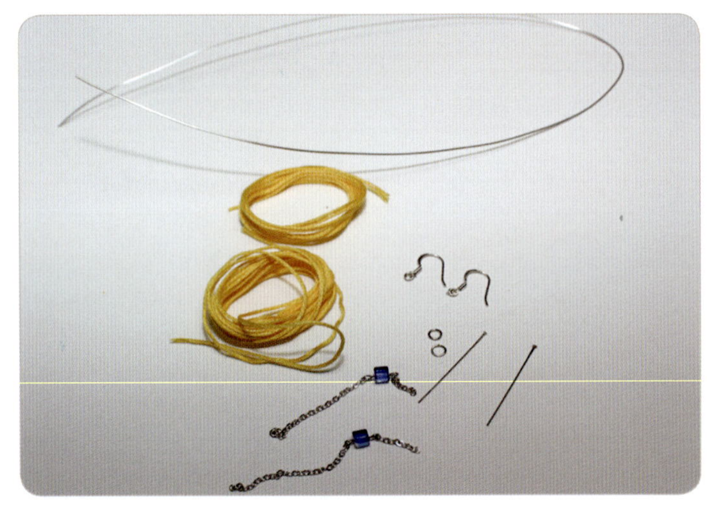

01 45cm로 자른 0.8mm 와이어를 휘어짐 없도록 휴지로 쫙쫙 문질러서 최대한 곧게 펴주세요.

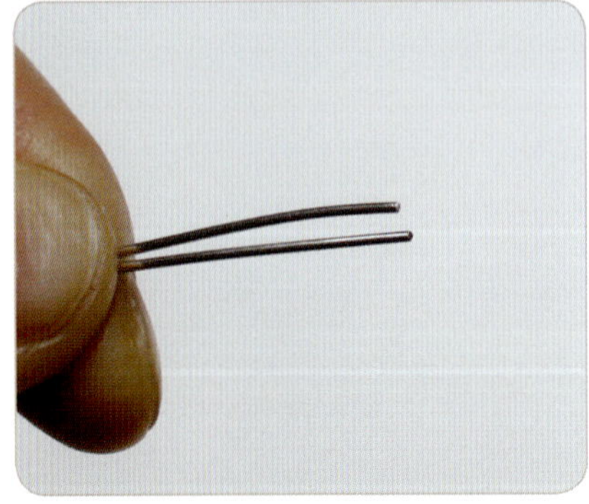

02 끝과 끝을 최대한 맞춰서 그대로 주욱 밀고 나가 반으로 접어주세요.

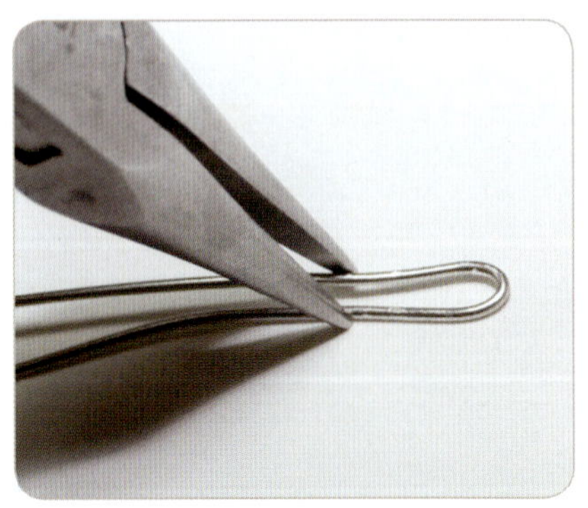

03 02번 그림 반대쪽 이어진 곳은 손으로 구부릴 수 있는 만큼 일단 접어주고 롱로즈를 이용해 완전히 붙도록 해주세요.

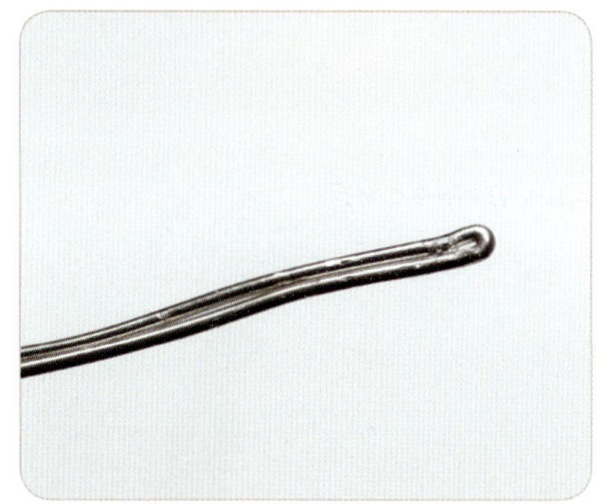

04 그림처럼 완벽하게 붙여서 접어주세요.

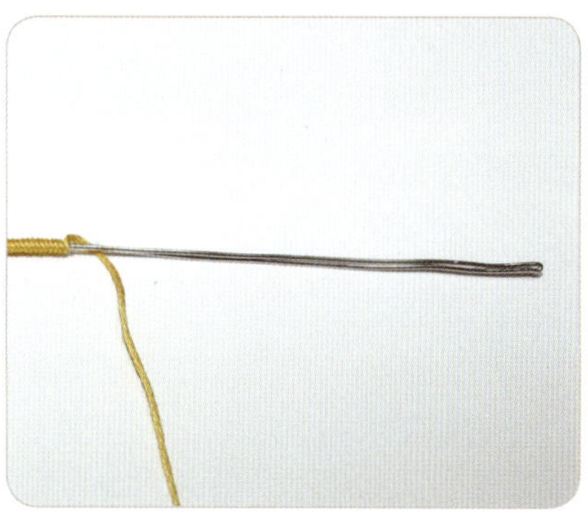

05 190cm 길이의 앵커 면사 297번을 중앙감기 하되 와이어가 이어진 쪽부터 감아갑니다(사진 04번 쪽).

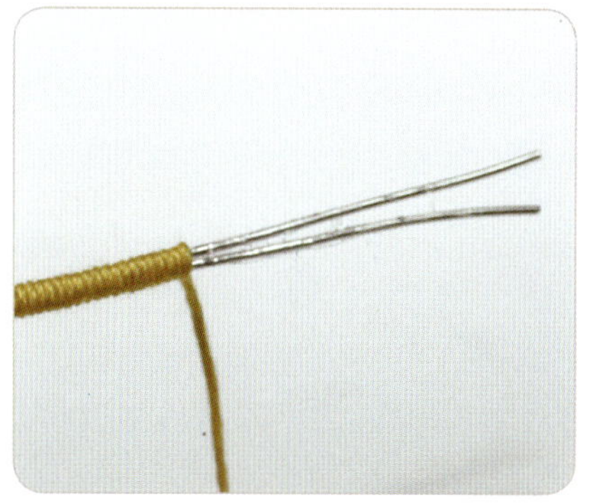

06 이어진 쪽을 다 감았으면 이번엔 반대쪽인 와이어가 벌어진 쪽을 감아주세요.

p.27 기본감기 중 이중와이어 감기 참고

07 와이어 벌어진 쪽을 감다보면 그림처럼 양쪽 길이가 달라질 수 있어요. 그럼 짧은쪽 길이에 맞춰 니퍼로 잘라내 주세요.

08 니퍼로 잘라 길이를 맞추고 사진처럼 양쪽 와이어를 완전히 감싸준 뒤 코팅을 튼튼히 해주세요.

09 사진처럼 끝에서 0.5cm정도 안쪽 지점에다 롱로즈를 대고 지긋이 꺾어주세요. 이때 와이어가 비틀리는 건 자연스런 현상이에요.

10 09번처럼 처음 한 번만 롱로즈를 이용해 꺾고 그 다음부터는 손으로 꺾어준 뒤 3~4mm 정도의 공간이 생기도록 꺾어주면 됩니다.

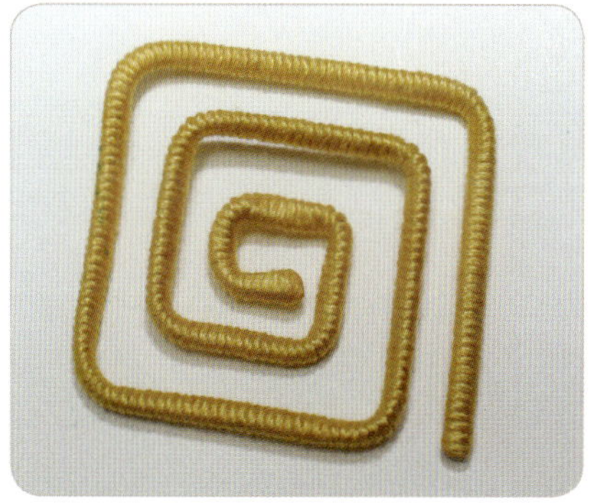

11 가장자리 각을 최대한 살리면서 네모 모양으로 꺾어주세요. 자연스레 와이어가 휘어지면서 꺾이는 게 정상! (안쪽 와이어 길이가 사진보다 길게 남으면 사각에 맞게 잘라내고 코팅하세요)

12 T침에 사각 크리스탈을 끼워놓고 양쪽 고리를 만들어 주세요.

⓭ 사진처럼 O링+1cm 체인+사각크리스탈+4cm 체인을 순서대로 조합해주세요.

⓮ 귀침은 벌려서 감아놓은 노란 사각형에 걸어주고

⓯ 13번 사진의 조합된 것을 귀침 반대쪽인 아래에 O링을 벌려 걸어주세요. 이때 O링이 왔다갔다 하지 않게 조여주세요.

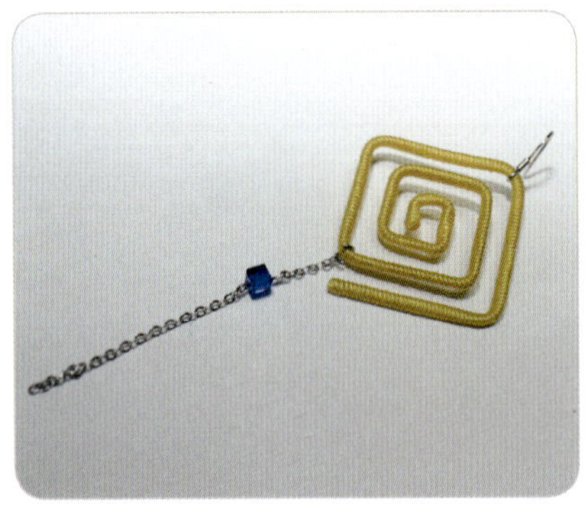

⓰ 사진처럼 양쪽으로 걸어주고

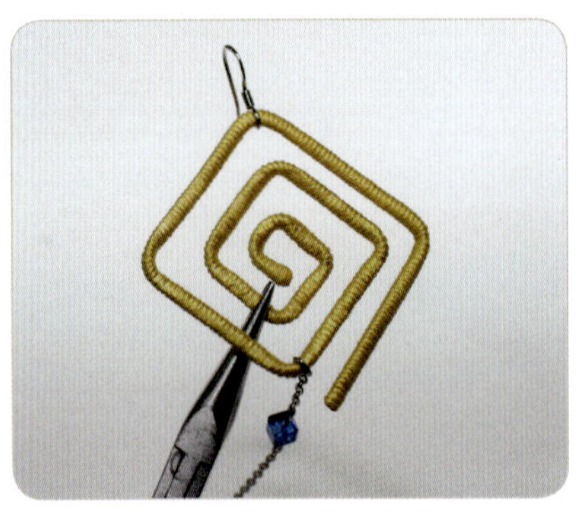

⓱ 모서리를 제외한 나머지 부분이 평평해지도록 롱로즈로 살짝씩 눌러주세요.

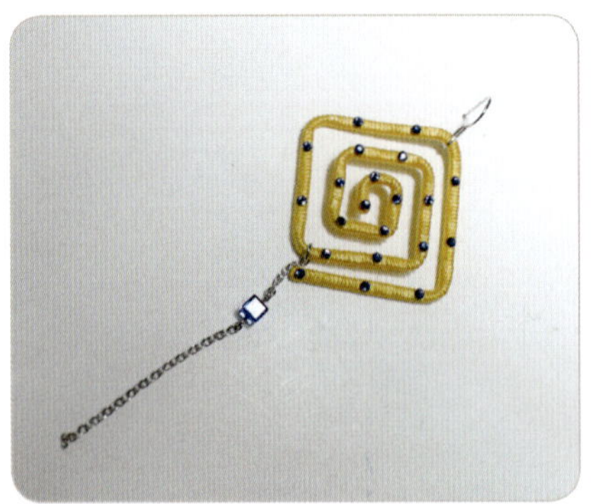

⓲ 사진처럼 사파이어색의 핫픽스를 앞뒤로 붙여주세요(한쪽에 약 19~20개 정도).

B O N U S T I P

★ 다른 컬러를 원하시나요?

시원한 하늘색

사각 미로를 앵커 면사 433번 + 핫픽스(라이트 시암) + 사각 크리스탈(라이트 시암)으로 매치해 보세요!

세련된 오렌지

사각 미로를 앵커 면사 316번 + 핫픽스(라이트 사파이어) + 사각 크리스탈(라이트 사파이어)로 매치해 보세요!

memo

#09

빅 하트 이어링

Big Heart Earring

내 마음을 보여줄게~ 네 마음도 보여줄래?

사랑에 빠졌다고요? 아니면 사랑에 빠지고 싶으세요?

#09 빅하트 이어링

큰 하트가 옆쪽으로 기울어진 스타일의 귀걸이예요.
긴 체인과 작은 크리스탈이 찰랑찰랑 거리고 진 스타일이나 캐주얼에 발랄하게 잘 어울린답니다.

How to make

준비물 : 1.2mm 와이어 25cm ×2개
디엠씨 면사 318번 200cm
백금귀침과 체인 18cm, 백금 T침 ×4개
백금 작은 O링 ×2개
스와로브스키 주판알 로즈 4mm ×2개
로즈 3mm ×2개
핫픽스 ss6 푸시아 ×56개

완성품 크기 : 가로 약 3.8cm×세로 약 4.2cm
(하트를 옆으로 했을 때)

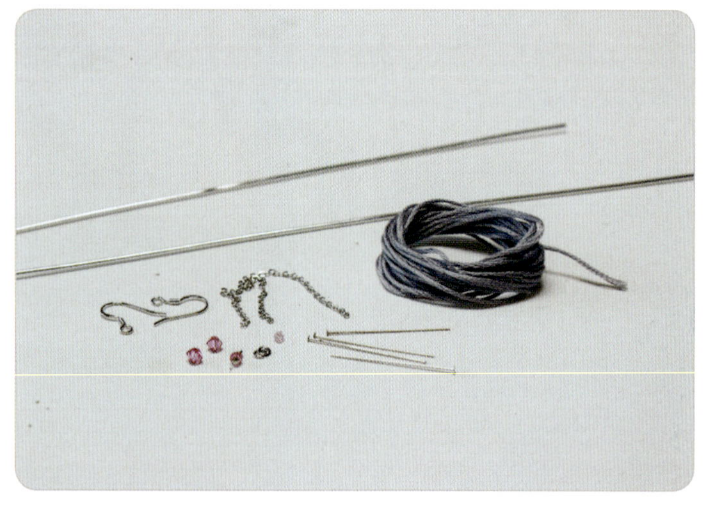

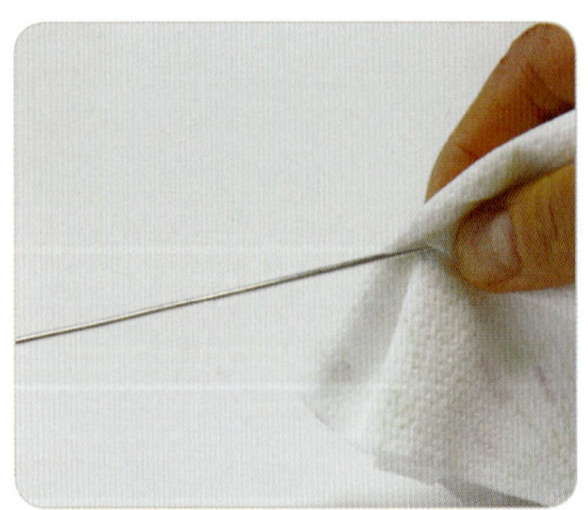

01 1.2mm 와이어를 25cm로 잘라 휘지 않도록 휴지로 감싼 뒤 여러 방면으로 문질러 주세요.

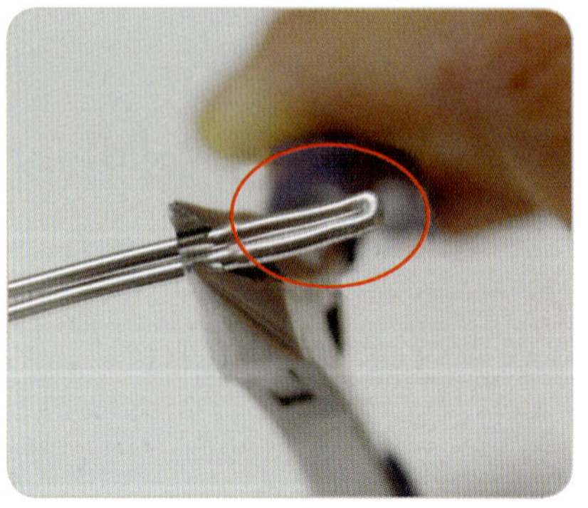

02 곧게 핀 25cm 와이어를 반으로 접되 한쪽이 0.5cm정도 길게 되도록 접고 사진에서처럼 이어진 곳은 벌어지지 않도록 롱로즈로 지긋이 눌러 붙여주세요.

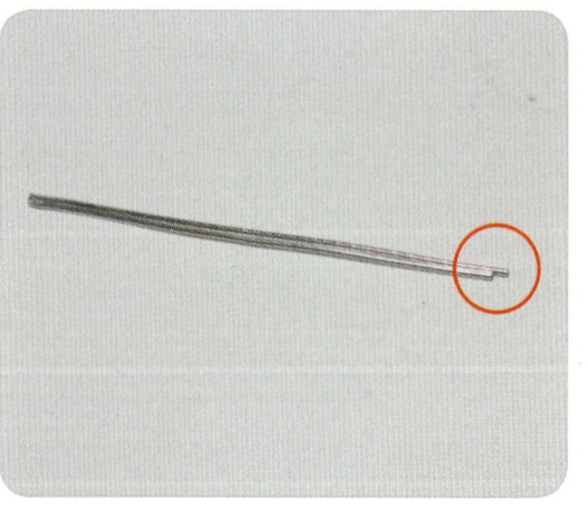

03 여기까지 마치면 사진과 같이 한쪽이 0.5cm 길게 됩니다.

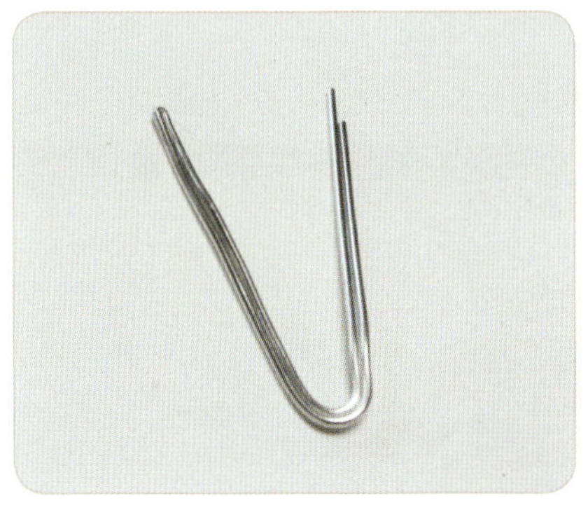

04 0.5cm 짧은 쪽이 바깥으로 오도록 반을 접어 V자를 만드세요. 가운데는 딱 접지 말고(그렇게 접기도 힘들고) 사진 정도로만 접어주되 와이어가 서로 겹치지 않도록 하세요.

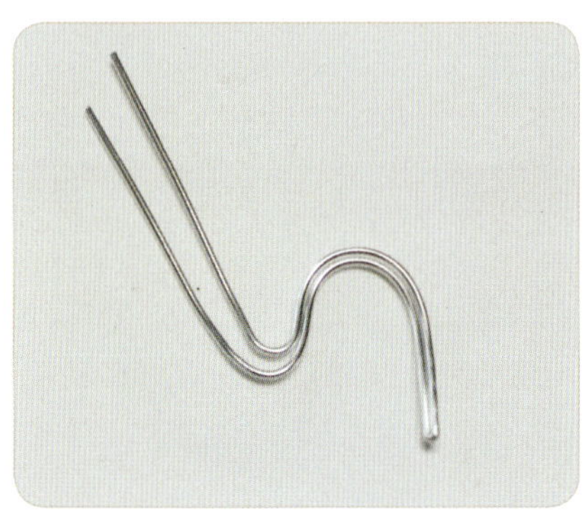

05 와이어가 이어진 쪽을 와이어가 겹치지 않도록 주의하며 반으로 꺾어내려 주고

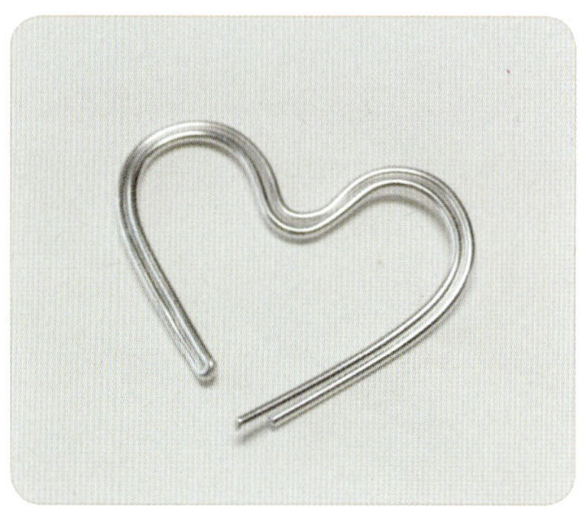

06 반대쪽도 지긋이 반 정도 접어 내려주면 0.5cm정도 짧았던 부분이 살짝 길어질 거예요.

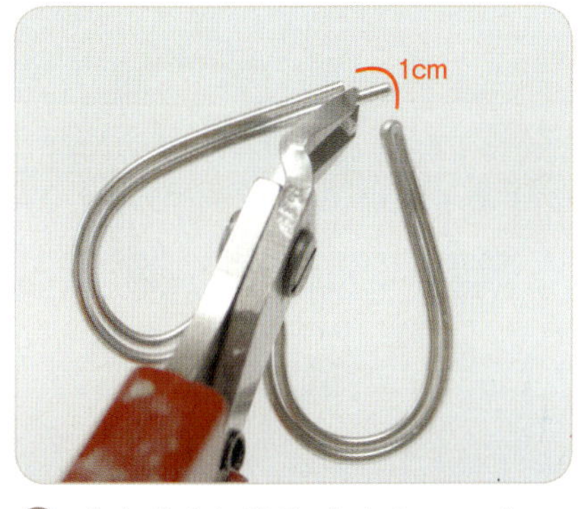

07 꺾어 내려온 부분 간격이 1cm정도 되게끔 하트모양을 잡아주고 니퍼로 삐죽 나온 부분을 짧은 쪽 와이어와 길이가 맞도록 잘라냅니다.

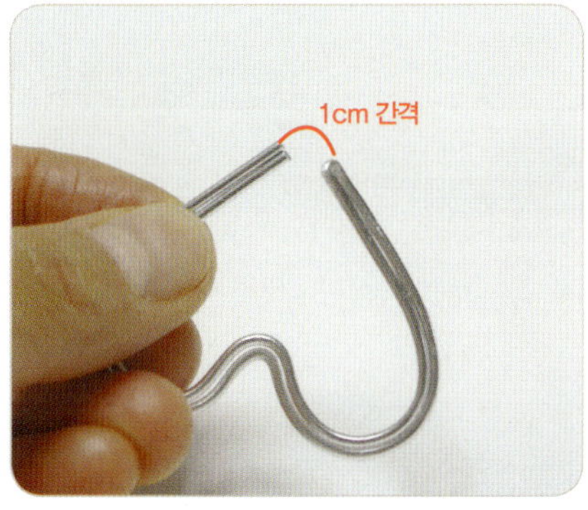

08 사진처럼 모양이 잡히면 됩니다.

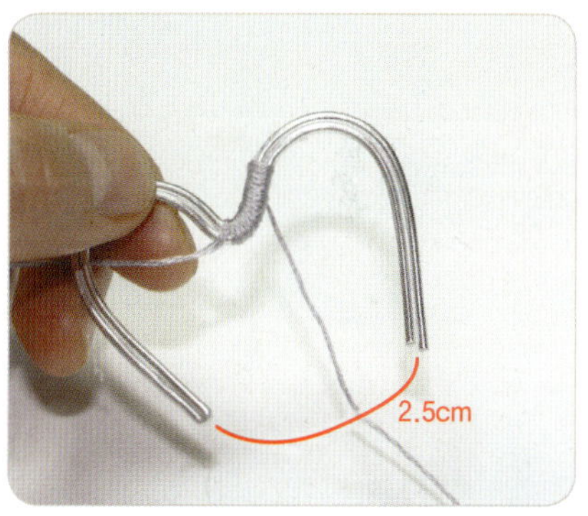

09 아래쪽 간격이 2.5cm가 되도록 벌려주고 318번 디엠씨 면사 200cm를 3가닥으로 촘촘히 중앙감기 해주세요. (이때 와이어 길이가 달라질 수도 있지만 신경쓰지 마세요)

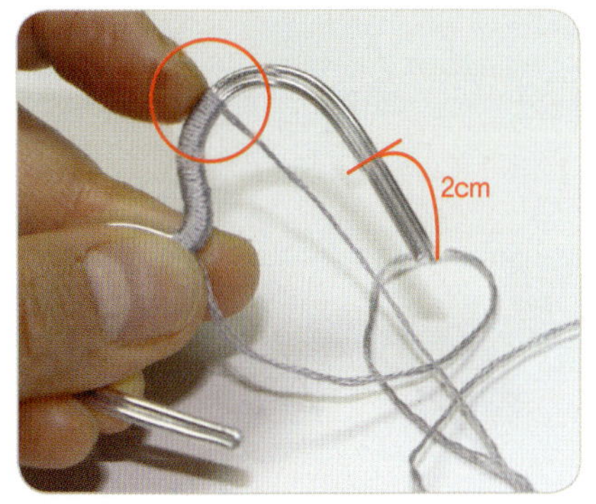

10 직선을 유지하며 촘촘히 감아주되 곡선부분은 조금씩 벌어질 수 있으니 손톱끝으로 내려주면서 감아주세요. (끝에서 2cm 위쪽까지만)

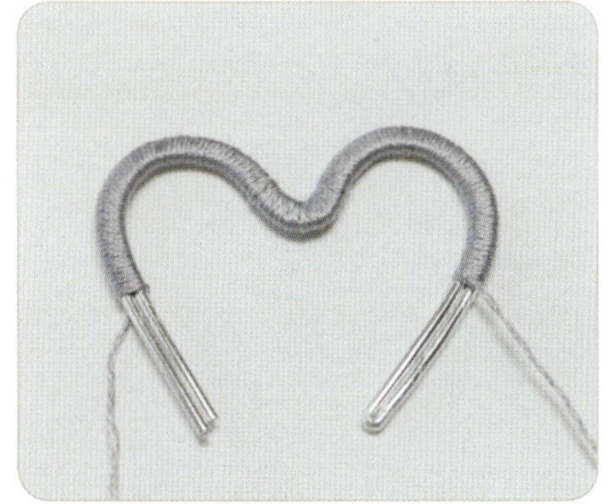

11 이렇게 양쪽으로 끝에서 2cm 정도 남기고 다 감았으면

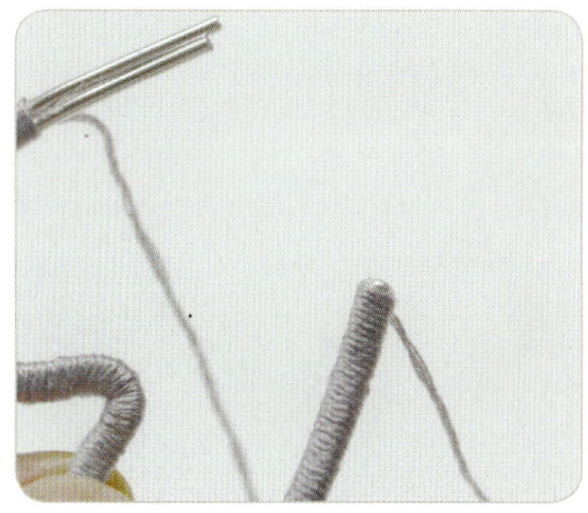

12 이어진 부분부터 다시 감아주되 와이어를 08번 사진처럼 다시 오므려 놓고 감아주세요.
p.27 이중 와이어 감기 참고

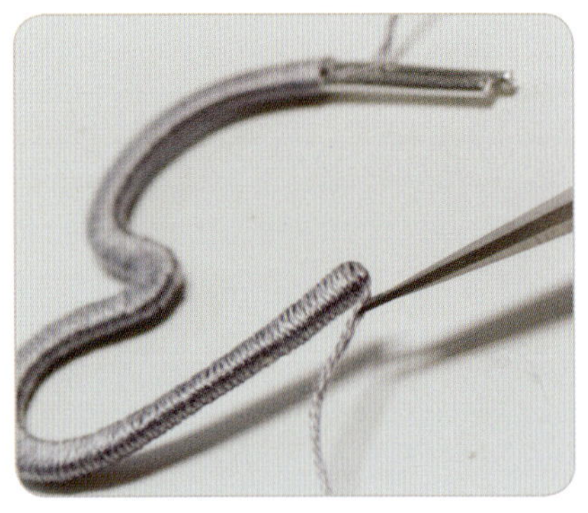

⑬ 옆면까지 오면 다시 한 번 본드를 칠해서 인위적으로 동글게 말아 붙여 와이어를 완전히 덮고 가위로 바짝 잘라 코팅하세요.

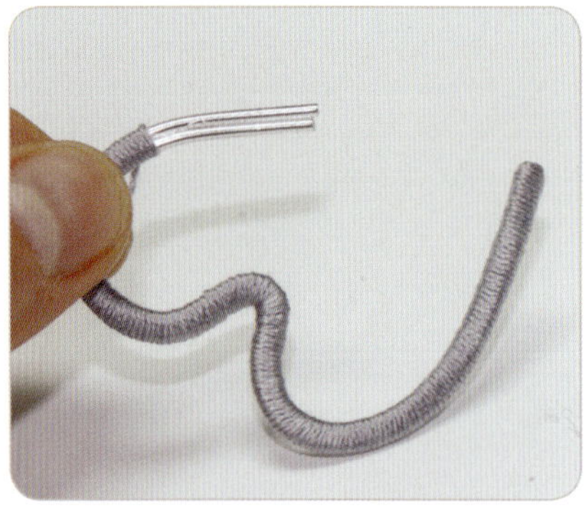

⑭ 이번엔 벌어진 쪽을 감는데 역시 사진 08번 상태처럼 지긋이 모양을 잡아놓고 끝까지 감은 쪽은 다시 실을 감을 수 있을 정도로 벌려놓으세요.

⑮ 역시 마저 촘촘히 잘 감아주고

⑯ 다 감았을 때쯤 다시 한 번 본드를 칠해서 13번처럼 마무리 해주세요.

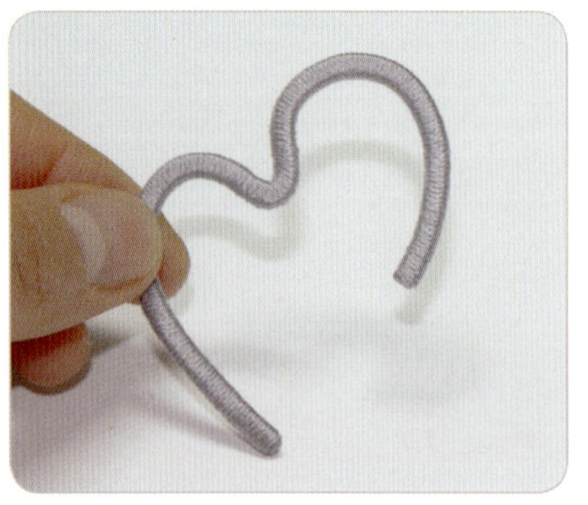

⑰ 여기까지 작업을 하면 사진과 같은 상태가 될 거예요.

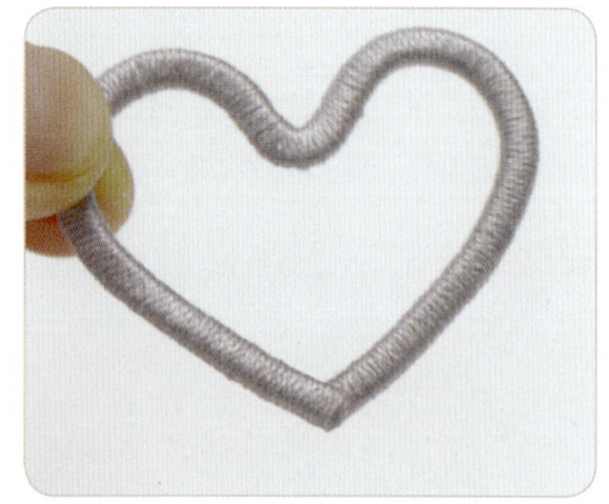

⑱ 그럼 벌어진 쪽 와이어를 좁혀 사진처럼 아래쪽이 서로 겹치도록 해주세요(만약 사진처럼 예쁘게 맞지 않으면 롱로즈로 와이어 끝을 살짝 구부려 조정합니다).

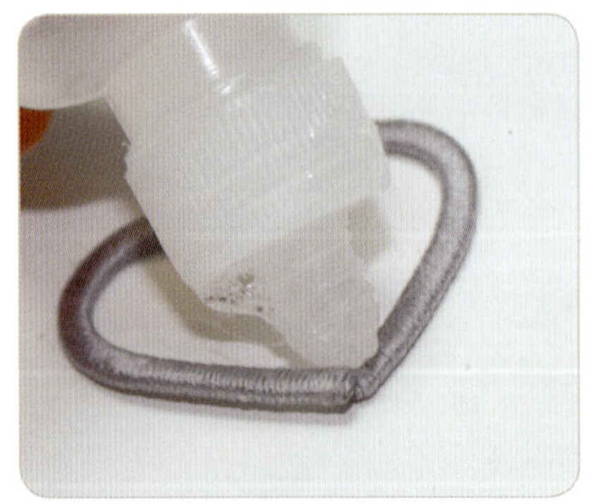

⑲ 잘 맞았다면 옆쪽으로 조금 벌려 (앞뒤로 벌리면 잘 붙지 않으니 반드시 옆쪽으로 벌려요) 본드를 적당히 칠하고

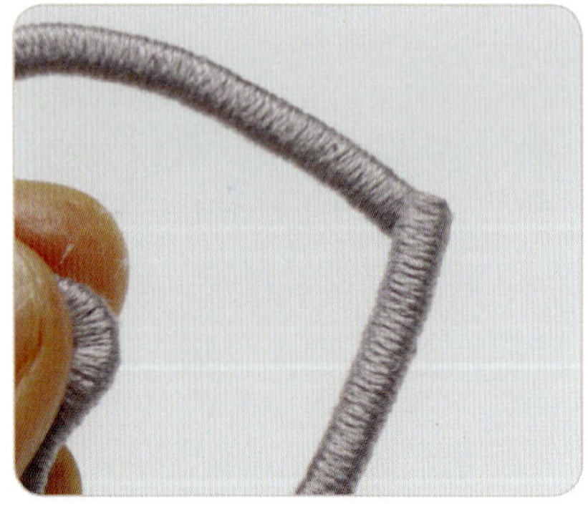

⑳ 다시 그 자리에 옮겨 놓아 주세요.

㉑ 사진처럼 되었다면

22 손으로 잘 붙도록 지긋이 30초 정도 눌러주고 무거운 책 등을 올려놓아요.

23 4mm와 3mm 주판알 크리스탈을 T침을 이용해 고리를 만들어 놓습니다.

24 체인을 9cm로 잘라서 끝에서 5번째 칸에 O링을 걸어 놓으세요.

25 반대쪽 체인끝엔 4mm 주판알을 끼워 고정시켜 주세요.

26 그럼 이렇게 사진과 같이 됩니다.

27 하트에 체인을 감싸듯이 헐겁지 않게 24번에 걸어놓은 O링으로 서로 연결해서 고정해주세요.

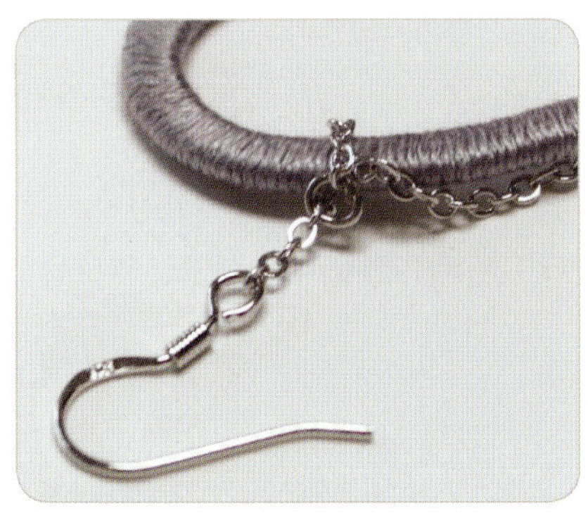

28 체인 5칸 남긴 끝에 귀침을 걸어 고정하고

29 27번에 체인과 체인을 연결하여 고정시켰던 O링에 3mm 주판알을 달아주세요.

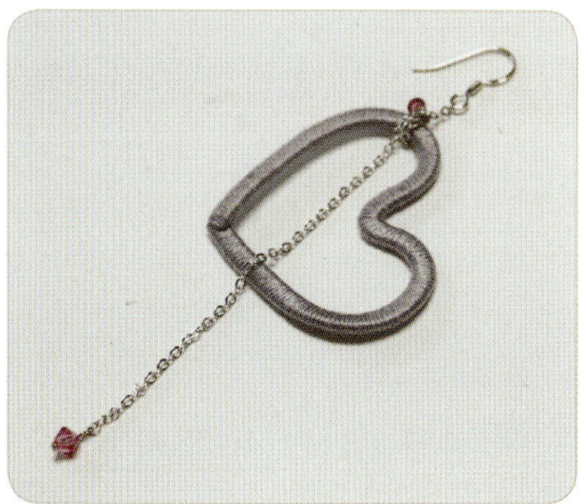

30 완성된 모습

31 푸시아 핫픽스를 사진처럼 앞뒤로 붙여주세요.

32 체인을 하트에 연결한 게 헐거우면 왔다갔다 돌아다닐 수 있으니 헐겁지 않도록 최대한 O링으로 연결하는 게 중요합니다.

B O N U S T I P

블루하트 tip

디엠씨 면사 824번, 주판알(사파이어), 핫픽스(라이트사파이어)

핑크하트 tip

디엠씨 면사 3806번, 주판알(로즈), 핫픽스(크리스탈)

memo

꽃이 아름다워... 작은 네가 아름다워...

#10

미니 데이지 코사지

Mini Daisy Corsage

#10 미니데이지 코사지

앙증맞은 작은 꽃송이 브로치예요.
체인으로 연결되어 있어 볼레로나 가디건에
양쪽으로 버클대신 사용할 수도 있어요.
한쪽 가슴 위로 세 송이를 달아주어도
무척 예쁘답니다.

How to make

준비물 : 0.5mm 와이어 27cm, 25.5cm, 24cm, 21cm, 19cm 각각 1개씩
0.5mm 와이어 19cm, 17cm, 15cm, 13cm 각각 2개씩
26호 와이어 10cm x2개, T침 x2개
아이보리컬러 체인 35cm 정도, O링 x3개
디엠씨 면사 352번, 351번 170cm씩
디엠씨 면사 3607번 330cm
앵커 면사 254번 140cm, 브로치 핀대 x3개
핫픽스 ss6 로즈 x7개, ss10 로즈 x1개
ss6 파파라샤 x7개, ss6 썬 x7개

완성품 크기 : 큰꽃 3×3cm, 작은꽃 2.5×2.5cm

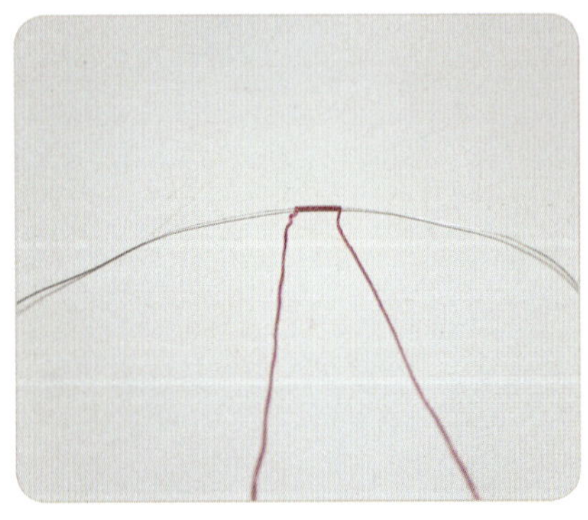

01 디엠씨 면사 3607번 120cm 3가닥으로 0.5mm 와이어 27cm, 25.5cm에 중앙감기 하고

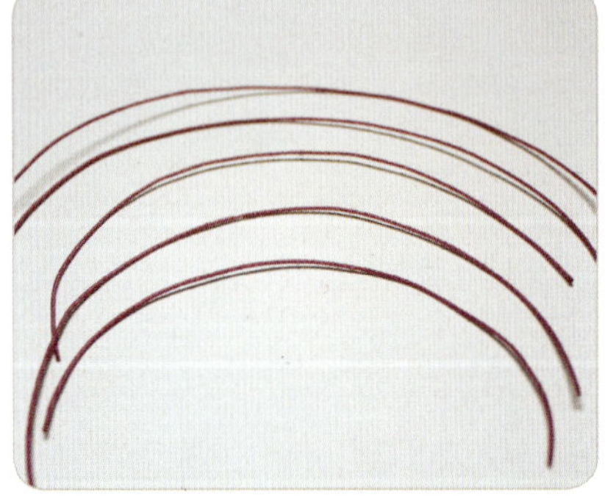

02 디엠씨 면사 3607번 110cm 3가닥으로 0.5mm 와이어 24cm와 21cm를 감아주고 3607번 100cm로 0.5mm 와이어 19cm를 모두 중앙감기 해주세요.

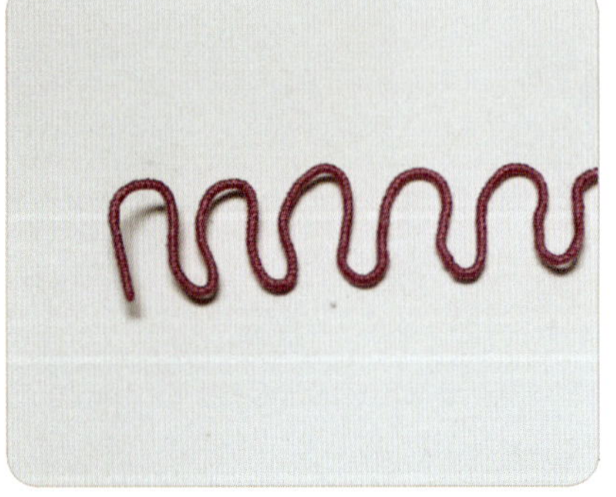

03 감아진 27cm 와이어로 레이스 잡기를 하는데 9개의 언덕이 되도록 만들어주세요. 한 번에 안 나오면 조금씩 조절하면서 만들어 주면 됩니다.

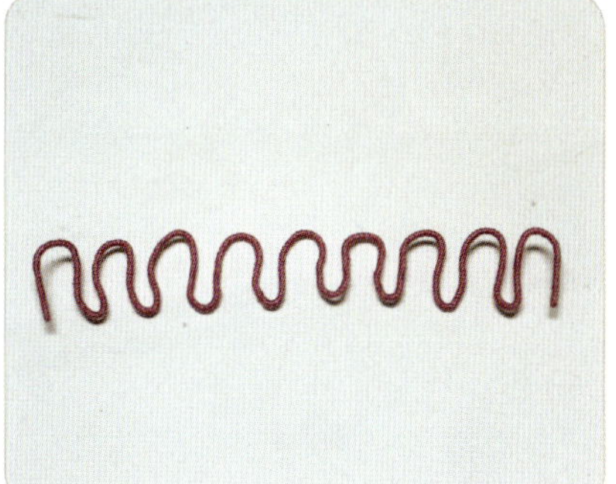

04 제일 긴 27cm 와이어로 9개의 레이스 잡기를 끝냈으면

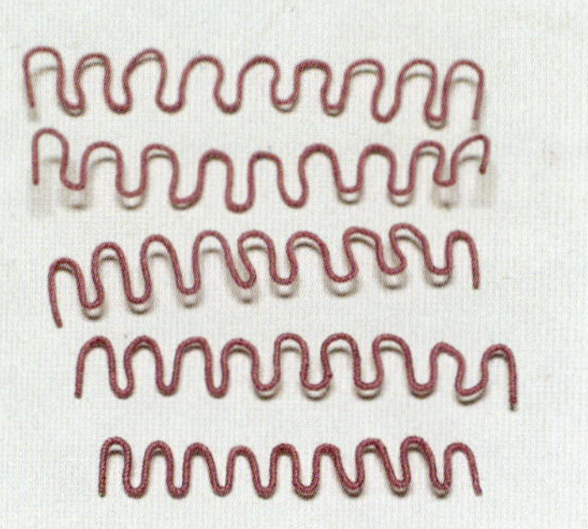

05 나머지 와이어들도 조금씩 크기를 줄여서 모두 9개의 레이스를 만들어 놓으세요.

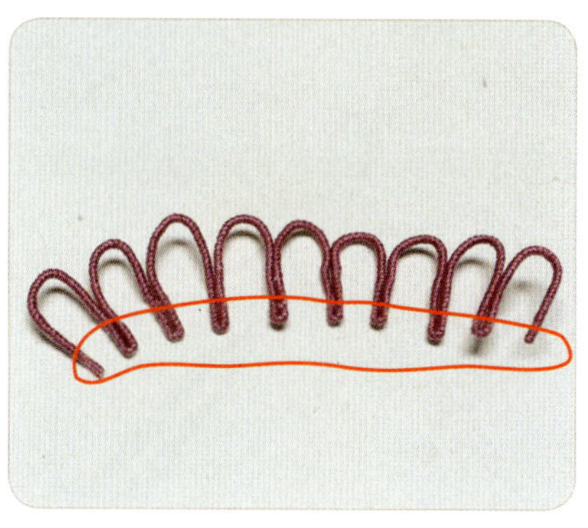

06 아래쪽 연결 부위를 모두 롱로즈로 바짝 눌러주세요.

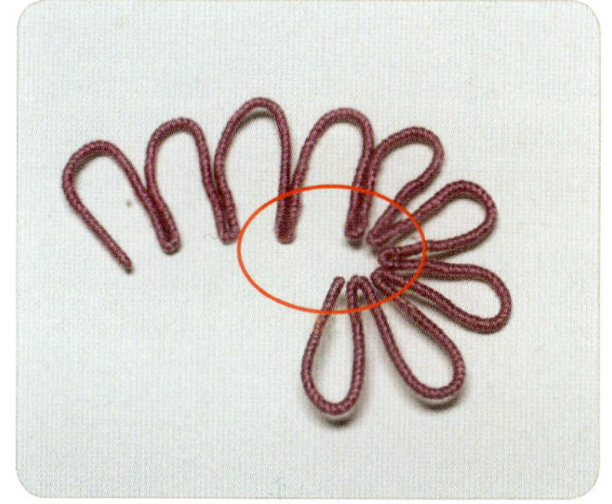

07 아래쪽을 사진처럼 둥글리며 모아주세요.

08 이때 주의할 점은 양쪽 길이가 서로 딱 맞아야 해요. 사진의 빨간 부분처럼 길이가 어긋나면 꽃모양이 원으로 나오지 않고 이상해져요. 반드시 서로 길이를 꼭 맞춰서 꽃잎을 모아주세요.

09 사진처럼 거의 원으로 꽃모양이 나오면 잘 된 거고요. 그렇지 않으면 다시 한 번 가운데 모아진 와이어 길이를 확인하고 수정하세요.

10 맨 가장자리쪽 꽃잎도 롱로즈로 살짝 구부려

11 자연스럽게 잘 모아주세요. 사진의 빨간 부분처럼 와이어와 와이어 사이가 벌어져 있으면 안됩니다. 모두 다 붙여 모아주세요.

12 나머지 레이스도 모두 똑같은 방법으로 꽃모양을 만들어 주세요.

⓭ 25.5cm 와이어로 만든 꽃잎을 핀셋으로 잡고 빨간 부분 만큼 본드를 하나하나 칠하고

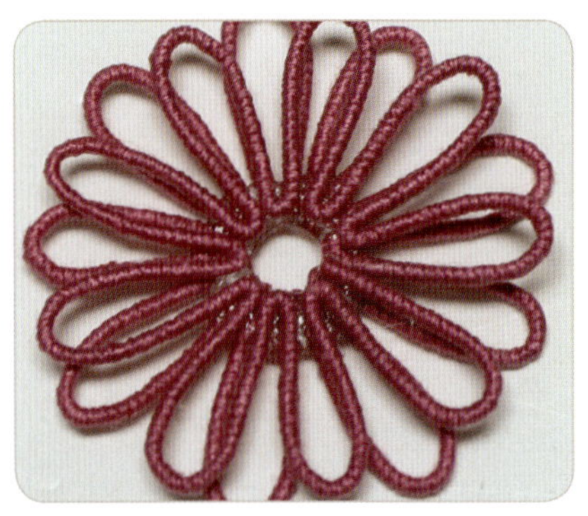

⓮ 27cm 와이어로 만든 꽃잎 위에 엇갈리게 얹어 놓고

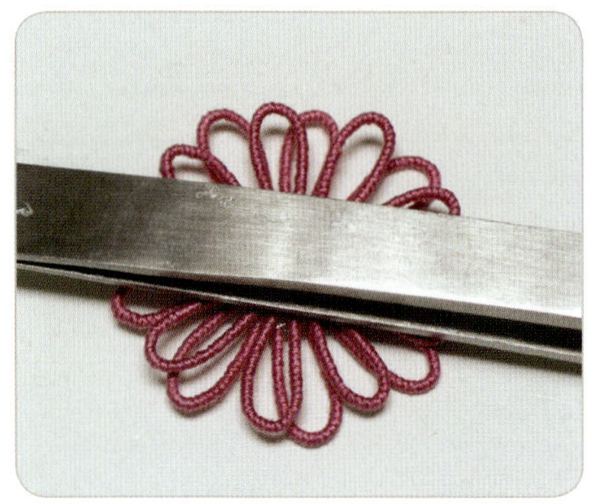

⓯ 핀셋으로 지긋이 골고루 눌러주고 30초 후 반건조 되었을 때 다시 한 번 눌러주세요.

⓰ 이번엔 24cm 와이어로 만든 꽃잎을 15번 위에 본드칠 해서 꽃잎이 엇갈리도록 붙여줍니다. 다시 핀셋으로 눌러주고

⓱ 21cm로 만든 꽃잎을 16번 위에 서로 엇갈리게 본드로 붙여주고

⓲ 마지막 19cm로 만든 꽃잎을 17cm 위에 엇갈리도록 붙이고

⓳ 핀셋으로 지긋이 눌러준 후 책 등을 이용해 위에서 눌러 놓아두세요.

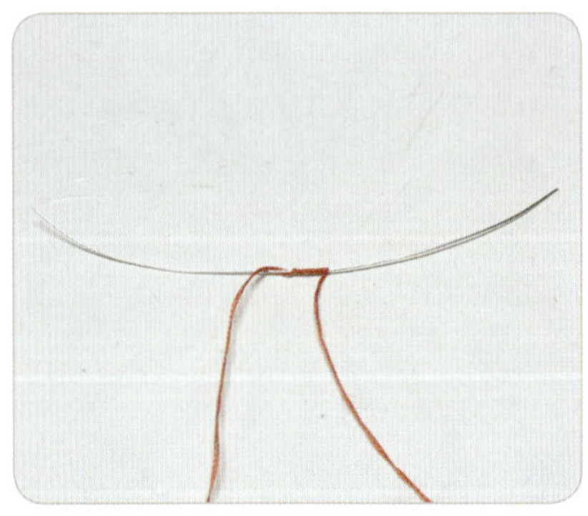

⓴ 이번엔 19cm로 자른 0.5mm 와이어에 디엠씨 면사 351번 90cm 3가닥으로 중앙감기 하세요.

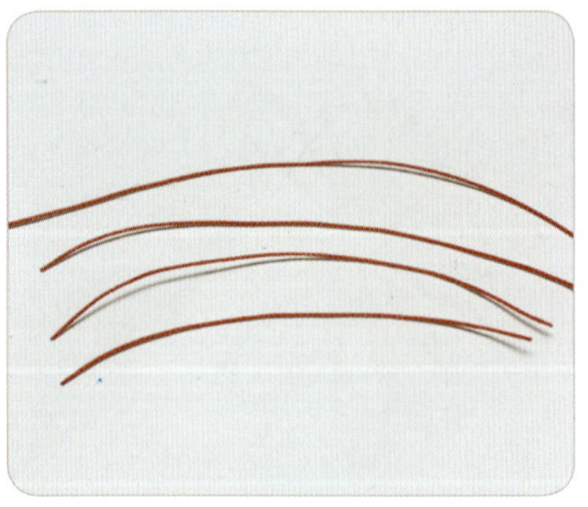

㉑ 17cm 와이어도 20번에 남은 3가닥으로 중앙감기 하고 나머지 15cm, 13cm도 디엠씨 면사 351번 80cm 3가닥으로 중앙감기 하세요.

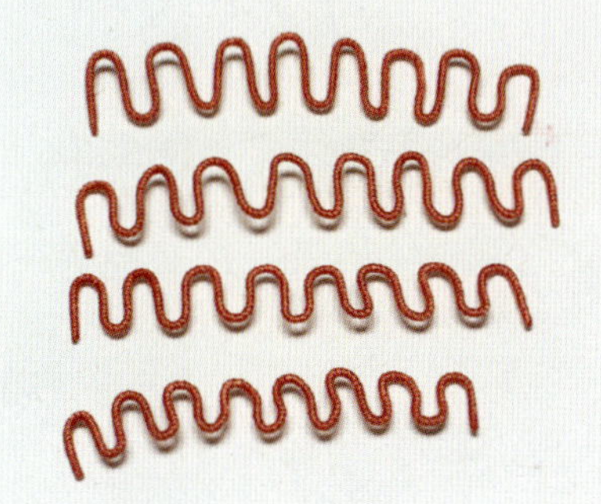

㉒ 04번처럼 레이스를 만들되 이번엔 작은꽃이므로 언덕을 8개 만드세요.

㉓ 12번처럼 꽃모양도 만들어 놓고

㉔ 18번처럼 본드로 크기별로 붙여놓고 책으로 눌러 놓으세요.

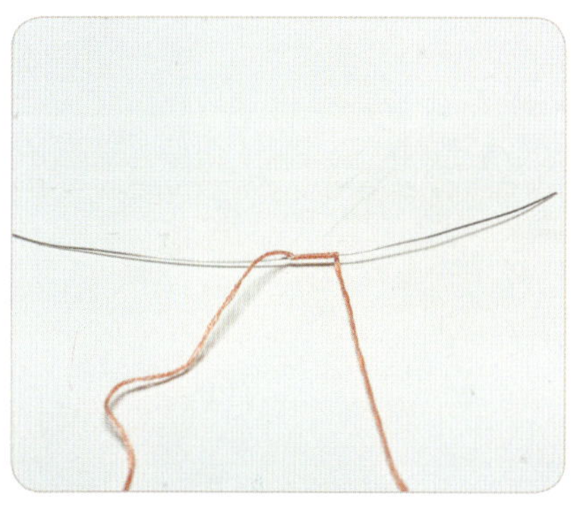

㉕ 이번엔 19cm로 자른 0.5mm 와이어에 디엠씨 352번 90cm 3가닥으로 중앙감기 하세요.

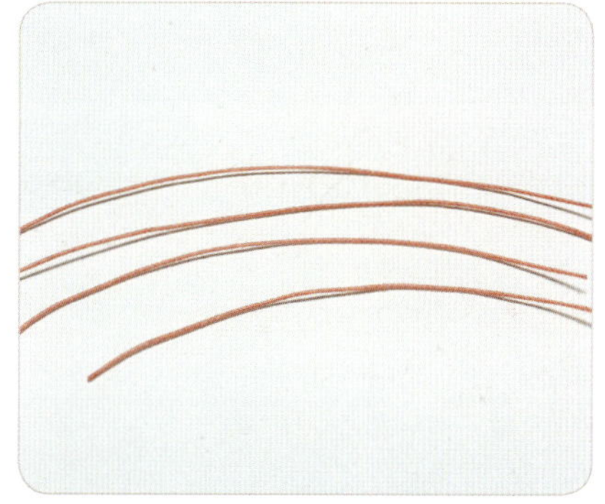

㉖ 17cm 와이어도 25번에 남은 3가닥으로 중앙감기 하고 나머지 15cm, 13cm도 디엠씨 352번 80cm 3가닥을 중앙감기 하세요.

㉗ 22번처럼 레이스를 크기에 맞도록 모두 만들어 주세요.

㉘ 23번처럼 꽃잎도 모두 만들어 주세요.

㉙ 24번처럼 크기별로 본드로 붙여주고 책을 올려 놓으세요.

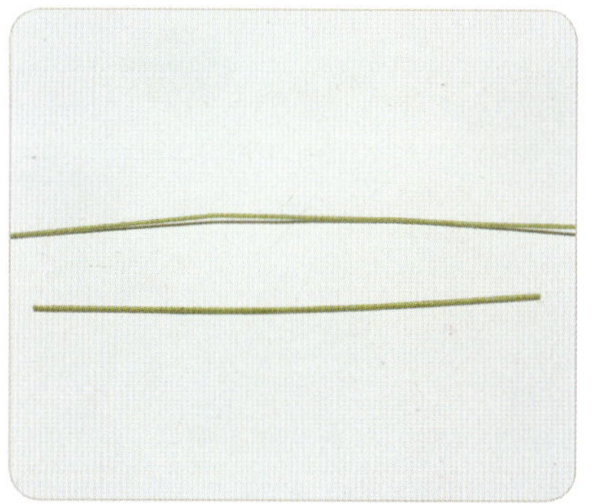

㉚ 26호 와이어 10cm에 앵커 254번 70cm 4가닥으로 중앙감기 하세요. 한 개 더 똑같이 만들어 줍니다.

31 제일 큰 골뱅이는 10cm 와이어로 모두 말아주면 되고요. 작은 건 감아놓은 10cm 와이어를 반으로 잘라 5cm 가지고 두 개를 만드세요.

32 큰 골뱅이는 큰 꽃송이에 작은 골뱅이는 각각 작은 꽃송이에 본드로 붙여놓으세요.

33 큰 송이 골뱅이 한가운데 ss10번 로즈 핫픽스를 붙이고 ss6번 로즈로 주변에 붙여주세요.

34 디엠씨 352번으로 만든 작은 꽃송이엔 ss6 썬을 사진처럼 붙여주고 351번으로 만든 작은 꽃송이는 ss6 파파라샤로 붙여주세요.

35 체인을 26cm, 13cm, 9cm로 잘라 O링에 걸되 26cm가 가운데 오도록 하세요.

36 35번의 O링을 큰 송이 잎의 아무 곳이나 연결해 놓고요.

37 가운데 체인 26cm 중 16cm 지점에 O링을 걸고 디엠씨 352번 꽃송이에 고정하고 13cm 체인은 351번 꽃송이에 고정하세요.

38 헤마타이트에 T침을 이용해 고리를 만들어 주세요.

39 체인 늘어진 끝부분에 하나씩 달아 주세요(큰꽃 아래 체인에 큰 헤마타이트를 붙이면 돼요).

40 핀대에 글루건을 적당량 재빨리 칠하고 뜨거우니 사진처럼 롱로즈로 꾹 눌러주세요.

41 작은 꽃송이에도 각각 브로치를 같은 방법으로 붙여주세요.

42 롱로즈로 꽃잎의 맨 윗단을 들어 올려 볼륨을 주세요.

43 사진처럼 납작하게 누워있는 꽃잎을 모두 들어 올리세요.

44 그럼 이렇게 예쁘고 탐스러운 꽃송이로 변하게 됩니다.

45 나머지 작은 꽃송이도 똑같이 볼륨을 만들어 주면 됩니다.

내 귀에 블링 블링~*

#11

레인보우 스틱 이어링

Rainbow Stick Earring

#11 레인보우 스틱 이어링

심플하지만 수많은 크리스탈이 장식되어 클래식한 화려함을 느낄 수 있는 디자인이에요. 무지개색으로 여러 개 만들어 보세요. 그날그날 기분따라 코디아이템으로 최고랍니다.

How to make

준비물 : 1mm 두께의 T침 x2개
앵커 면사 298번 140cm x2개
흑니켈체인 원하는 길이로(없어도 됨)
흑니켈귀침 한쌍
스와로브스키 핫픽스 ss6 라이트 토파즈 x96개
스와로브스키 핫픽스 ss10 라이트 토파즈 x2개

완성품 크기 : 가로 약 0.5cm×세로 약 2.3cm

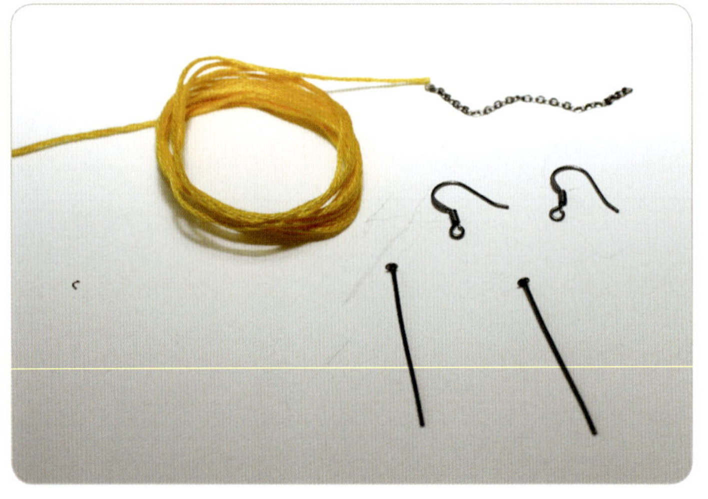

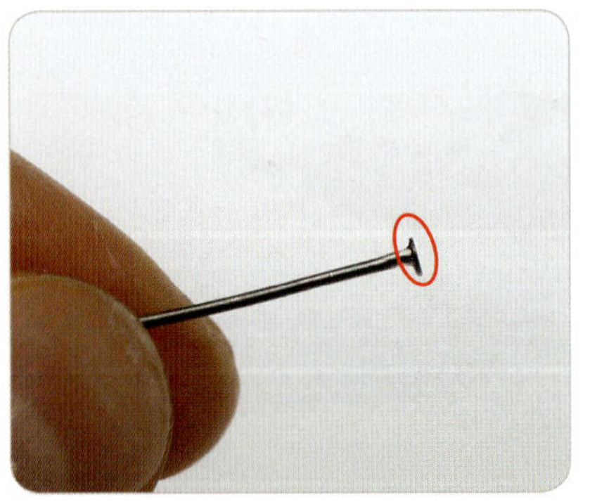

01 1mm 두께의 T침의 머리 부분을 니퍼로 바짝 잘라내주세요.

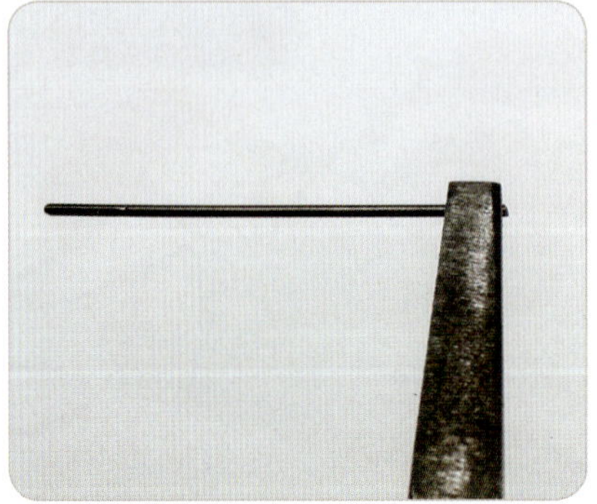

02 구자말이를 이용해 고리를 만들어주세요.

03 고리는 크지 않아야 예뻐요.

04 고리쪽을 왼손으로 잡고 끝에 여유분 실 2cm 정도 남기고 화살표 방향으로 촘촘하고 단단하게 감아주세요.

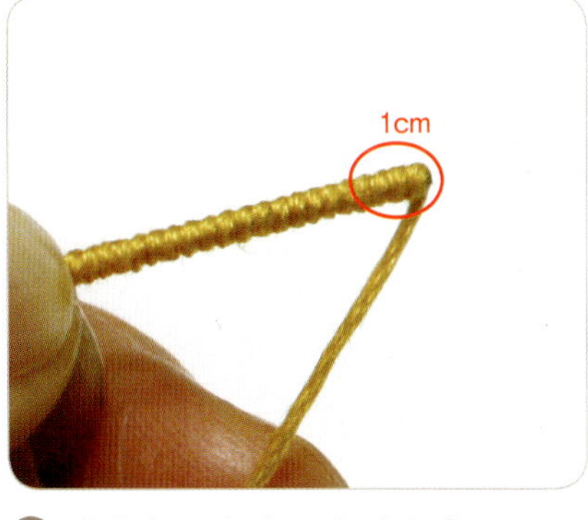

05 와이어 끝이 안 보일 때까지 본드칠을 다시 한 번 해서 완전히 감아주고 동그라미 친 1cm 정도의 부분에 본드를 고루 칠해주세요.

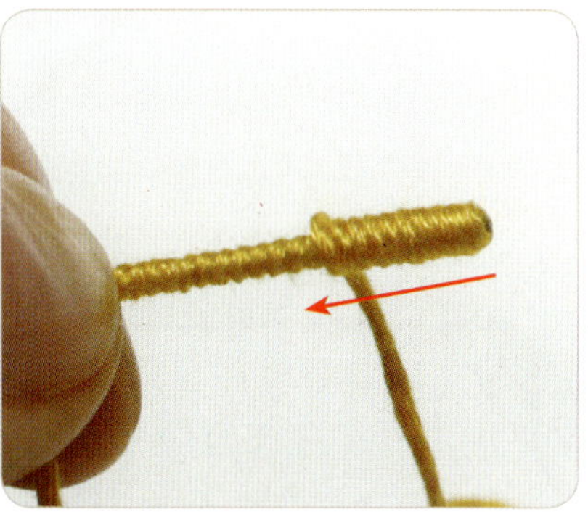

06 본드칠을 한 곳에 이중감기가 시작됩니다(p. 27 기본기법 중 이중감기 참고) 이번엔 화살표 방향으로 촘촘히 본드칠 해가며 단단히 감아주세요.

07 고리 바로 앞까지 다 왔으면 처음에 여유분 2cm 남긴 실을 잘라 코팅을 마무리 해주세요(06번에 감아온 실을 자르지 않도록 주의하세요).

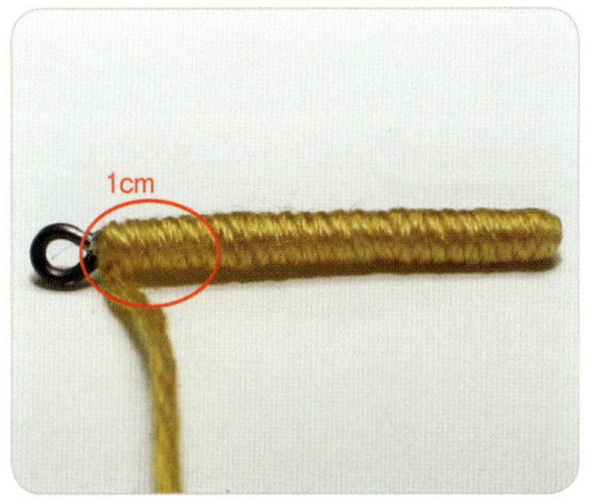

08 이렇게 처음 실을 코팅해 놓고 다시 1cm 정도 전체적으로 본드칠 해주세요(동그라미 부분에).

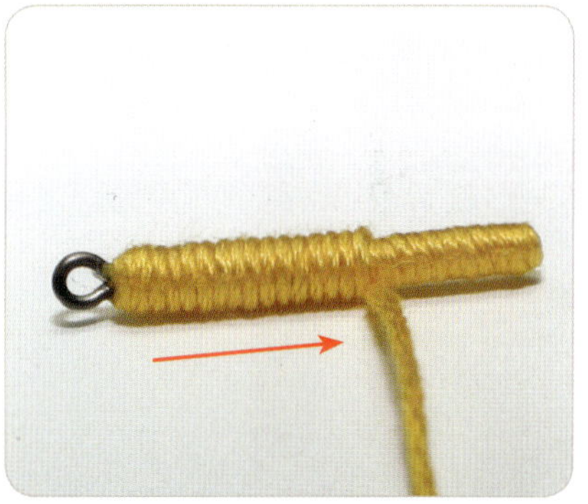

09 본드칠 한 위에 화살표 방향으로 다시 한 번 촘촘히 감아주세요. (본드는 계속 전체적으로 얇게 칠해가며 감아주는 것 잊지 마세요)

10 또 한 번 화살표 방향으로 본드칠 해가며 촘촘히 감아주고

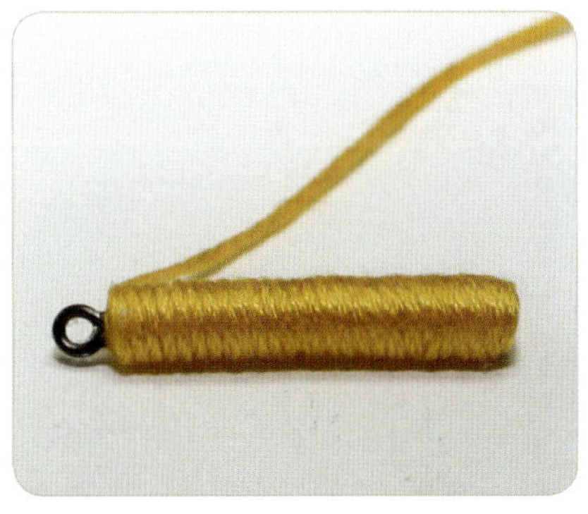

11 여기까지 왔으면 다시 전체적으로 1cm 폭으로 본드를 칠합니다.

12 다시 한 번 화살표 방향으로 촘촘히 감아주세요(총 5번 감았음).

⑬ 마지막으로 아래쪽에서 수평이 되는 지점에서 마무리하고 코팅해 주세요.

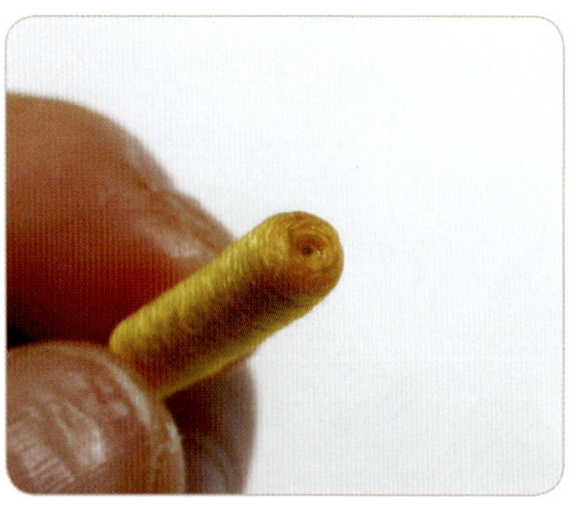

⑭ 사진처럼 아래쪽이 수평이 되어야 합니다(평평한 곳에 놓고 톡톡 눌러주세요).

⑮ 귀침을 벌려 고리에 걸어주고

⑯ ss6번 크리스탈을 사진처럼 한쪽 방향에 8개를 쪼르륵 붙여주세요.

⑰ 그 다음엔 그 반대쪽 방향에 8개 쪼르륵 붙여주고 처음과 두 번째 사이에 2줄을 나란히 8개씩 붙여주세요.

⑱ 총 6줄의 픽스를 붙이게 됩니다. 마지막으로 ss10번을 아래쪽에 붙여 마무리하세요.

B O N U S T I P

레드 ver : 앵커 면사 46번 + ss6 라이트 시암(96개) + ss10 라이트 시암(2개)
주황 ver : 앵커 면사 316번 + ss6번 썬(96개) + ss10 썬(2개)
초록 ver : 앵커 면사 245번 + ss6번 페리도트(96개) + ss10 페리도트(2개)
파랑 ver : 앵커 면사 147번 + ss6번 사파이어(96개) + ss10 사파이어(2개)
보라 ver : 앵커 면사 111번 + ss6 아메띠스트(96개) + ss10 아메띠스트(2개)

★ hot! 샘플은 체인없이 심플하게 만들었지만 원하시는 길이로 체인을 잘라 연결하면 또 다른 느낌이 든답니다. 양쪽의 길이가 다르게 언발란스로 만들어도 멋지겠죠?

memo

#12

막대 담수진주 헤어핀

Pearl Point hairpin

#12 막대담수진주 헤어핀

고전적이고 한복에도 잘 어울리는 머리핀이에요.
원색의 동양적인 컬러와 천연 담수진주가 매치된 디자인으로 단아하면서도 확실한 포인트가 되어주는 핀이랍니다.

H o w t o m a k e

준비물 : 단면을 곧게 자른 3.5mm 와이어 6cm x1개
앵커 면사 87번 150cm,
1068번 150cm
6cm 길이의 수동핀대, 투명실 80cm
3mm 크기 정도의 담수진주 x25개 정도
핫픽스 ss6 로즈 x13개
26호 와이어 2.7cm x2개

완성품 크기 : 가로 약 6cm×폭 0.5cm

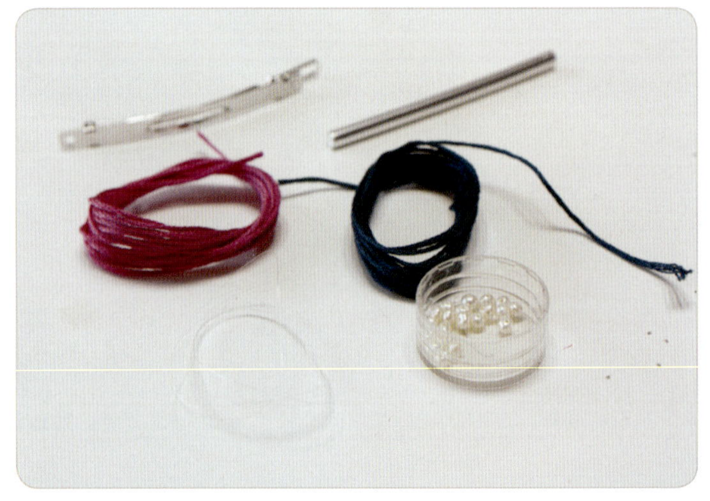

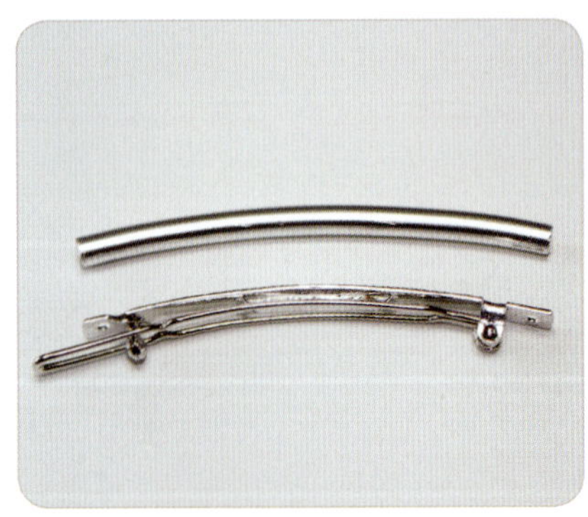

01 일제 니퍼를 이용해 양쪽 끝을 매끈하게 6cm로 자른 3.5mm 와이어를 핀대의 곡선을 따라 손으로 지긋이 구부려 주세요.

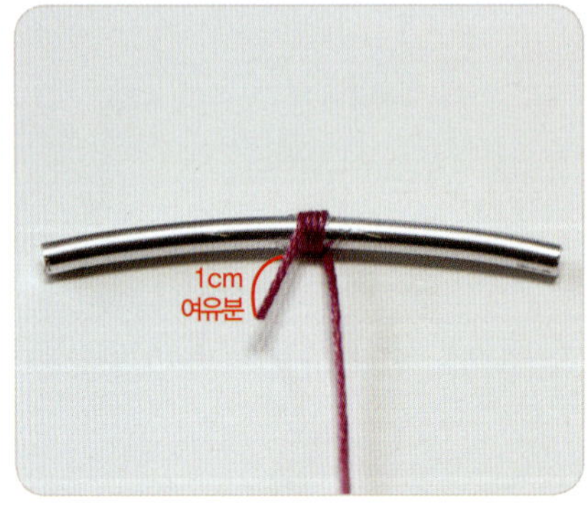

02 앵커 면사 87번 150cm를 중앙에 여유분 1cm 남기고 반쪽만 감아주세요.

03 이렇게 반쪽을 촘촘히 다 감았으면 남은 실은 자르지 않은 상태로 두고 와이어를 돌려

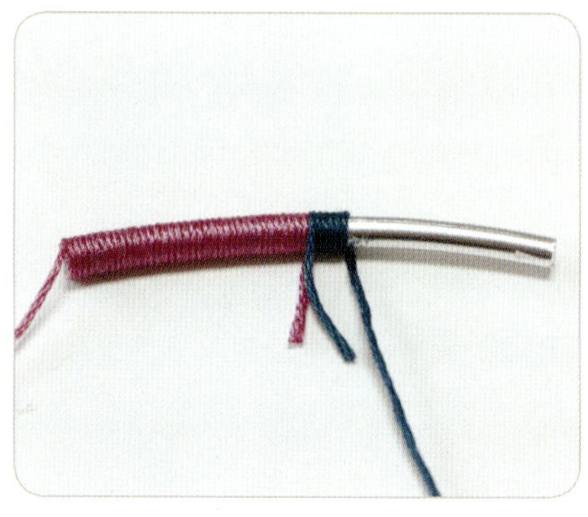

04 이번엔 앵커 면사 150cm로 핑크색 바로 옆에서 여유분 1cm 남기고 촘촘히 끝까지 감아주고 남은 실은 자르지 마세요.

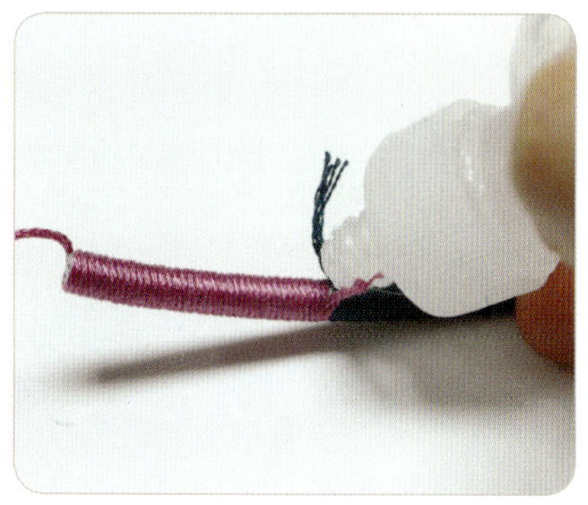

05 1cm 여유분의 실과 실끼리 만나는 지점에 본드 깨알 반만큼 톡 칠하고 p.28 기본기법 중 두가지 색실 연결하는 법 참고

06 손으로 실을 모아 세 바퀴 정도 꼬아서 가위로 바짝 잘라주세요.

07 가위질한 곳에 다시 한 번 본드칠을 해서 튼튼히 코팅해 주세요(실은 여분 없이 바짝 잘라내야 해요).

08 투명실 80cm에 담수진주를 처음에 투명실의 10cm 떨어진 곳에 끼워서 움직이지 않도록 두 번 묶어주고 나머진 1~1.5cm 간격으로 계속 두 번씩 묶어 고정시키세요. 끝에도 실이 10cm정도 남아줘야 해요.

09 핑크색이 시작되는 지점 1cm 폭에 전체적으로 얇게 본드칠하고 그 자리에 담수 진주를 끼운 투명실의 10cm 여유분 부분을 촘촘히 감아 고정해 놓고

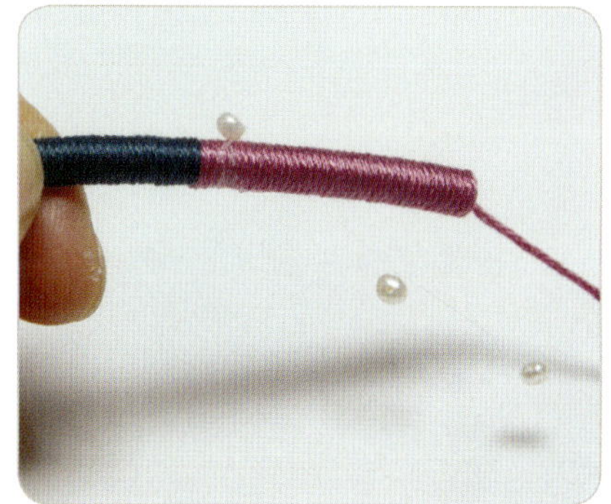

10 그 다음부터는 본드 없이 투명실에 고정된 진주를 돌돌 감아 주세요. 위치를 봐가면서 조정하면 됩니다. 단, 핀대가 붙을 아래쪽으로는 진주가 가면 안되니 위치를 잘 보고 감아주세요.

11 핀대 위쪽으로 진주들이 많이 모이면 잘 된 거예요. 쭉 감고 다시 진주를 감기 시작한 곳으로 내려오고

12 처음 시작처럼 다시 전체적으로 본드칠을 얇게 해주고 그 곳에 나머지 여분실을 완전히 감아서 본드로 고정시키세요.

⑬ 진주를 감은 핑크색실 끝쪽 약 1cm 폭 정도에 전체적으로 진주를 피해서 본드칠 해주세요.

⑭ 실을 본드칠 한 위에 그대로 이중감기를 시작합니다. 중앙부분 핑크 시작점까지.

p.27 기본기법 중 이중감기 참고

⑮ 처음 1cm 부분만 전체적으로 본드를 칠하고 나머지부터는 핀대가 붙는 부분에만 본드를 칠해서 감아야 깔끔해요. 중앙까지 진주를 피해서 촘촘히만 감으면 별 어려움은 없어요.

⑯ 다시 반대쪽 남색 부분을 가장자리에서부터 1cm 들어온 지점까지 전체적으로 얇게 본드칠하고

⑰ 남겨놓은 실을 그 위로 얹어 감아 이중감기를 시작합니다(남색실 시작점까지).

⑱ 핑크색과 마찬가지로 1cm 부분 이후부터는 핀대가 붙을 아래쪽 부분에만 본드칠하면서 촘촘히 감아야 깔끔하답니다.

⑲ 실과 실이 만나는 곳에 본드를 깨알 반만큼 톡 칠하고

⑳ 실을 서로 붙여서 세 번 정도 꼬아주세요.

㉑ 가위로 여분 없이 바짝 자르고 그 위에 본드를 칠해서 코팅해주세요.

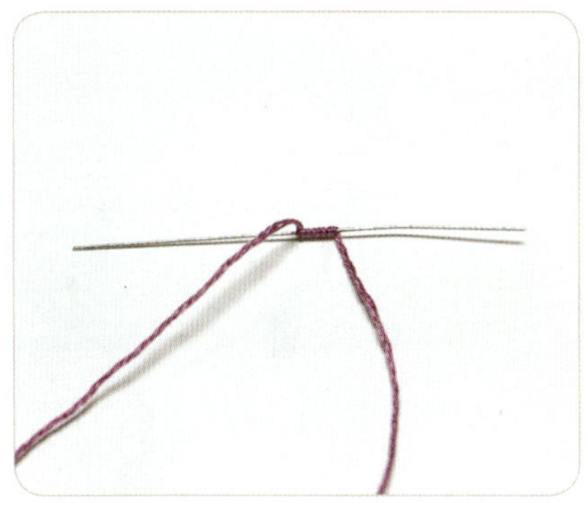

22 26호 와이어 2.7cm를 감고 남은 핑크색실 3가닥으로 촘촘히 중앙감기 하세요.

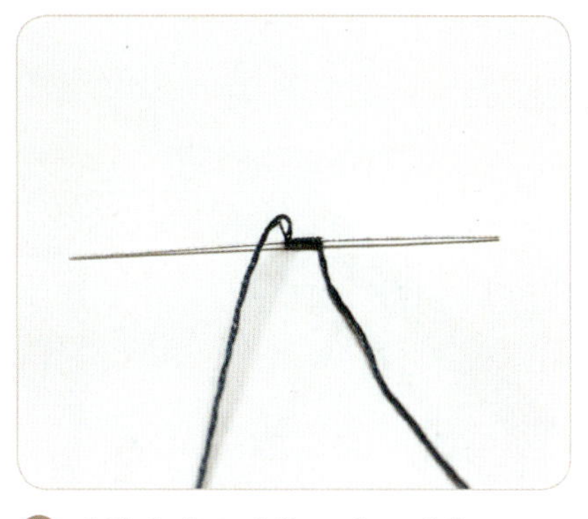

23 마찬가지로 남색도 감고 남은 실 3가닥으로 촘촘히 중앙감기 하세요.

24 각각 둥글게 골뱅이를 말아주세요.

25 골뱅이 마감 한 쪽이 핀대붙는 쪽을 향하도록 놓고 한 쪽에 본드를 전체적으로 칠해

26 남색 핀대쪽에 붙여주세요.

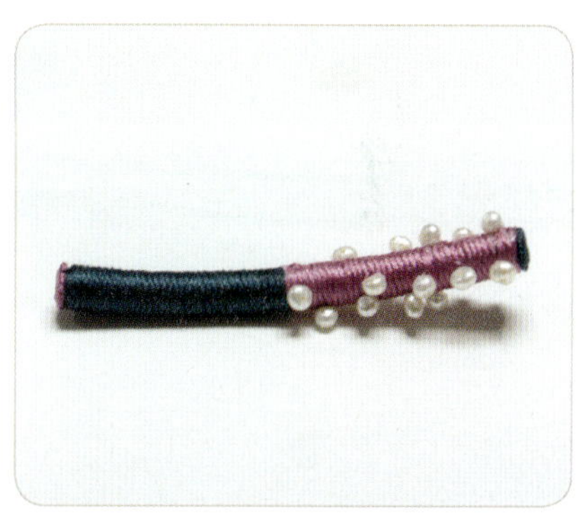

27 마찬가지로 핑크쪽 핀대에는 남색 골뱅이를 붙여주면 되고요.

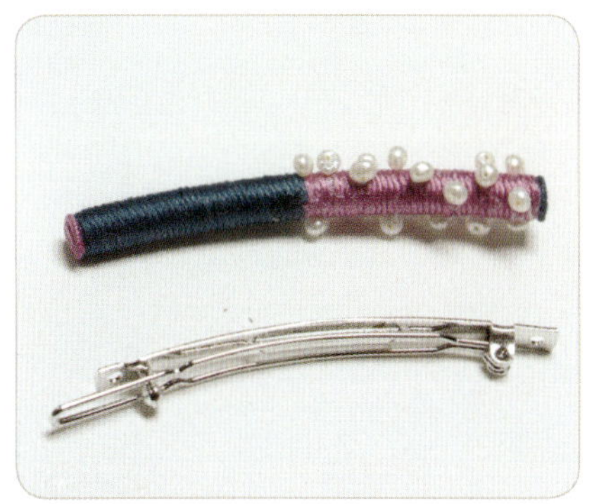

28 핀대를 붙여야 하는데 이건 둥글고 두꺼워서 한 번에 붙여야 합니다. 그러기 위해선 일단 핀대를 글루건 입구로 따스하게 데워주고 재빨리 얇게 한 줄로 쫙 핀대 위에 쏘세요.

29 남색쪽이 핀 열리는 곳에 붙도록 특히 핀바디가 핀대보다 튀어 나오지 않도록 재빨리 붙이고 지긋이 눌러주세요.

30 핀대를 사진처럼 놓고 핀대 안쪽을 달구어진 인두기로 지긋이 데워서 다시 한 번 글루건을 완전히 부착시키세요.

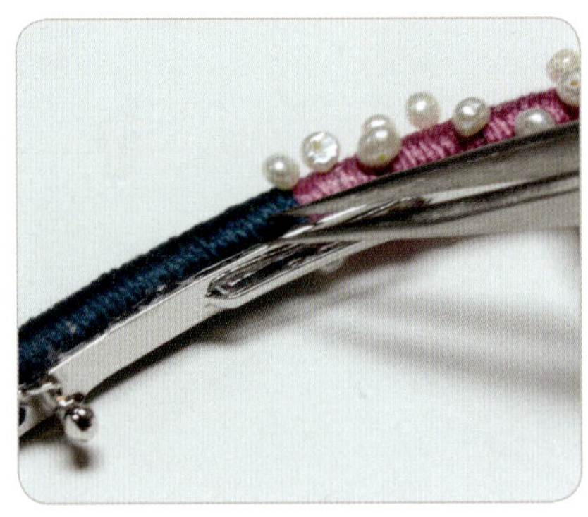

㉛ 이 과정에서 글루건이 튀어나오면 핀셋으로 떼어내고요.

㉜ 글루건을 제거한 자리를 다시 한 번 인두기로 재빨리 싹 지나가 주어 깔끔히 마무리 하세요.

㉝ 로즈 핫픽스를 사진처럼 핀대 정 가운데 줄에 나란히 붙여주세요. 이때 앞에 묻은 인두기의 글루건 찌꺼기는 휴지로 닦고 작업하세요.

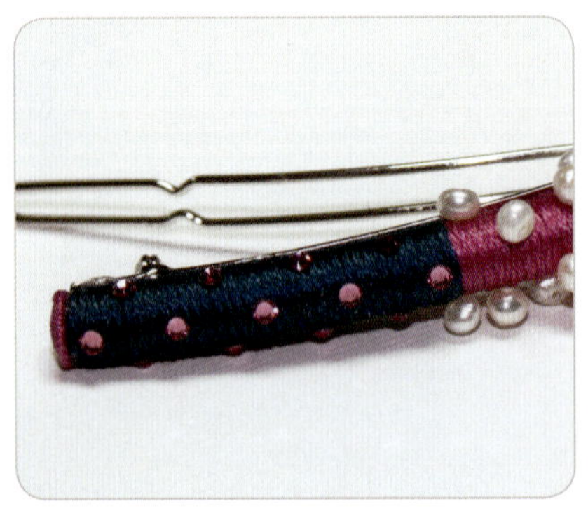

㉞ 이번엔 양 옆으로 중앙에 붙여 놓은 것과 어긋나게 붙여주시면 됩니다.

㉟ 자! 이젠 완성이에요.

B O N U S T I P

초록색 머리핀 : 앵커 면사 239번(초록), 앵커 면사 380번(밤색), ss6 핫픽스 페리도트

빨간색 머리핀 : 앵커 면사 298번(노랑), 앵커 면사 334번(빨강), ss6 핫픽스 라이트 시암

memo

#13

담수 진주 헤어핀

Natural Pearl Haripin

#13 담수 진주 헤어핀

고전적이고 한복에도 잘 어울리는
머리핀이에요.
원색의 동양적 컬러와 천연 담수진주가
매치된 디자인으로 단아하면서도
확실한 포인트가 되어주는 핀이랍니다.

H o w t o m a k e

준비물 : 6cm 수동형핀, 22호 와이어 16cm
앵커 면사 1035번 170cm
앵커 면사 66번, 303번, 1086번,
275번, 167번, 253번, 1070번
각각 15cm씩
200pvc(5mm x 핀대길이 정도)
ss8 핫픽스 라이트사파이어 x5개
천연담수진주 대략 3x2mm 크기 x10개 정도

완성품 크기 : 가로 약 6cm×세로 약 2cm

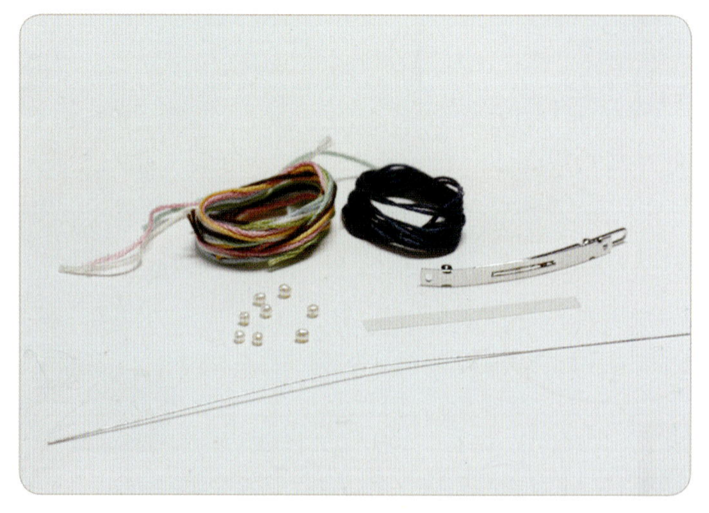

01 p.341 실물본을 대고 200pvc를 5mm×핀대길이 정도로 잘라 앵커 면사 170cm 3가닥으로 촘촘히 중앙감기 하세요.

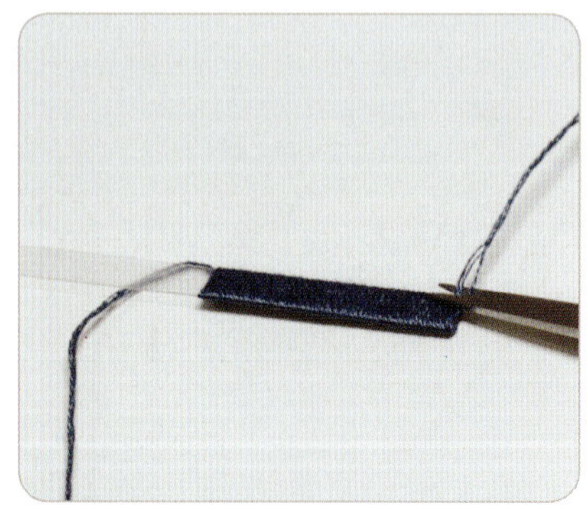

02 한 쪽을 다 했으면 핀대 뒤쪽에서 가위질하고 코팅해주세요. 반대쪽도 마저 감습니다.

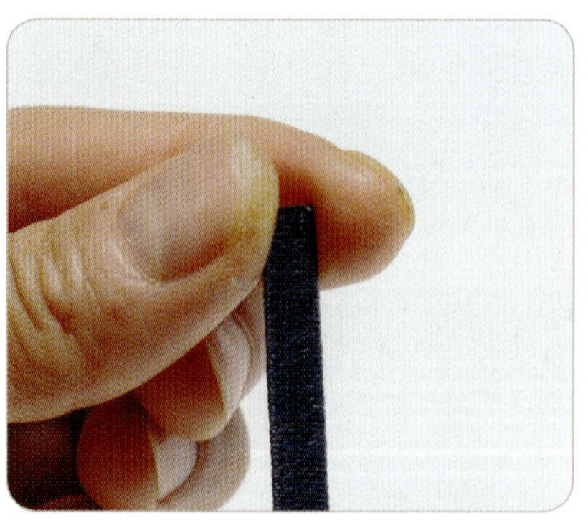

03 기본기법 중 사각모양 pvc에 실감기 (p.26)를 참고하여 마무리 코팅까지 해주세요.

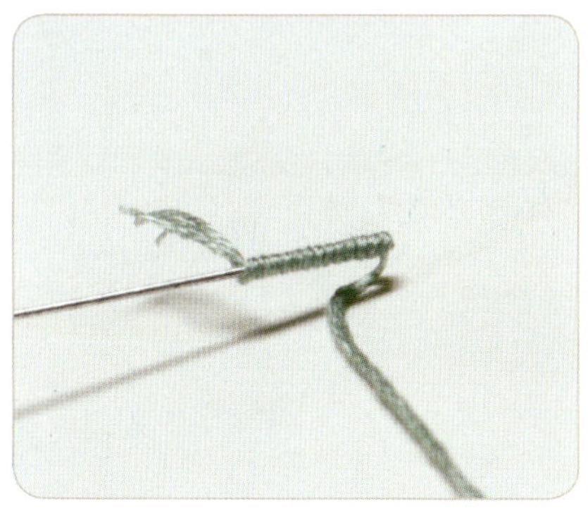

04 22호 와이어에 15cm로 자른 앵커 면사 1070번 4가닥을 사진처럼 와이어 끝에서 1cm 떨어진 곳에서 실 여유분 1cm를 남기고 감습니다.

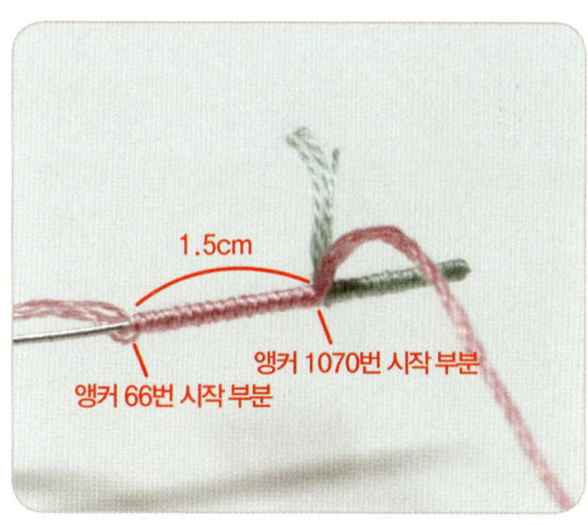

05 이번엔 앵커 면사 1070번이 시작한 점으로부터 1.5cm 떨어진 곳에서 66번 4가닥으로 여유분 1cm 남기고 1070번 시작점까지 촘촘히 감아주세요.

06 핑크실과 그린실이 만나는 점에 본드를 깨알 반만큼 톡 칠하고 꼬아서 가위로 바짝 잘라 코팅해주세요.
p.28 기초기법 11번 두 가지 색실 연결하기 참고

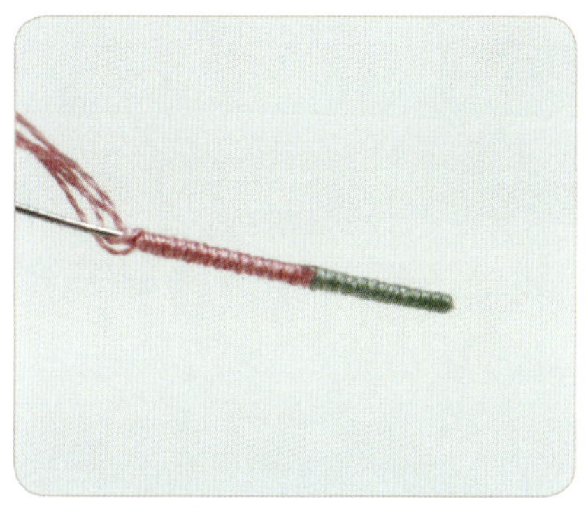

07 여기까지 하면 사진처럼 됩니다.

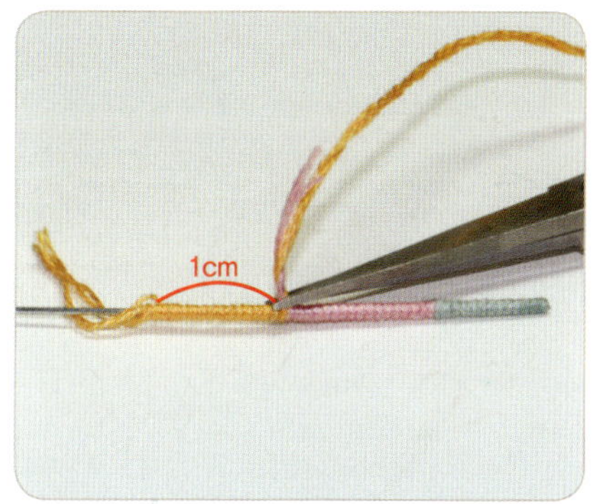

08 다시 303번 4가닥을 핑크실 시작점으로부터 1cm 떨어진 곳에 여유분 1cm 남기고 핑크실 시작점까지 촘촘하게 감고 실이 만나는 곳에 본드를 톡 칠하고 가위질한 후 코팅하세요.

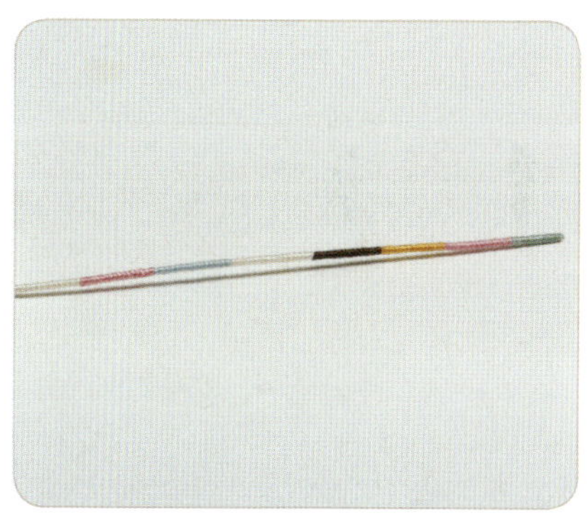

09 04번부터 08번 과정을 16cm 와이어가 다 커버될 때까지 여러 색실을 이용하여 같은 방법으로 감아주되 반드시 마무리 코팅 방향은 한 곳에 일정하게 해주어야 합니다.

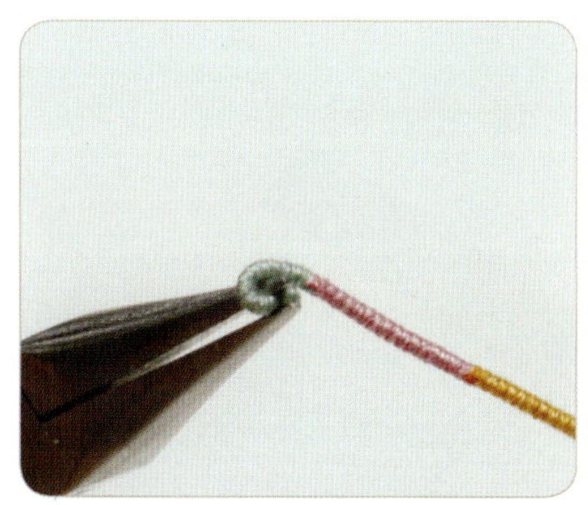

10 롱로즈로 처음 감은 곳을 집어 작게 말아주는데 코팅했던 마무리 부분이 옆쪽으로 가도록 한 후 말아주세요.

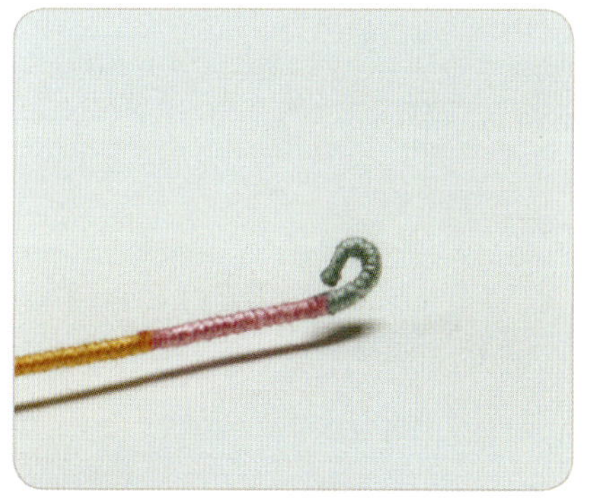

11 사진처럼 조금씩 조금씩 손으로 말아가되

12 실과 실 사이의 간격이 2mm가 조금 안 되도록 동그랗게 말아주세요(간격이 크면 진주 붙이기가 힘들어요).

⑬ 여기까지 다 말았으면 빨간 부분처럼 가장자리 부분이 삐치게 될 거예요.

⑭ 이 부분을 롱로즈를 이용해서 자연스럽게 휘어서 옆면과 본드로 붙여 주세요.

⑮ 사진처럼 감아놓은 핀바디에 붙이면 되는데

⑯ 깔끔하게 붙이기 위해선 15번 상태로 놓고 뒤집은 후에 빨간선 부분에 얇게 본드 쭉 칠하고 못 쓰는 실 한 가닥을 양쪽으로 올려놓아 원형 모양에 살짝 붙여주세요.

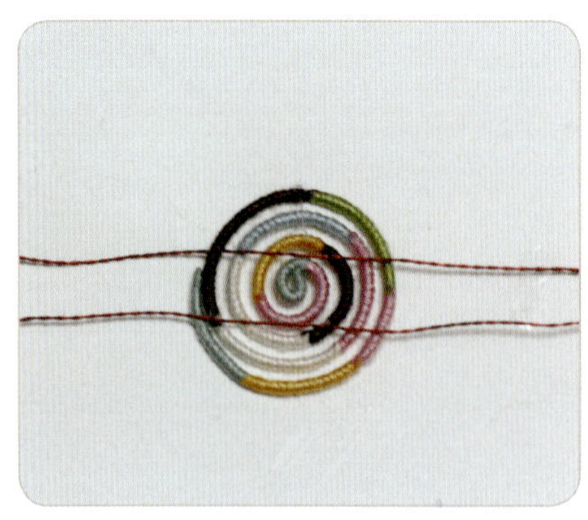

⑰ 핀대만 들어내면 사진처럼 됩니다.

⑱ 양쪽 빨간실 얹은 부분 안쪽 원형 모양에 본드를 빠른 속도로 칠해주세요(핀대가 붙는 부분임).

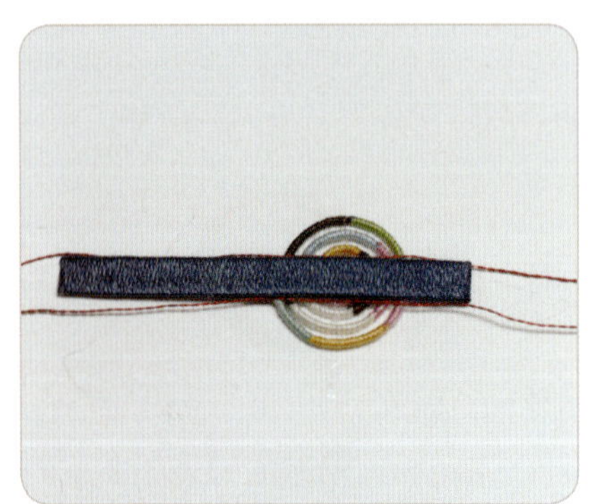

⑲ 다시 사진처럼 핀대를 빨간실 가이드선 사이에 맞춰 잘 얹은 후 붙여주세요.

⑳ 앞으로 돌려서 가이드 했던 빨간실을 빼내고 다시 한 번 원형 붙은 곳이 깔끔한지 본드를 정리해주세요.

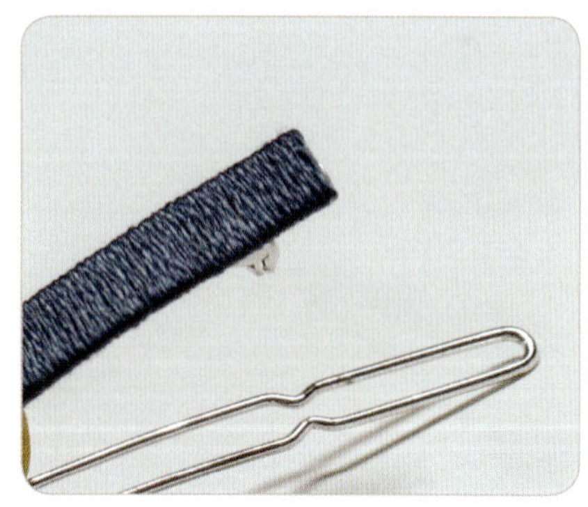

㉑ 원형 붙인 반대쪽 길게 남은 핀바디가 핀대 열리는 곳에 오도록 한 후 핀대보다 튀어나가지 않도록 위치를 잡고 글루건으로 잘 붙여주세요.

p.31 기본기법 중 핀대 붙이기 참고

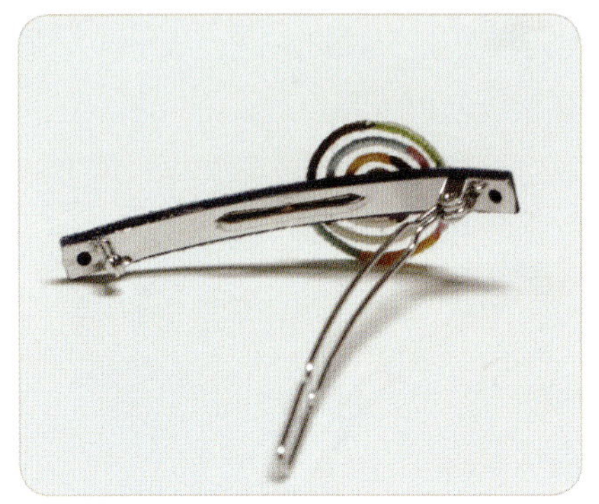

㉒ 원형 붙인 쪽 핀바디도 마저 잘 붙여주세요.

㉓ 작은 담수진주를 핀셋으로 잡고 본드를 1mm 두께로 아랫면에 전체적으로 칠한 후

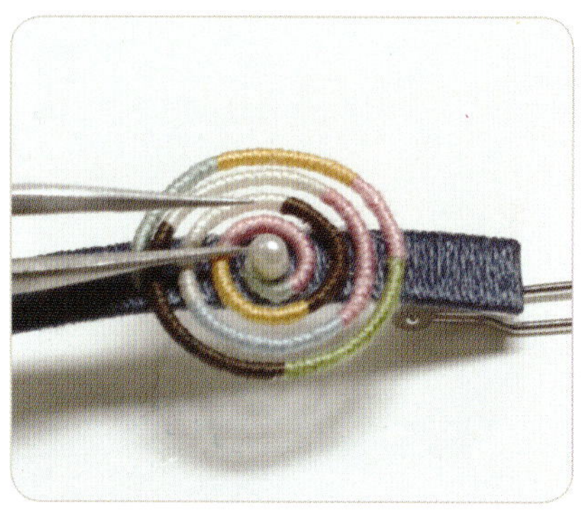

㉔ 원형 모양 제일 한가운데에 얹어놓고 핀셋 뒤로 지긋이 눌러주고 가만히 굳도록 놓아둡니다.

㉕ 사진처럼 진주를 하나하나 붙여주세요. 30분 정도 놓아두면 완전히 굳습니다.

㉖ ss8번 핫픽스를 릴접착제로 사진처럼 붙여주세요.

㉗ 이렇게 핀 한 개가 완성됩니다.

내 머리 위에 눈부심......

색상도 내맘대로,

크리스탈 색상과 매치하는 재미까지...

심플하면서도 멋스러운 디자인

#14

사각 포인트 헤어핀

Square Point Hairpin

#14 사각 포인트 헤어핀

날씨가 더울 때는
머리를 묶어주는 경우가 많은데요.
이럴 때 유용하게 쓰이는 머리핀으로
심플하면서도 크리스탈의 반짝임 때문에
고급스러움까지 느낄 수 있어요. ^^

H o w t o m a k e

준비물 : 0.5pvc 3x2.9cm
200pvc 10.5x0.7cm
앵커 면사 1036번 570cm
10x0.6cm 길이의 빼빼로 자동핀대
1.6mm 와이어 13cm
핫픽스 ss10 몬타나 x24개
ss10 라이트 사파이어 x16개
ss10 블랙다이아 x8개
ss10 라이트 토파즈 x7개

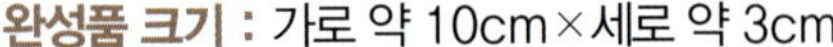

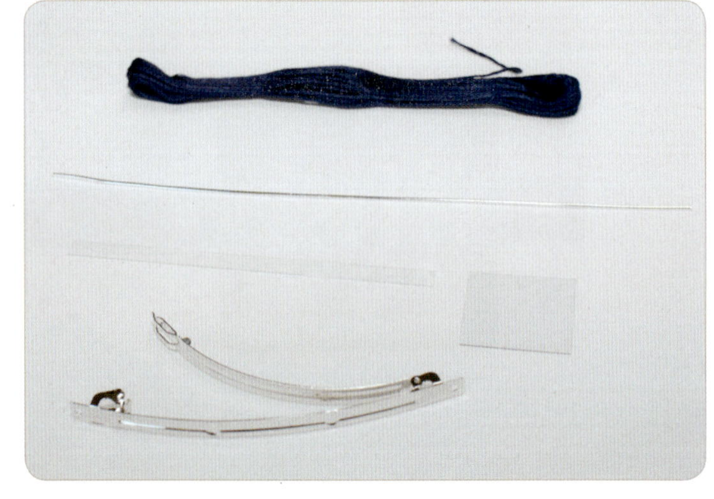

완성품 크기 : 가로 약 10cm×세로 약 3cm

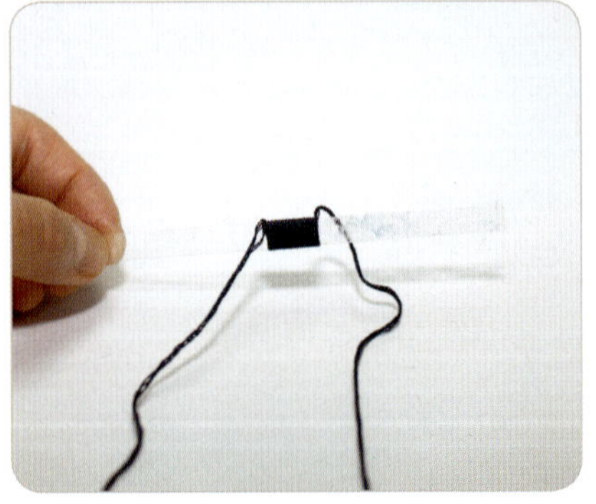

01 앵커 면사 1036번 220cm를 핀대 크기로 자른 200pvc(p.341 실물본 참고)에 4가닥으로 중간부터 감아주세요. p.26 사각모양 pvc 감기 참고

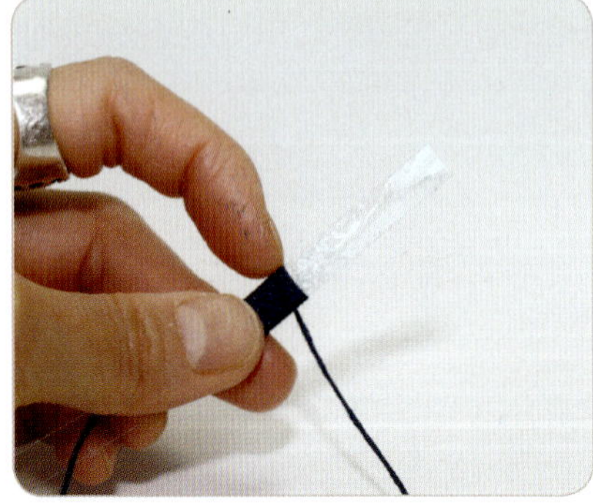

02 촘촘히 감기 위해 실이 벌어지면 손 끝으로 즉시 내리면서 감아주세요.

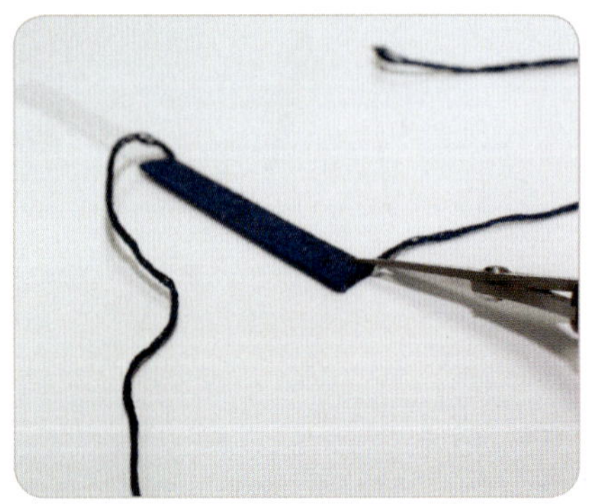

03 한 쪽을 다 감았으면 뒤쪽에서 가위로 바짝 잘라 마무리 코팅해 주세요.

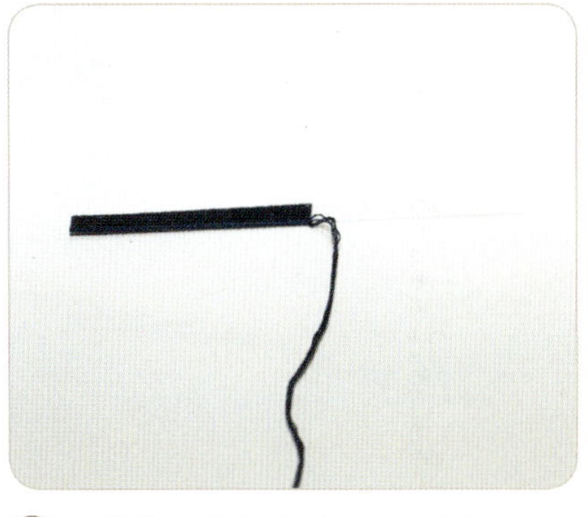

04 반대쪽도 촘촘히 감고 03번과 마찬가지로 마무리해주세요.

05 짠~! 이렇게 핀대를 완성해 놓고

06 머리핀은 양끝 마무리가 중요하므로 빨간선 부분을 정확히 코팅해주세요.

07 이번엔 3×3cm로 자른 0.5pvc를 앵커 면사 1036번 250cm 6가닥으로 pvc 중앙에서 감아주세요.
p.26 사각모양 pvc 감기 참고

08 이렇게 반쪽을 촘촘히 감아주고

09 가장자리의 빨간선 부분을 본드로 잘 코팅해주세요.

10 사각 바디가 제법 큰 사이즈이므로 양쪽 끝 모서리도 빨간선 방향으로 한 번 더 코팅을 해주세요.

11 이렇게 핀바디와 사각바디를 완성시켜 놓고

12 이번엔 1.6mm 와이어에 앵커 면사 1036번을 1m로 잘라 6가닥으로 중앙부터 촘촘히 감아주세요(와이어가 휘지 않도록 주의).

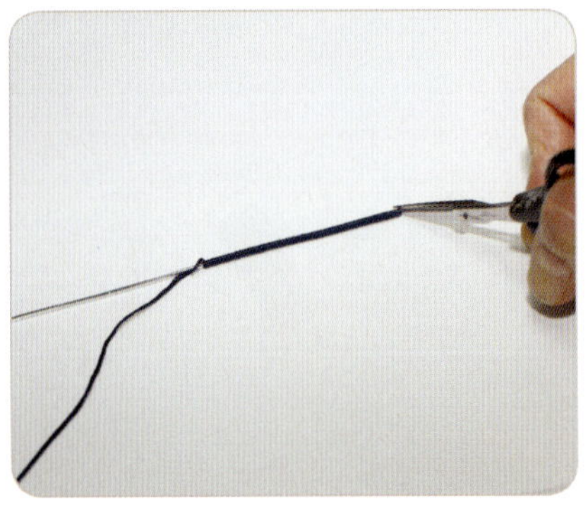

⑬ 와이어 반쪽을 끝까지 감았으면 가위로 바짝 잘라 마무리 코팅해주고

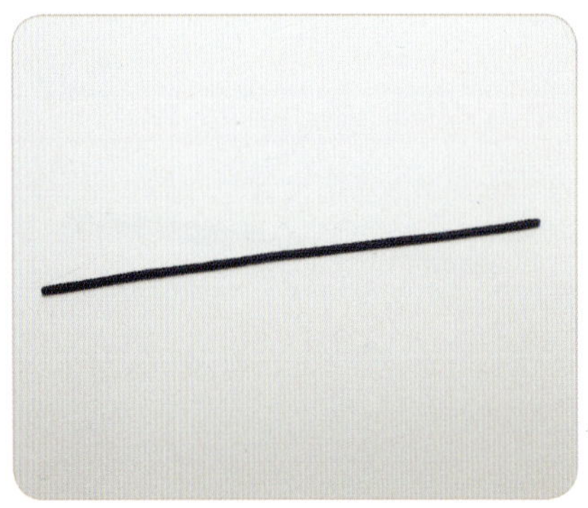

⑭ 나머지 반대쪽도 마저 촘촘히 감아서 마무리 코팅을 해주세요. 만약 와이어가 휘었으면 직선이 되도록 잘 만져주세요.

⑮ 사각 바디 모서리와 와이어 끝을 딱맞게 대고 사각바디의 반대쪽 모서리 부분의 2mm 안쪽에 롱로즈로 위치를 잡아주고

⑯ 허공에서 롱로즈 끝에 대고 바짝 꺾어주세요(이때 각이 정확히 생겨야 합니다).

⑰ 15번과 마찬가지로 나머지 각도 똑같이 만들어 주세요(사각 바디보다 작지도 크지도 않도록 주의).

⑱ 사각바디와 크기가 맞도록 각이 생겼다면

⑲ 니퍼로 나머지 남은 불필요한 와이어를 잘라내고

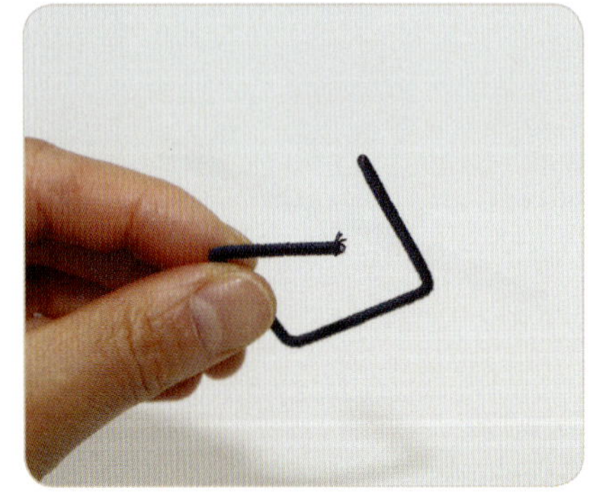

⑳ 코팅하기 위해 와이어를 지긋이 벌려서 잘라낸 끝을 본드로 잘 코팅시키세요.

㉑ 코팅 후 다시 제자리에 사각 형태로 맞춰놓고

㉒ 사각형 위에 본드를 톡톡 찍듯이 재빨리 발라주세요. 본드가 일정치 않게 발리면 핀셋 등으로 살짝 쓸어주세요.

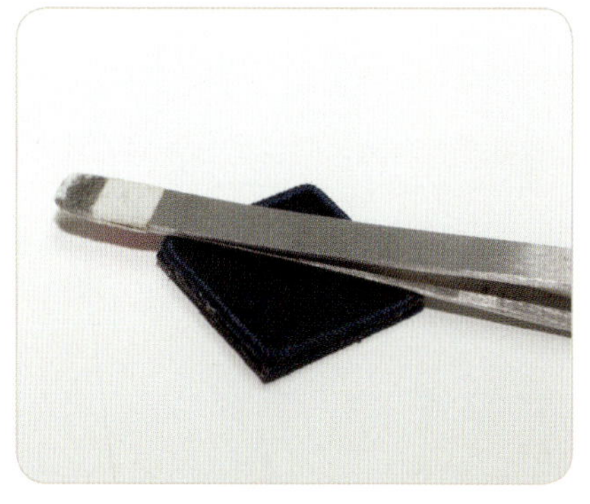

㉓ 사각바디에 맞춰 올려놓고 핀셋 뒤 평평한 부분으로 지긋이 균일하게 눌러주세요.

㉔ 옆쪽으로 본드가 튀어나왔는지 확인해 보고 본드가 튀어나오면 핀셋으로 떼어내세요.

㉕ 글루건을 이용해 핀바디를 붙여주세요. 한 번에 쭉 붙이면 글루건이 빨리 굳으므로 반씩 붙여주세요.

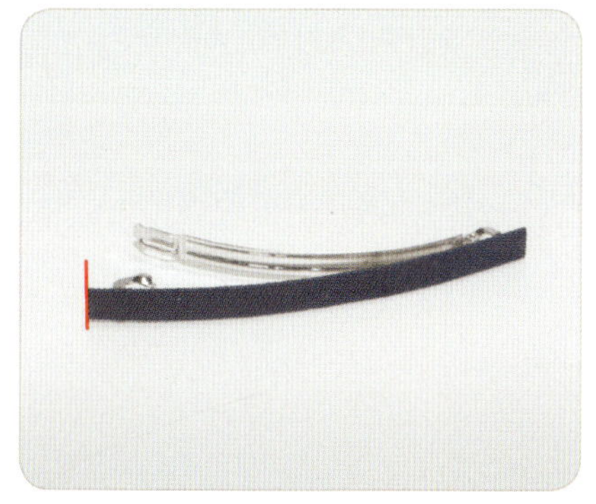

㉖ 핀대는 핀이 열리는 곳에 핀 바디와 핀 끝이 딱 맞게 붙여야 떨어지지 않고 튼튼히 오래쓸 수 있어요(빨간선 부분).

㉗ 사각바디를 글루건을 이용해 핀대 중앙에 붙여주면 끝!

㉘ 핫픽스는 바깥쪽 자리부터 몬타나, 두 번째는 라이트 사파이어, 세 번째는 블랙다이아, 마지막 한가운데는 라이트 토파즈로 줄맞춰 붙여주세요.

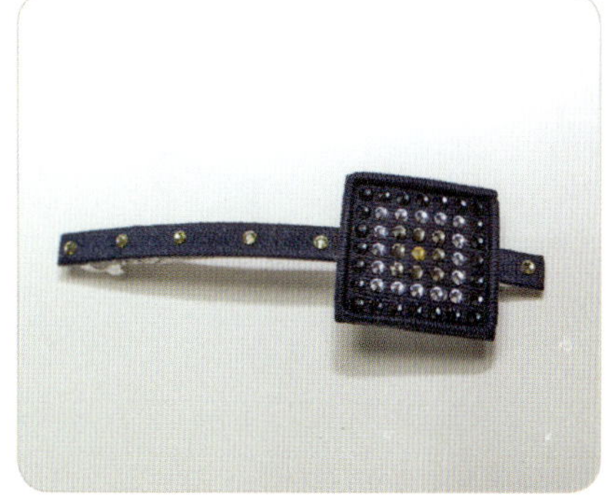

㉙ 라이스 토파즈로 핀대 부분도 약 1cm 간격으로 6개 붙여주세요.

가을에 더욱 멋스러운...

#15

커브 이어링

Curve Earring

#15 커브 이어링

독특하게 꼬인 스타일의 귀걸이예요.
블루진, 카멜, 시크그레이로 만들어 봤어요.
튀지 않지만 세련되게 은은한
멋을 느낄 수 있어요.
심플하지만 크리스탈 색상이
다채롭게 들어가 볼수록 예뻐요.

How to make

준비물 : 앵커 면사 979번 170cm, 120cm ×1개씩
230pvc 0.5x6cm 크기 ×2개
24호 와이어 13.5cm ×2개
흑진주 귀침, 흑진주 O링 ×2개, 흑체인 1cm
핫픽스 ss6 몬타나, 카프리블루,
블루지르콘, 시트린, 아메띠스트,
시암, 라이트 시암, 히아신스, 토파즈,
라이트토파즈, 존킬 ×각 4개씩
핫픽스 라이트 사파이어 ×2개

완성품 크기 : 가로 약 0.5cm×세로 약 6cm

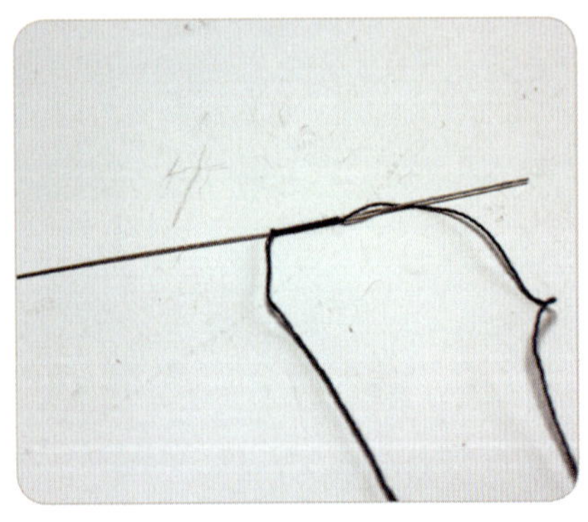

01 앵커 면사 979번 120cm 3가닥을 24호 와이어 13.5cm에 중앙감기 하세요(와이어가 휘지 않도록 주의).

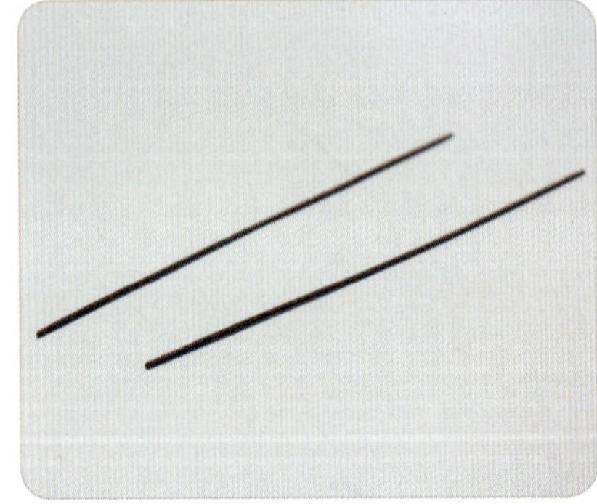

02 2개 모두 감아주고

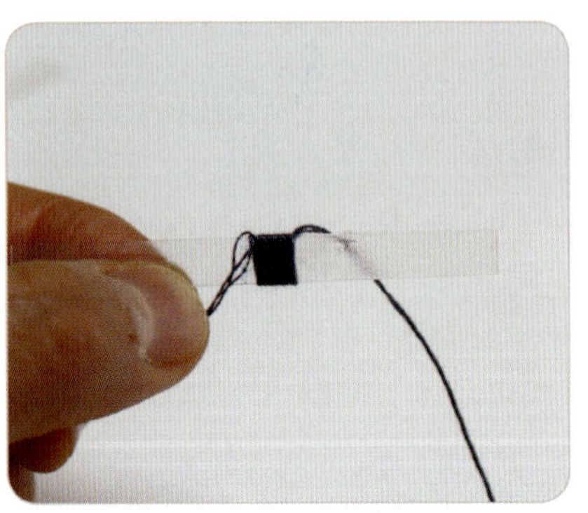

03 0.5×6cm로 자른 230pvc바디(p.341 실물본 참고)에 앵커 면사 979번 170cm 3가닥으로 중앙감기 해주세요.

04 이렇게 두 개 완성해 놓고

05 02번에 완성된 와이어를 사진처럼 바디의 0.5cm의 중간인 0.25cm에 오도록 하고 롱로즈로 꺾어주세요.

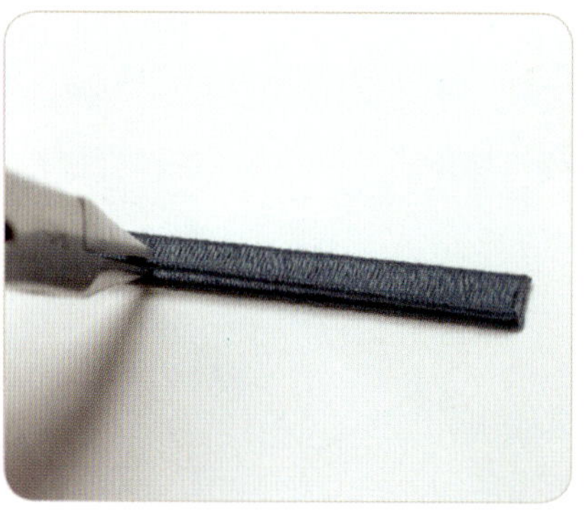

06 꺾은 각은 바디 보다 튀어나가면 안되니 롱로즈를 바디의 1mm 정도 안쪽으로 놓고 확실히 꺾어 각을 만들어가세요.

07 네 모퉁이가 정확히 꺾여야 예뻐요. 롱로즈로 각을 꺾고 공중에서 살짝 안쪽으로 꺾었다 다시 펴면 각이 예쁘게 나와요.

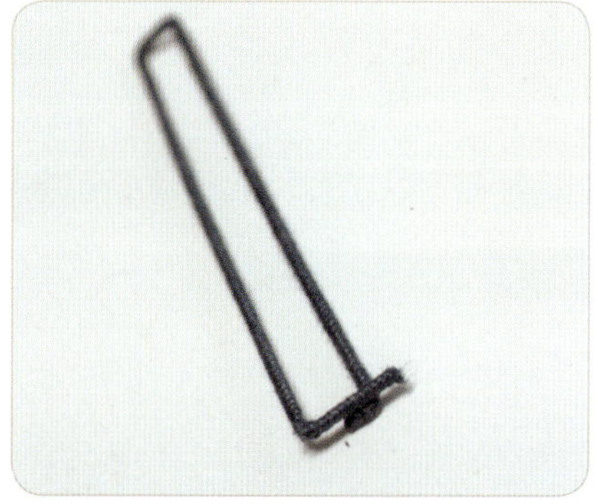

08 이렇게 바디에 대고 라인을 잡아주면 길이가 남아 시작점에서 와이어가 겹치게 됩니다.

09 바디 크기에 맞도록 남은 와이어를 잘라내고 코팅해주세요.

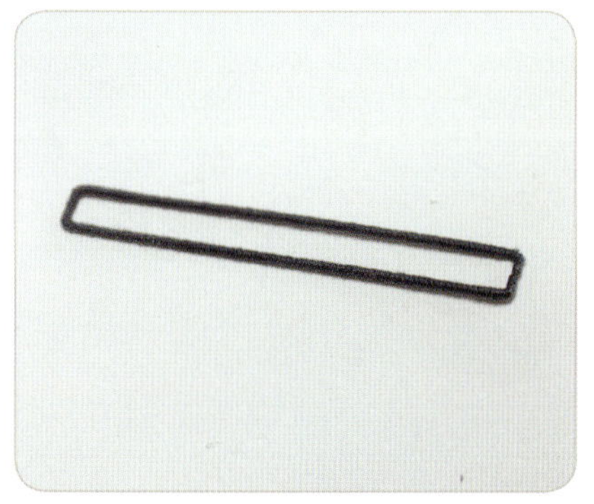

10 사진처럼 코팅한 부분을 서로 맞닿도록 손으로 조정해서 만들어 놓고

11 핀셋으로 잡고 금방 나온 본드를 균일하게 재빨리 칠해주세요.

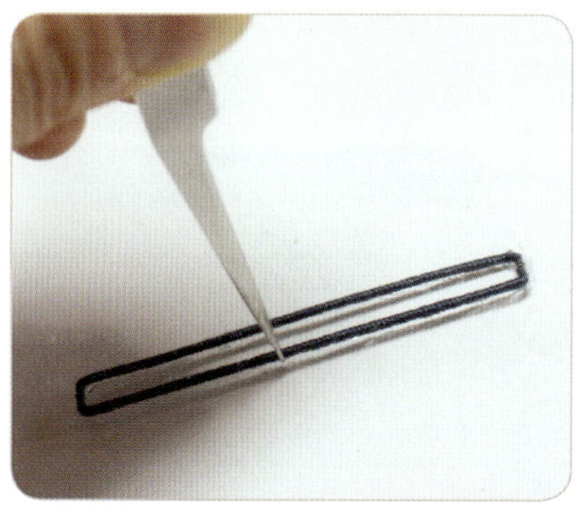

12 양을 적당히 조절하기 위해 못쓰는 비닐 위에 대고 한 번 툭 찍어서 본드양을 줄여주세요.

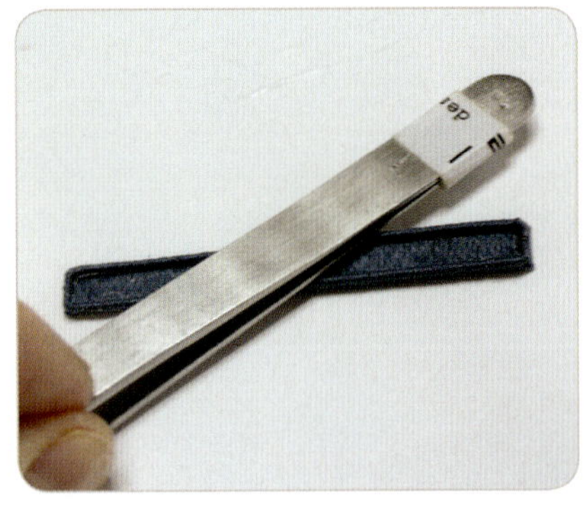

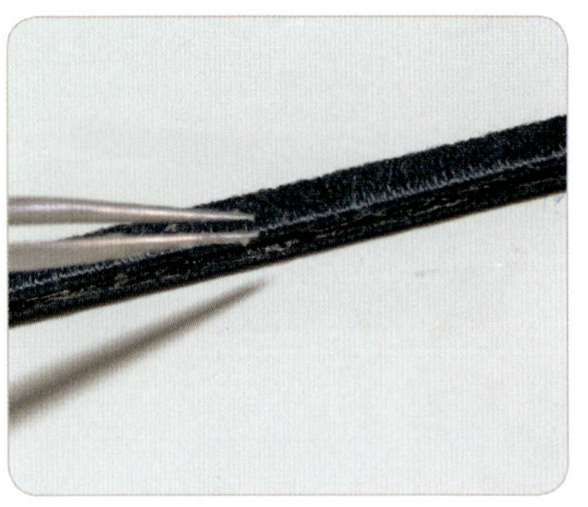

⑬ 감아놓은 바디 위에 각을 잘 보고 그대로 가져다 얹고 핀셋 뒤로 지긋이 눌러주세요.

⑭ 이때 본드양이 조금 많은 부분은 바디 안쪽이나 바깥쪽으로 본드가 나오는데 안쪽은 빨리 핀셋으로 제거하거나 와이어와 바디 사이로 밀어넣으세요.

⑮ 뒤로 돌려서 옆쪽으로 튀어 나온 본드도 떼어 내거나 밀어 놓거나 해서 깔끔히 정리하세요.

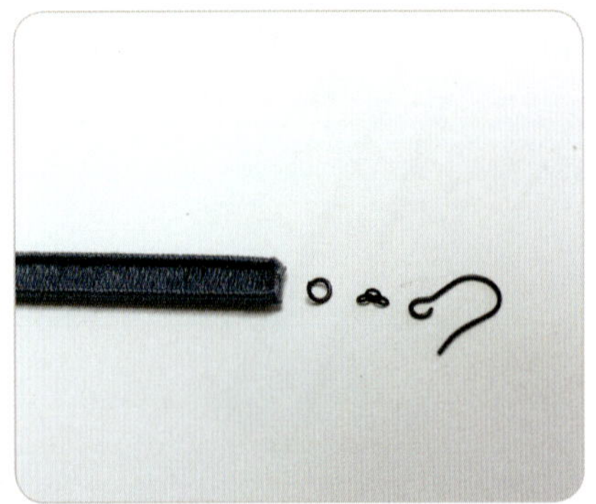

⑯ 와이어가 바디에 완전히 붙으면 와이어와 와이어가 만난 지점 바로 밑에 송곳으로 구멍이 확실히 보이도록 뚫으세요.

⑰ 바디+O링+체인3칸+귀침 순으로 연결하세요.

⑱ 두 개 다 완성시켜 놓고

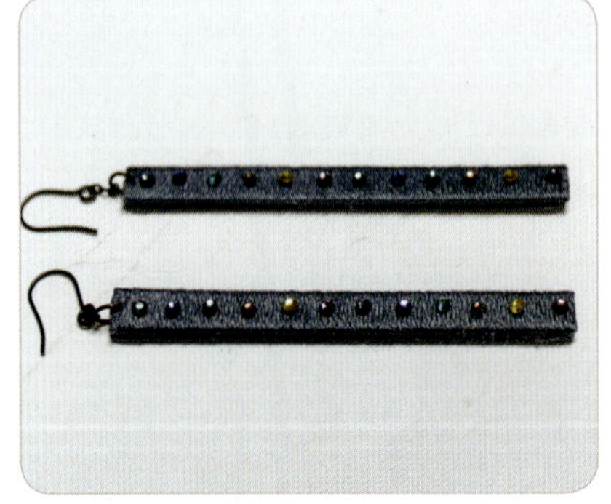

⑲ 앞쪽은 시암-라이트 시암-히아신스-토파즈-라이트 토파즈-존킬-라이트 사파이어 순으로 붙이고 다시 반대로 반복해서 붙여주세요.

⑳ 뒤쪽은 몬타나-카프리 블루-블루지르콘-스모크 토파즈-시트린-아메띠스트 순으로 붙이세요.

㉑ 양손으로 바디 양끝을 잡고 서로 반대로 손목을 휘어주어 웨이브를 만듭니다.

양쪽으로 예쁘고 재미나게 휘어 보세요.
단, 모양을 잡다가 와이어가 바디랑 떨어지는 부분이 생길 수도 있어요. 그럼 당황하지 말고 핀셋으로 그 부분에 본드를 칠해서 지긋이 눌러 붙여주세요.

★ 카멜 색상

앵커 면사 1001번을 이용하세요.

앞쪽 핫픽스 : 스모크 토파즈 – 라이트 토파즈 – 존킬 순으로 4번 반복

뒤쪽 핫픽스 : 스모크 토파즈 – 토파즈 순으로 반복

★ 시크그레이 색상

앵커 면사 233번을 이용하세요.

앞쪽 핫픽스 : 아메띠스트 – 푸시아 – 로즈 – 라이트 로즈 – 존킬 순으로 세 번 반복

뒤쪽 핫픽스 : 카프리 블루 – 아쿠아마린 – 토파즈 – 라이트 토파즈 – 스모크 토파즈 순으로

#16

그린 스틱 바 목걸이

Green Stick-Bar Necklace

#16 그린스틱바 목걸이

깊게 파인 상의나 오피스 정장에
잘 어울리는 목걸이예요.
심플하지만 수많은 크리스탈 때문에
무척 고급스러워 보인답니다.
초크형의 스타일이라 더욱 예뻐요.

H o w t o m a k e

준비물 : 3.5mm 와이어 8cm, 앵커 면사 258번 4m
가는 목걸이용 체인 34cm
목걸이 연결고리 스와로브스키 진주 라이트그레이 10mm ×1개
T침 ×1개, 투명실 약 50cm
스와로브스키 핫픽스 ss6 페리도트 ×약 100개
ss10 에메랄드 ×8개
ss6 에메랄드 ×20개

완성품 크기 : 가로 약 8cm×두께 0.6cm

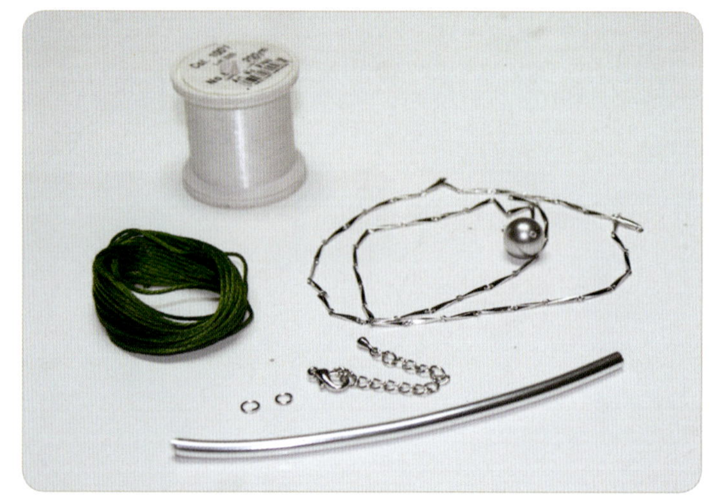

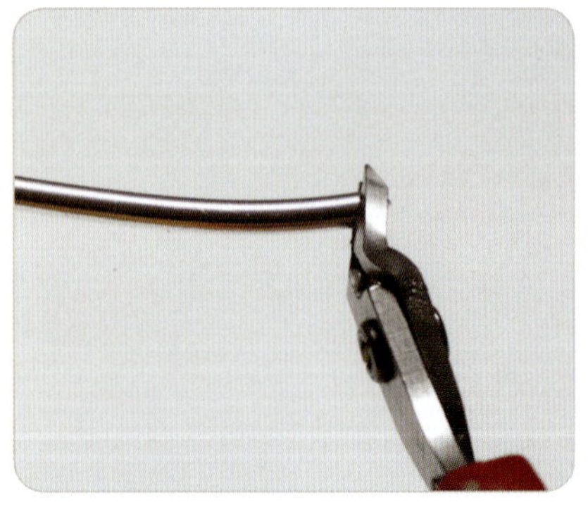

01 일제 니퍼를 이용하여 두께가 굵은 3.5mm 와이어를 매끈하게 잘라줍니다.

02 사진처럼 매끈하게 자르는 것이 중요해요.

03 앵커 면사 258번을 170cm로 잘라 중앙감기 하다가 거의 끝까지 올 때쯤 다시 한 번 본드칠 하고 와이어를 완전히 덮으세요.

04 이번 와이어는 두꺼우므로 옆면을 커버하지는 않아요. 그러므로 와이어만 다 감은 지점에서 가위로 바짝 자르고 코팅하세요.

05 그럼 이렇게 옆면만 와이어가 보이게 될 거예요. 반대쪽도 똑같이 완성시키세요.

06 8cm 스틱을 하나 만들어 놓고요

07 T침을 이용해 진주 고리를 만들고 목걸이 체인을 3~3.5cm로 잘라서 진주 고리와 연결하세요.

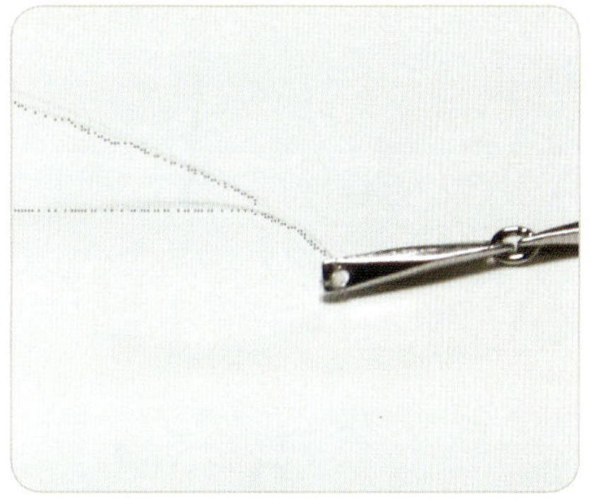

08 진주 고리를 단 체인 반대쪽엔 투명실 15cm정도를 세~네 번 꽉 묶어 고정하세요.

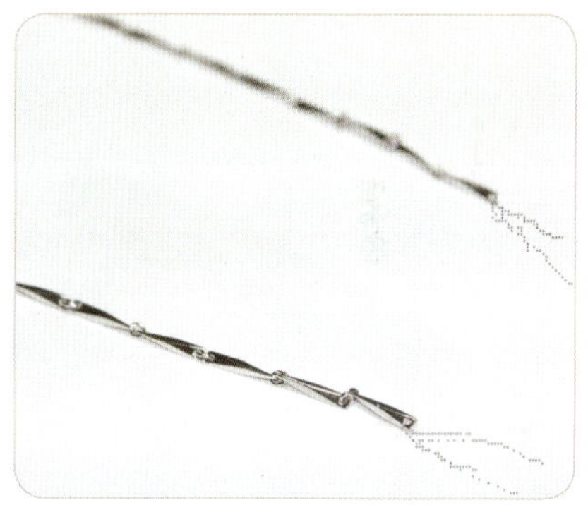

09 이번엔 목걸이 체인을 15~16cm 정도로 2개를 잘라 각각 투명실 15cm를 묶어 고정시킵니다.

10 투명실을 묶은 목걸이 체인 반대쪽엔 사진처럼 O링을 이용해 목걸이 마감체인과 고리를 연결해 주세요.

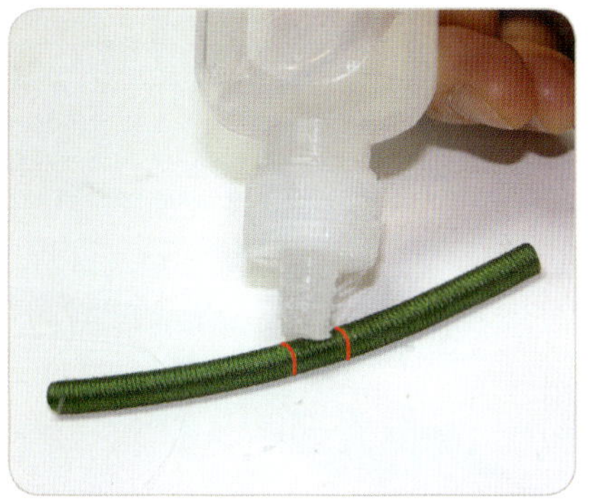

11 감아놓은 스틱 가운데 부분에 1cm 폭으로 둘러가며 전체적으로 본드칠을 해주세요.

12 07번에 진주 묶은 체인의 투명실을 본드를 칠한 곳에 여러 번 빙빙 둘러 감아주세요. 너무 힘주진 말고요. 투명실 길이가 1.5cm 정도 남으면 그냥 위쪽에 본드를 얇게 칠해서 붙여주세요.

⓭ 그럼 이렇게 완성이 됩니다.

⓮ 이번엔 스틱의 옆면(와이어가 보이는 부분)에 본드를 전체적으로 칠하세요.

⓯ 목걸이 체인에 묶은 투명실을 양쪽으로 벌려 붙여주는데 헐겁지 않도록 바짝 당겨 붙이고요. 나머지 길게 남은 투명실은

⓰ 사진처럼 스틱에 본드를 쭉 칠하고 길게 그 자리에 붙여서 반대쪽 끝에서 2cm 정도 들어와 가위로 잘라주세요. 다른 한쪽은 와이어 반대쪽에 쭉 붙여주세요.

⓱ 나머지 반대쪽 체인의 투명실도 똑같이 연결해주면 이렇게 완성이 될 거예요.

⓲ 앵커 면사 258번 220cm를 가지고 체인 달린 중앙부터 중앙감기 하세요. 이때 본드는 얇게 1cm폭으로 전체적으로 둘러칠하면 됩니다.

⓳ 17번을 확대한 사진이에요.

⓴ 쭉 촘촘히 감다가 스틱을 처음 감았을 때처럼 가위로 마무리하고 코팅하세요.

㉑ 그럼 사진처럼 될 거예요.

22 나머지 반도 마저 촘촘히 감되 투명실과 체인은 무시하고 바짝 붙여 벌어지지 않게 감아주세요.

23 이렇게 마무리도 반대쪽과 똑같이 해주세요.

24 이번엔 스틱의 옆면(와이어 부분) 전체에 본드를 균일하고 얇게 칠하세요.

25 남은 실을 2cm로 4줄 잘라 가운데 체인을 넣고 위 아래로 2줄씩 붙이고 잘 톡톡 눌러 붙여 주세요.

26 가위로 스틱원형 모양 따라 깔끔히 오리고 오린 가장자리 원형 모양을 따라 본드를 얇게 칠해 코팅해주세요.

27 가장자리 부분에 ss6 에메랄드 핫픽스 10개를 나란히 쪼르륵 붙여줍니다.

28 실로 붙여 막은 옆면에는 ss10 에메랄드 핫픽스 4개를 사진처럼 붙여주세요.

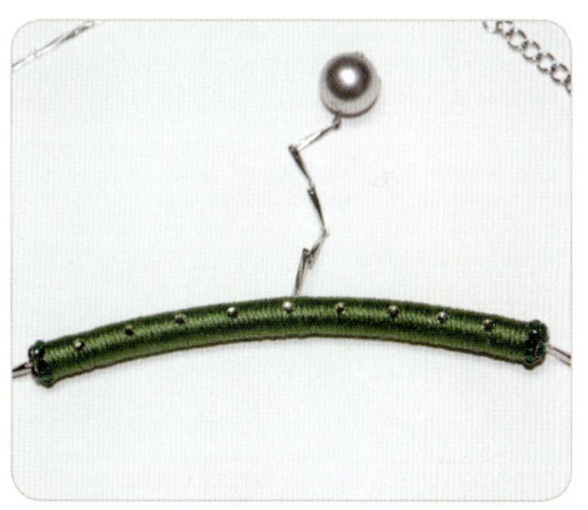

29 24~27번 과정을 반대쪽도 하고 ss6 페리도트 핫픽스를 사진처럼 정 가운데부터 양쪽으로 적당한 간격으로 붙여주세요.

30 처음에 붙인 핫픽스와 엇갈리게 지그재그 모양으로 핫픽스를 붙여주세요.

31 정해진 건 없지만 100개의 핫픽스를 이용해 블링블링 예쁘게 붙여주세요.

32 스틱에 전체적으로 핫픽스를 붙여주면 됩니다.

33 스틱을 지긋이 휘어주세요. 완전 직선인것 보단 살짝 웨이브진 게 얼굴이 갸름해 보이거든요.

★ 그린 스틱 바 귀걸이

01. 4mm 와이어를 3cm로 자르고 앵커 면사 258번 65cm로 목걸이처럼 한 번만 쭉 중앙감기 하세요.

02. 스틱의 위쪽은 귀침 + 체인 3칸 + 투명실 10cm, 스틱의 아래쪽은 투명실 10cm + 체인 2cm + 10mm 사이즈의 진주 이렇게 각각 연결해 놓고요.

03. 목걸이 만들기 20번과 같은 방법으로 스틱의 아래, 위에 투명실을 본드로 고정하세요.

04. 그 위에 다시 앵커 면사 258번을 80cm로 잘라 중앙감기 하고 다시 목걸이 만들기 24~27번과 같은 방법으로 하세요.

05. 나머지는 사진처럼 ss6 페리도트를 줄맞춰 붙이면 돼요(혹은 목걸이처럼 지그재그로 붙여도 되고요). 귀걸이에 들어가는 ss6 핫픽스는 약 100개 정도 됩니다.

★ 레드 스틱 바 목걸이

디엠씨 면사 817번, ss6 히아신스 약 100개
ss6 시암 20개, ss10 시암 8개

★ 퍼플 스틱 바 목걸이

앵커 면사 102번, ss6 라이트 아메띠스트 약 100개
ss6 아메띠스트 20개, ss10 아메띠스트 8개

I want a beauty

#17

오리엔탈 레드하트 이어링

Oriental Red Heart Earring

#17 오리엔탈 레드 하트 이어링

동양의 매혹적인 컬러 레드!
빨강색의 강렬한 하트가
반짝이는 흑 헤마타이트와 만나
이국적인 느낌을 듬뿍!
사랑을 표현하고 싶을 때
사랑을 받고 싶을 때 착용해 보세요.
마법같은 일이 생길지도 몰라요~♥

H o w t o m a k e

준비물 : 디엠씨 면사 321번 1m ×2개
2mm 와이어 8cm ×2개
헤마타이트 원석 6mm ×2개
4mm ×2개
핫픽스 ss6 존킬 ×50개 정도
흑니켈체인 4cm, 흑니켈 귀침 한쌍
흑니켈T침 ×4개, 흑O링 ×4개

완성품 크기 : 하트만 가로 약 2.6cm×세로 약 2.9cm

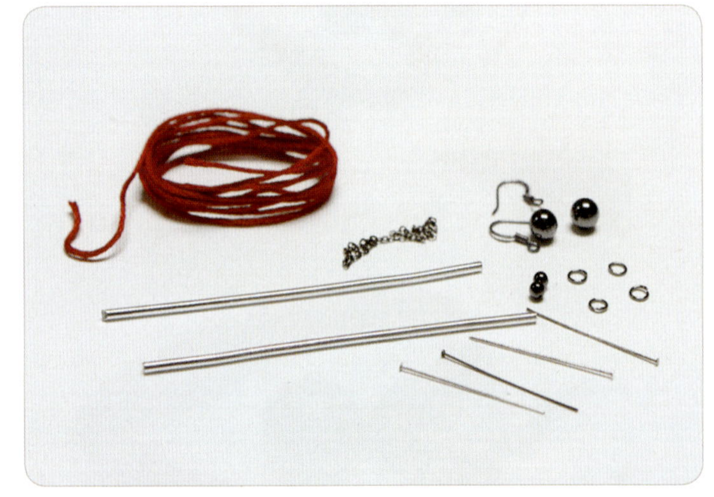

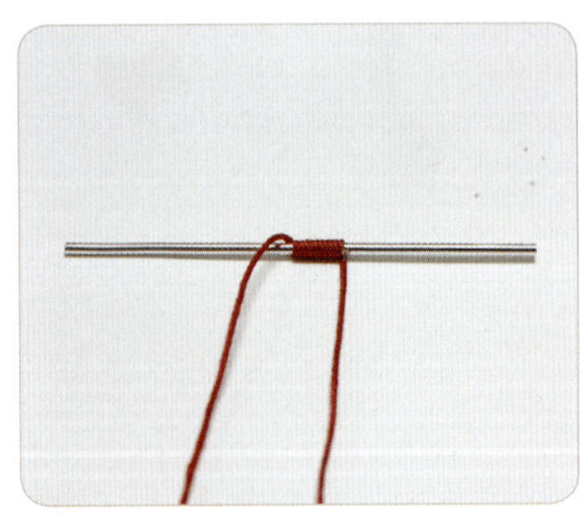

01 2mm 와이어 8cm에 디엠씨 면사 321번 1m로 중앙감기 해주세요.

02 본드는 전체적으로 얇게 칠해주면서 쭉 감아줍니다. 마무리는 사진처럼 옆쪽에서 바짝 잘라 코팅해주세요.

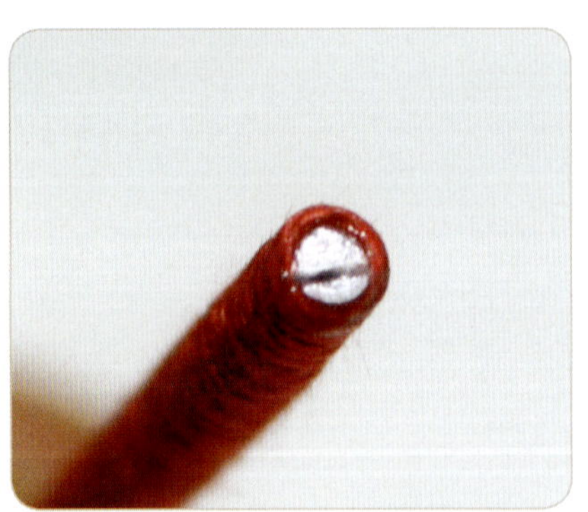

03 이렇게 옆면은 와이어가 보이게 되는데 일단 그냥 놔두시고요.

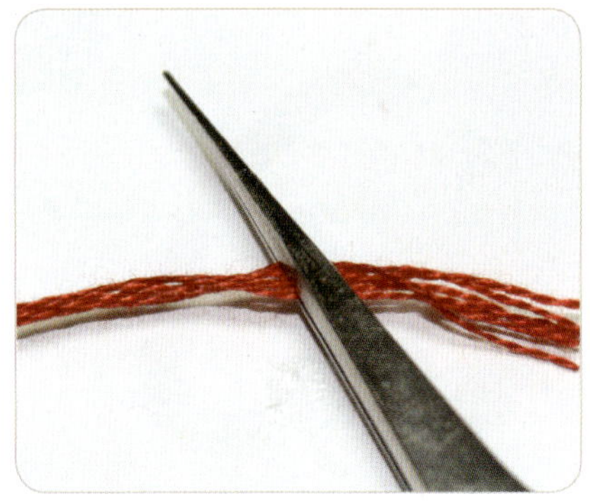

04 실을 감고 남은 자투리 실을 핀셋으로 쭉 문질러서 실이 꼬인걸 살짝 풀리게 해주세요.

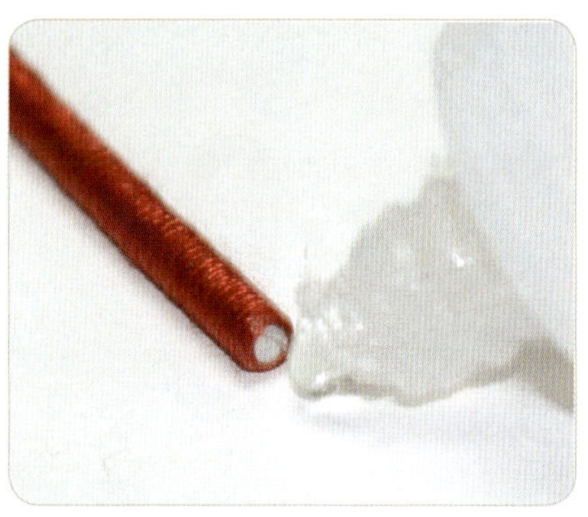

05 03번에 감아놓은 와이어 옆면에 본드칠을 해서

06 사진처럼 04번의 펴놓은 실을 가져다 얹으세요.

07 가위로 와이어의 둥근 모양을 따라 잘 오려주고요.

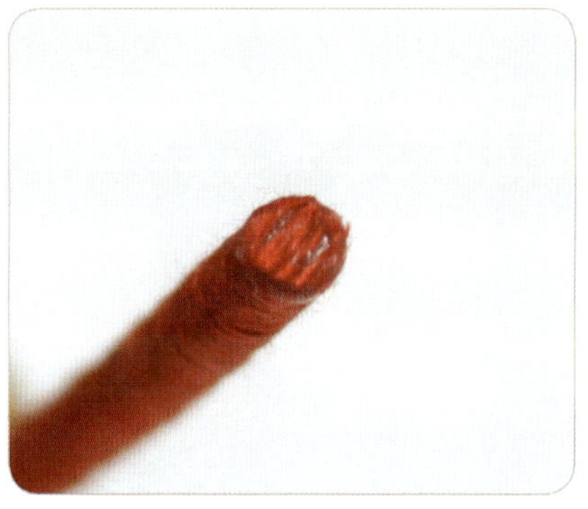

08 오려낸 가장자리 부분에 본드를 살짝 칠해서 코팅해주세요.
반대쪽도이렇게 만들어주세요.

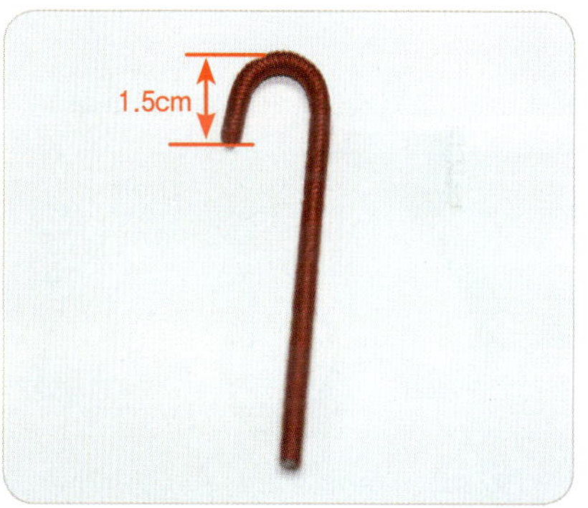

09 사진처럼 윗부분이 1.5cm가 되도록 지팡이처럼 구부려 주세요.

10 이번엔 09번에 길게 내린 쪽 와이어를 1.5cm 길이의 절반 지점쯤에서 위로 꺾어 올리세요.

11 사진처럼 윗부분 길이가 비슷한 지점에서 다시 내려주세요.

12 가운데 움푹 들어간 부분을 손을 이용해 양쪽으로 지긋이 밀어붙여 간격을 좁혀주세요.

⑬ 12번에서 좁힌 부분을 다시 살짝 벌려주세요. 그럼 11번 보다는 좀 더 예쁘게 윗쪽 라인이 잡혀요.

⑭ 13번의 아래로 내려온 긴쪽 와이어를 대략 중앙 정도 되는 지점에서 살짝 꺾어 주세요. 이때 사진처럼 약간 안쪽으로 구부렸다

⑮ 다시 펴서 와이어의 끝과 끝이 맞도록 해주세요. 그런데 와이어의 시작점과 끝점은 사진처럼 잘 맞지 않을 거예요.

⑯ 그럼 손가락을 안쪽에 넣어 좀 더 모양을 다듬어 주고 특히 시작점과 끝점이 딱 맞도록 잘 조절해주세요.

⑰ 이렇게 완전한 하트가 만들어지면

⑱ 시작점과 끝점을 본드로 붙여야 하는데 절대 양 옆으로 벌리지 말고 사진처럼 아래 위로 살짝 밀어준 뒤 옆면에 본드를 톡 칠하세요.

⑲ 다시 와이어를 18번의 반대가 되도록 서로 아래 위로 살짝 밀어준 뒤 다시 제자리에 가만히 놓아두면 잘 붙어요.

⑳ 헤마타이트 큰 것과 작은 것 모두 T침을 이용해 한쪽에만 고리를 만들어 주세요.

㉑ 귀침+체인3칸+O링+체인2칸 +6mm 헤마타이트 순으로 연결해주세요.

22 O링 부분을 와이어가 들어갈 정도로 벌려주세요.

23 하트 윗쪽 움푹 들어간 부분에 22번의 O링을 걸어주고

24 롱로즈로 조심히 O링을 다물어 주세요.

25 이번엔 O링+체인 1.5cm+4mm 헤마타이트 순으로 연결해주세요.

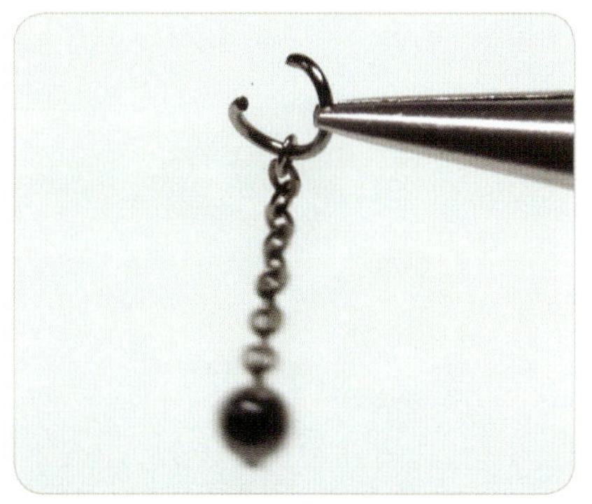

26 역시 O링을 와이어가 들어갈 정도로 벌려주세요.

27 이번엔 하트 아래쪽 중앙에 걸고 롱로즈로 O링을 조심히 다물어 주세요.

28 그럼 사진처럼 되고요.

29 ss6 핫픽스 존킬을 와이어와 와이어가 만나는 지점에 사진처럼 핫픽스를 붙여 이음선을 커버하세요.

30 이렇게 붙인 핫픽스는 양쪽이 붙도록 접착 역할도 합니다.

31 이렇게 와이어 따라 5개를 붙여주면 딱 맞아요.

32 그 다음 하트 윗쪽에 사진처럼 존킬 핫픽스를 붙여주세요.

33 옆쪽도 위쪽 핫픽스와 엇갈리게 붙여주세요.

34 다시 뒤쪽도 앞쪽과 같이 크리스탈을 붙여주세요.

35 완성!

B O N U S T I P

★ 빨강 컬러

릴공예에서 빨간색은 까다로운 색이에요.
본드칠을 조금만 잘못해도 금방 지저분해 지거든요.
그러니 본드를 얇게 깔끔히 잘 바르면서 감으세요.
그리고 반드시 손에 본드기가 없는지.. 확인한 후 깨끗한 손으로 작업하세요.

한 가지 좋은 방법은 여러 다른 흐린 색상으로 해보고
실 감기에 자신감이 생기면 그때 만들어 보는 것이랍니다.

memo

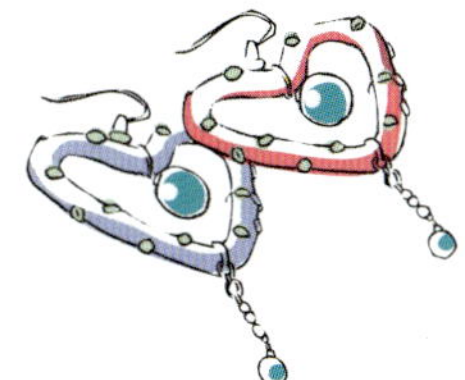

delicious! yummy~*

sweet choco choco

It is your present! this is cute string

#18

초코 캔디 핸드폰 고리

Choco Candy Cell Phone String

#18 초코 캔디 핸드폰 고리

초코향이 가득 담긴 핸드폰 고리예요.
큼직한 캔디 하나가 내 핸드폰에
달랑달랑~아주 귀여워요.
발렌타인데이 때 사랑하는 사람에게
선물해 보세요.
한번 먹고 없어지는 초콜릿보다
더 좋은 선물이 될 거예요.

How to make

준비물 : 앵커 면사1088번(400cm ×2개, 40cm ×1개)
앵커 면사 920번 20cm, 24호 와이어 3cm ×1개
디엠씨 면사 604번 60cm, 26호 와이어 4cm ×2개, 230pvc 0.4x3cm
1.6mm 와이어 38cm ×2개
백금체인(핸드폰 고리) 4cm
스와로브스키 10mm 아몬드색 진주 ×1개
T침 ×1개, O링 ×1개, 핫픽스 ss6 로즈 ×18개
ss10 스모크 토파즈 ×30개 정도

완성품 크기 : 사탕망 가로 2.5cm×세로 4.5cm

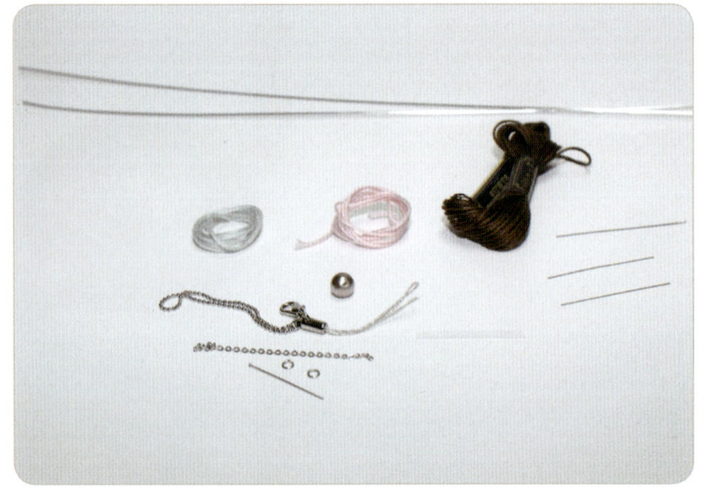

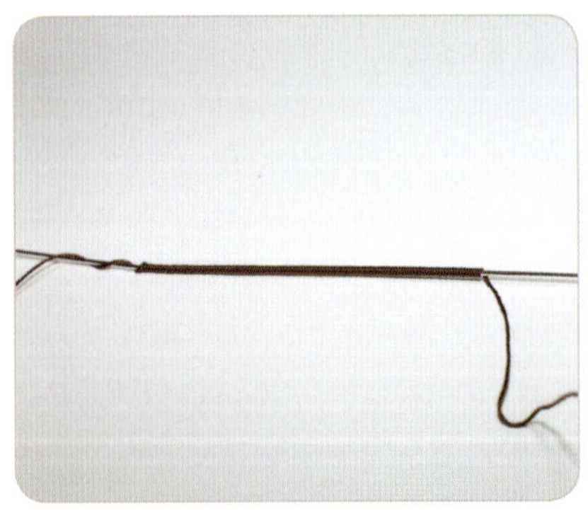

01 1.6mm 와이어 38cm에 앵커 면사 1088번 400cm로 중앙감기 하세요. 와이어는 휴지로 곧게 펴가며 감아주세요.

02 와이어가 조금 두꺼우므로 사진처럼 옆면에 와이어가 보일 거예요. 여기에 본드를 한 번 더 칠하고 실을 인위적으로 둥글게 말아 붙여주세요.

03 02번의 감아놓은 와이어가 완전히 마르면(10분 정도 경과 후) 골뱅이를 말아주세요.
p.30 기본기법 중 골뱅이 감기 참고

04 골뱅이는 조금씩 조금씩 말아주세요. 그래야 원으로 동그랗게 나와요.

05 원이 커질수록 사진처럼 와이어 사이가 벌어질 수 있는데 감은 방향으로 조금 힘주어 당겨 감으면 벌어진 게 없어져요.

06 사진처럼 맨 끝쪽도 롱로즈로 살짝 구부려 완전한 원이 되도록 붙여주세요. 이것과 똑같이 하나 더 만드세요.

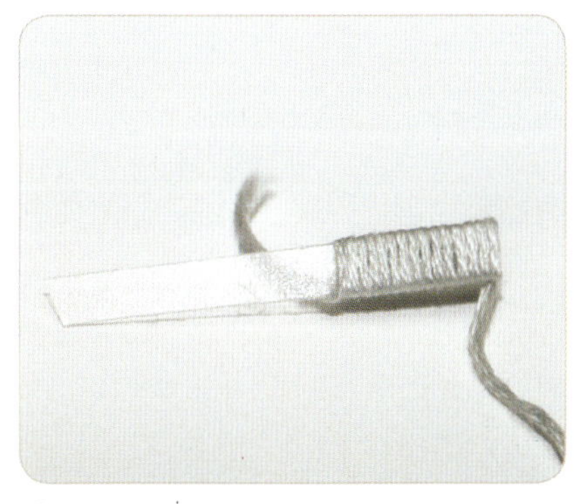

07 230pvc를 0.4×3cm로 오려서 끝에 실 여유분 1cm정도 남기고 바디의 1cm정도만 앵커 면사 920번 20cm 4가닥으로 감아주세요.

08 24호 와이어 3cm에 앵커 면사 1088번 40cm 2가닥으로 중앙감기 하세요.

09 이렇게 완성해 놓았으면

10 롱로즈나 구자말이를 이용해 와이어의 가운데 부분에 둥근 고리를 만들어 주세요.

11 사진처럼 완성해 놓고

12 07번에 감아놓은 바디는 아래쪽만 가위질해서 코팅해주고 사진처럼 위쪽 여분실과 실이 감기지 않은 바디부분에 본드칠해서 사탕의 골뱅이 끝나는 지점 바로 옆에 붙여주세요.

⑬ 바디 위쪽에는 11번에 만들어 놓은 고리를 사진처럼 본드로 붙여주세요.

⑭ 골뱅이와 그 위에 얹은 바디, 고리 위에 본드를 넉넉히 골고루 잘 칠해주고

⑮ 그 위에 하나 더 만들어 놓은 골뱅이를 끝나는 점끼리 만나도록 잘 붙여주세요(16번 빨간부분 참고).

⑯ 이렇게 골뱅이 끝나는 지점끼리 바디 양쪽에 있어야 실용적이에요.

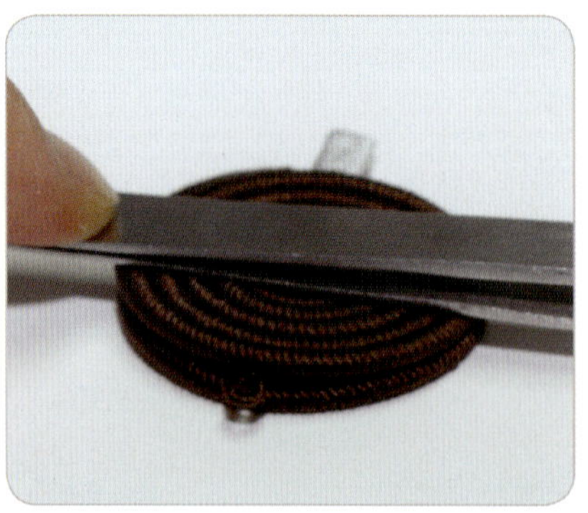

⑰ 핀셋으로 전체적으로 지긋이 눌러주고 무거운 책 등으로 약 20분간 눌러놓으세요.

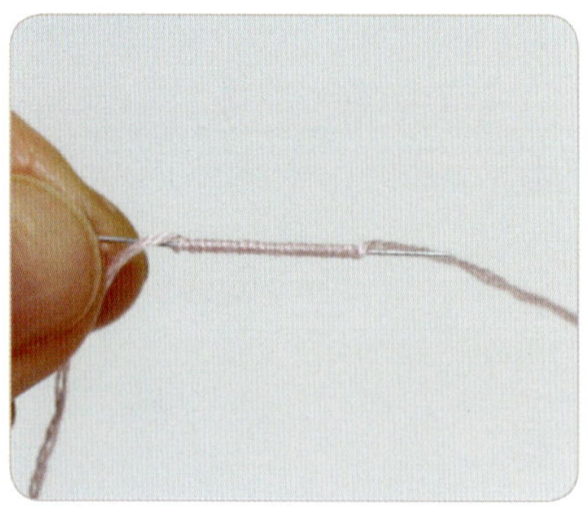

⑱ 26호 와이어 4cm에 디엠씨 면사 604번 30cm 3가닥으로 중앙감기 하세요.

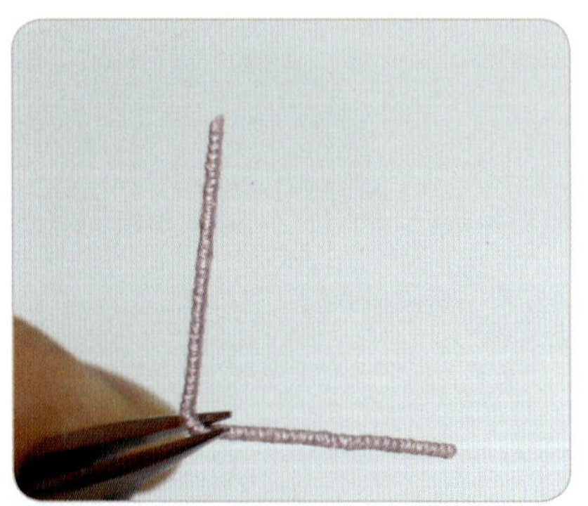

⑲ 18번에 감아놓은 와이어를 핀셋으로 반 접어 주세요. 완전히 각이 나오도록 꺾어주세요.

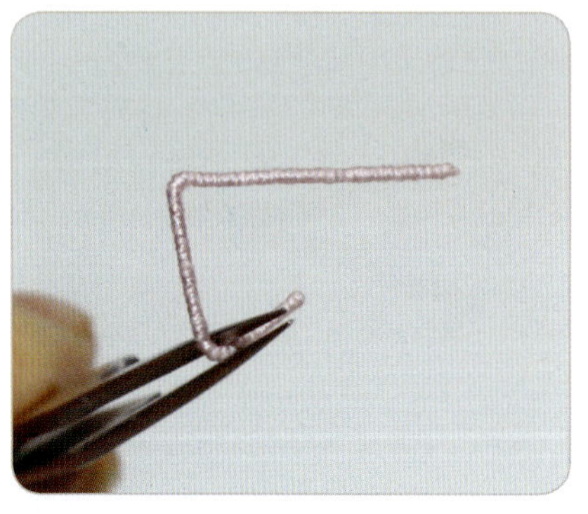

⑳ 꺾어놓은 한쪽 와이어의 절반을 둥글게 접어 내리세요.

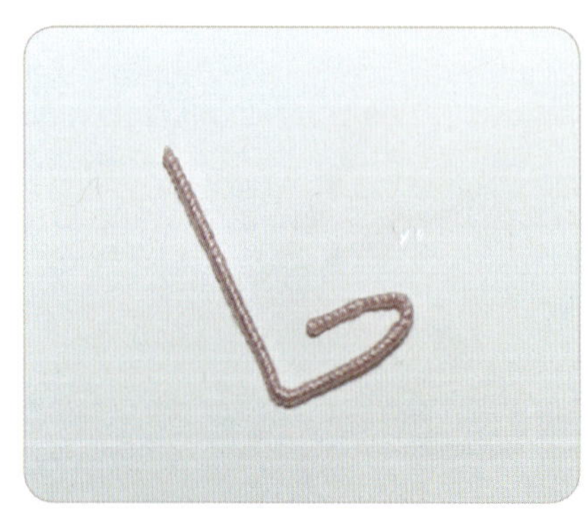

㉑ 사진처럼 이렇게요.

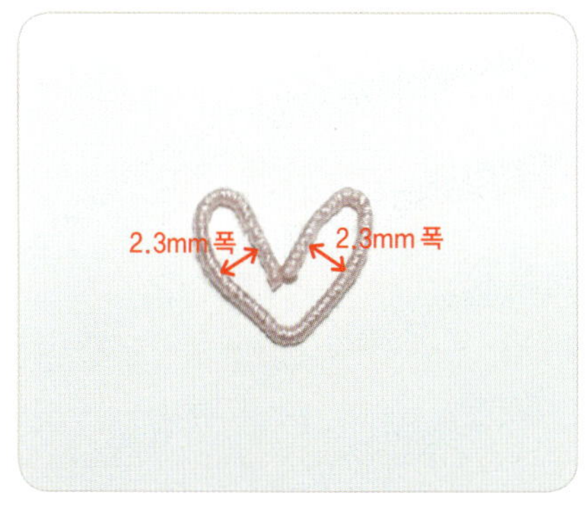

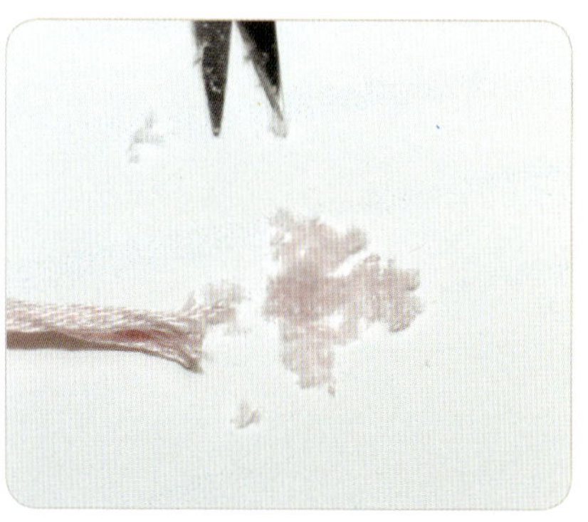

22 나머지 반대쪽도 접어내려 하트가 되도록 모양을 만드세요. 하나 더 똑같이 만드세요. 이때 하트 속 공간은 ss6 핫픽스가 들어갈 정도로만 하면 됩니다.

23 사탕 한가운데 하트를 핀셋으로 잡고 본드칠해서 붙여주세요. 뒤쪽도 똑같이 해주세요.

24 하트를 감고 남은 핑크실을 아주 곱게 가위로 다지듯 잘라주세요.

25 하트 속에 본드를 얇고 고르게 칠해주세요.

26 24번에 잘라놓은 실을 핀셋으로 옮겨 촘촘히 붙여주고 만약 덜 채워지면 다시 본드를 칠해서 붙여주세요.

27 하트 속에 로즈 핫픽스를 촘촘히 채우듯 붙여주세요. 사진은 ss10번으로 붙였는데 이것보단 작은 걸 채우는 게 더 예뻐요. 사탕에도 밤색 핫픽스를 땡땡이로 붙이세요.

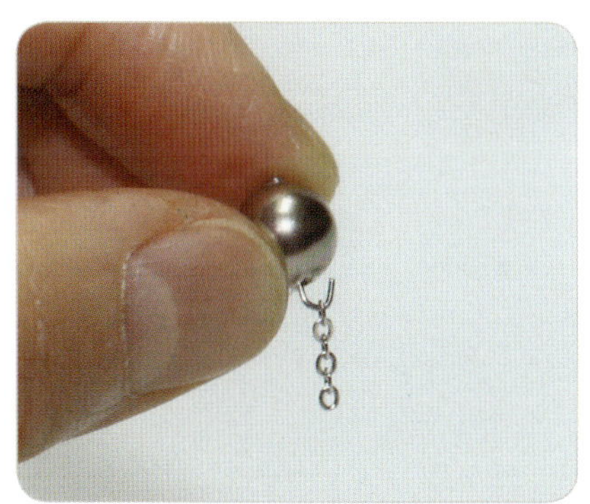

28 진주에 T침을 끼우고 구자말이로 고리를 만든 후 체인 5칸을 연결해 고정하세요.

29 사탕 고리에 O링을 걸고 O링엔 나머지 체인 3.5cm정도를 연결해 주세요.

30 핸드폰 고리에 진주체인과 사탕체인을 걸면 완성이에요.

#19

빼빼로 핸드폰 고리

Pepero Cell Phone String

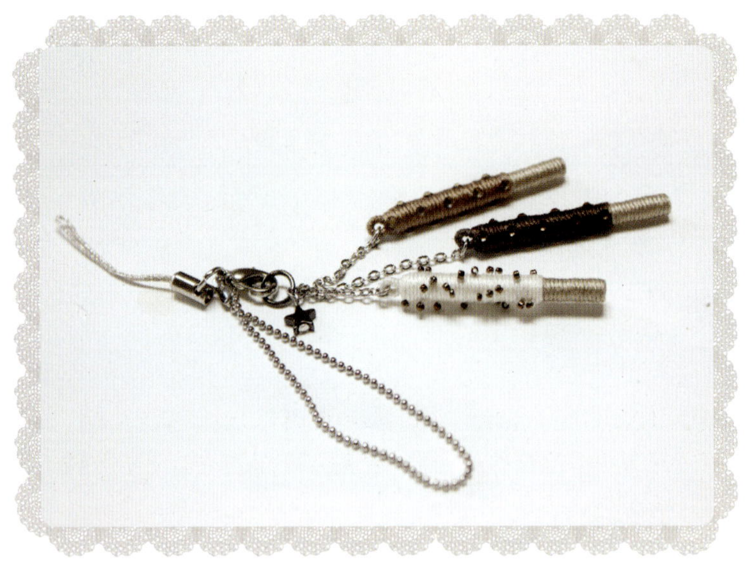

#19 빼빼로 핸드폰 고리

11월 11일 빼빼로 기념일에
꼭 챙겨야 할 아이템!
초코, 누가, 화이트에 아몬드까지.
깜직하지만 크리스탈 때문에
고급스럽기까지...
가벼워서 더 좋아요.

How to make

준비물 : 앵커 면사 1080번 480cm, 360번 60cm
926번 60cm, 379번 60cm
핸드폰 줄, 20호 와이어 4.5cm x3개
헤마타이트 별모양 x1개, T침 x1개
O링 중간 사이즈 x4개, 큰 사이즈 x1개
백금체인 약 8cm
일제 씨드비즈 아몬드색 x30개
핫픽스 ss6 스모크 토파즈 x18개
ss6 라이트 콜로라도 토파즈 x18개

완성품 크기 : 가로 약 0.5cm×세로 약 4cm
〈빼빼로 한 개 기준〉

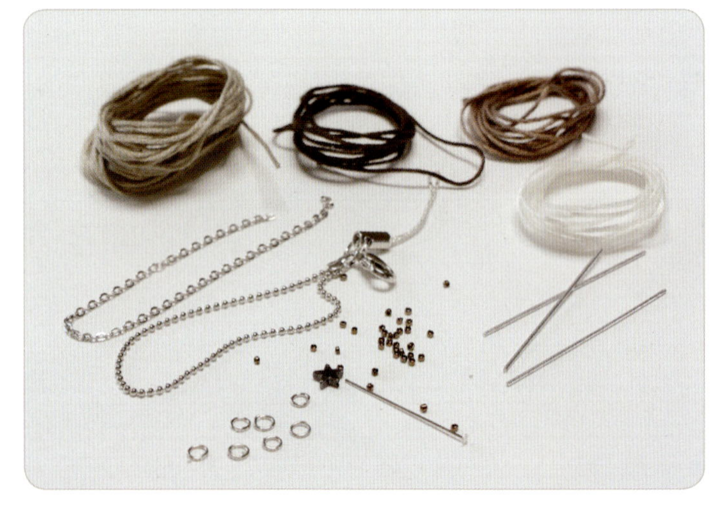

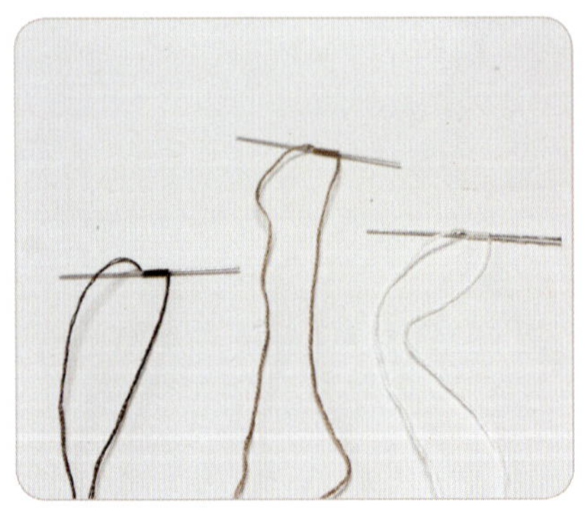

01 20호 와이어를 4.5cm로 3개 잘라 초코, 화이트, 누가색 50cm 3가닥으로 중앙감기 하세요.

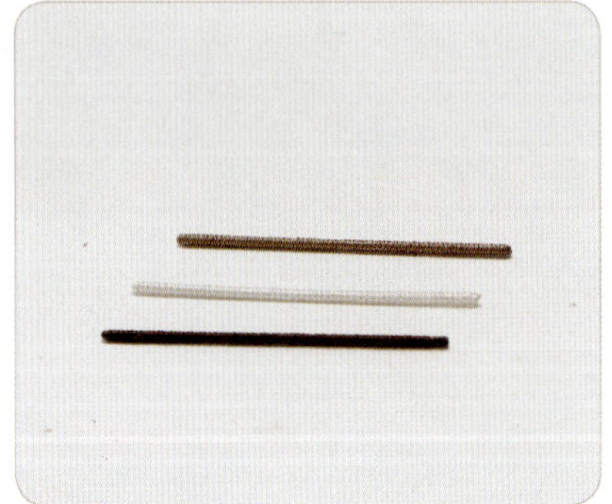

02 이렇게 촘촘히 각각 감아놓고 양쪽 끝을 코팅을 잘 해놓습니다. 그 중 하나를 가지고(누가색을 예로 듦)

03 한 쪽 끝에 구자말이를 대고 양 손목을 둥글려

04 사진처럼 고리를 만들어 주세요. 이때 고리가 크면 안 예뻐요.

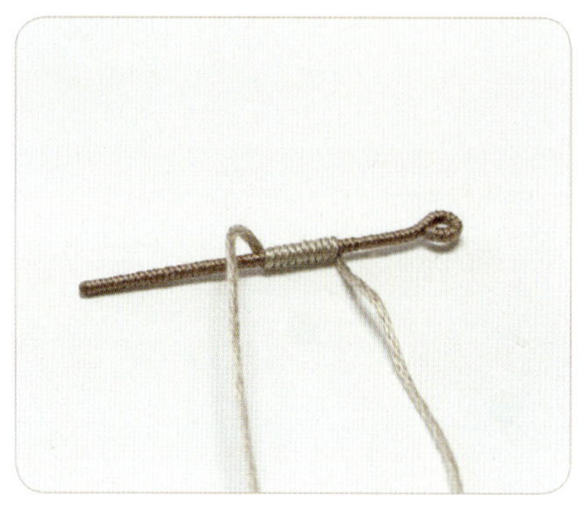

05 과자색(앵커 면사 1080번) 90cm로 중앙감기를 합니다(고리부분 빼고 나머지 길이의 중앙부분에서 시작).

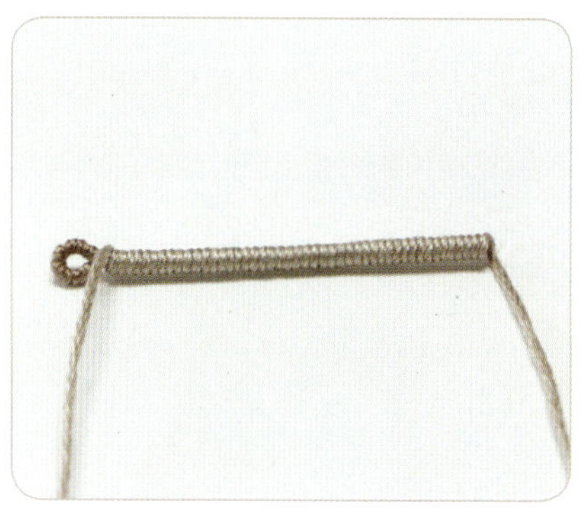

06 양쪽으로 쭉 감았으니 양쪽 모두 실이 남을텐데 자르지 말고 이중감기를 하세요.

p.27 기본기법 중 이중감기 참고

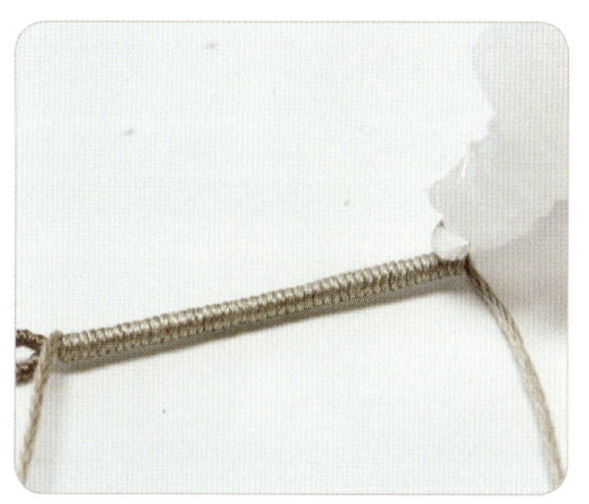

07 끝쪽에서 1cm 정도 감아놓은 과자색 전체에 본드를 얇게 칠하세요.

08 본드칠 한 위에 실을 그대로 얹어 촘촘히 중앙까지 감아오세요.

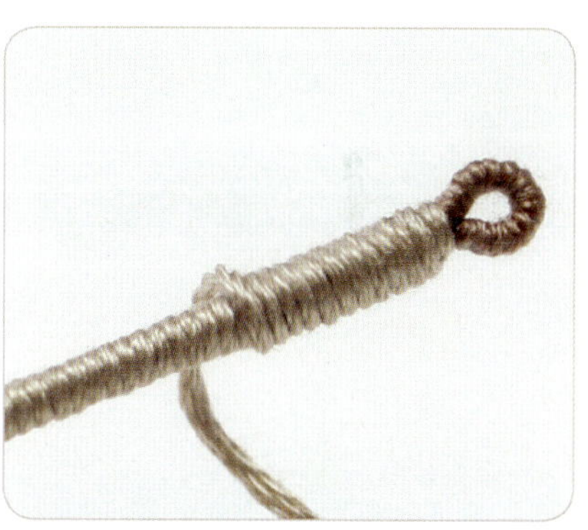

09 고리 있는 쪽도 똑같은 방법으로 이중감되 중앙지점까지 감아옵니다.

10 중앙의 실이 만나는 지점에 본드를 깨알 반만큼 톡 칠하고

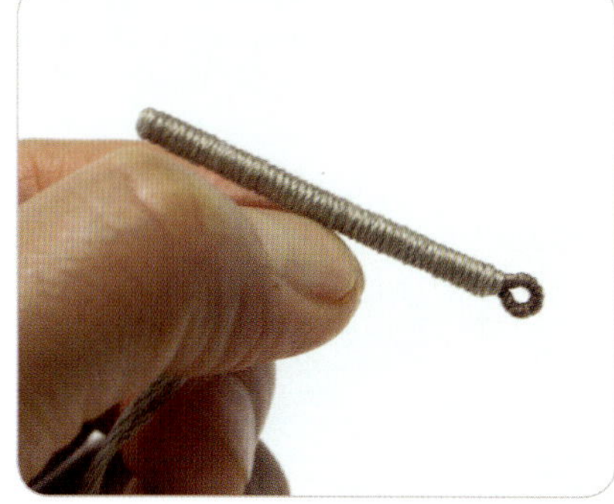

11 본드칠 한 곳에 실끼리 붙도록 손으로 잡고 세 번 정도 꼬아주어 잘 붙인 뒤

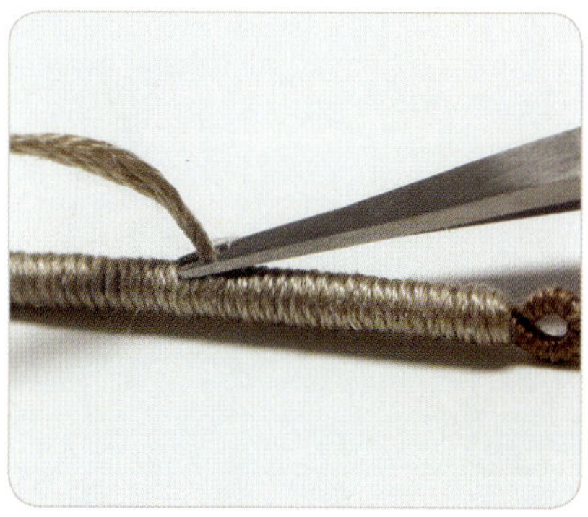

12 가위로 바짝 자르고 자른 곳 위에 본드를 깨알 반만큼 톡 칠하고

⑬ 본드칠 한 곳을 오른손으로 한 번, 왼손으로 한 번 지긋이 힘주어 실감은 방향으로 돌려주세요.

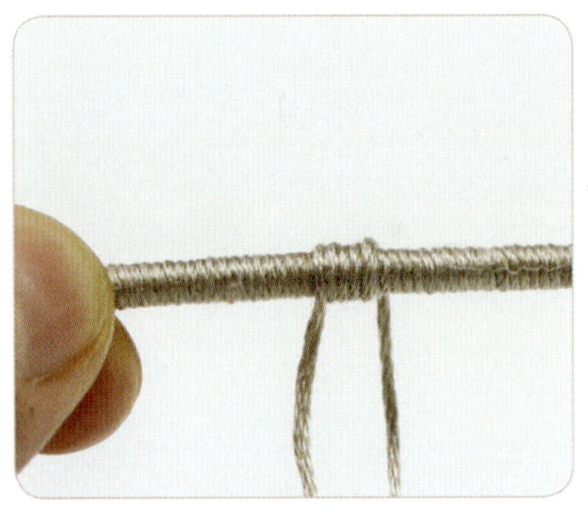

⑭ 다시 과자색(앵커 면사 1080번) 70cm로 고리를 뺀 과자 부분의 중앙지점에서 중앙감기 하세요.

⑮ 거의 다 감았을 때쯤 다시 한 번 본드칠 하고

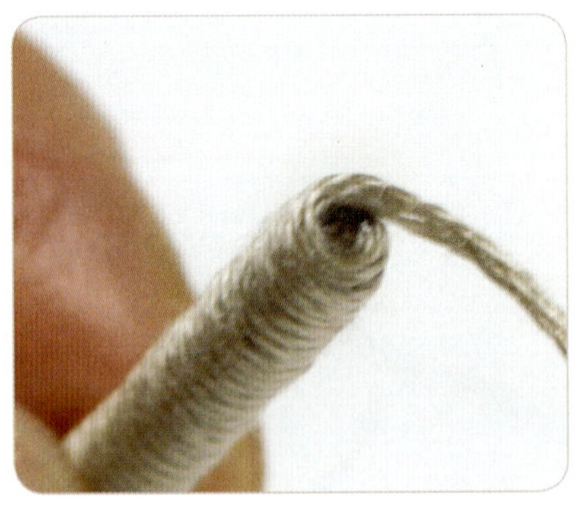

⑯ 실을 인위적으로 동글게 말아 옆면까지 붙도록 해준 뒤

⑰ 옆면쪽에서 가위로 바짝 자르고 자른 자리에 본드를 깨알 반만큼 톡 칠한 후

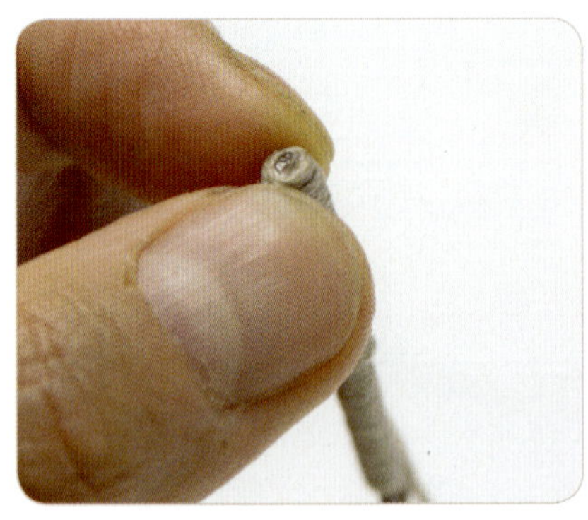

⑱ 본드칠 한 곳을 오른손으로 한 번, 왼손으로 한 번, 실감은 방향으로 지긋이 힘주어 돌려주면 코팅이 끝납니다.

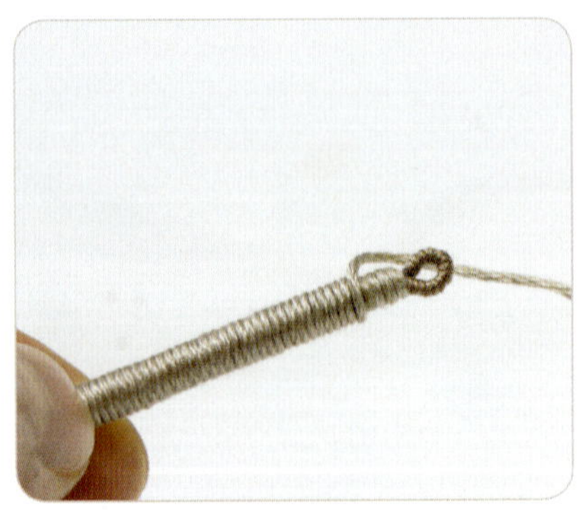

⑲ 고리쪽도 촘촘히 감아주고

⑳ 고리 바로 아래서 가위로 바짝 자르고 코팅해주세요.

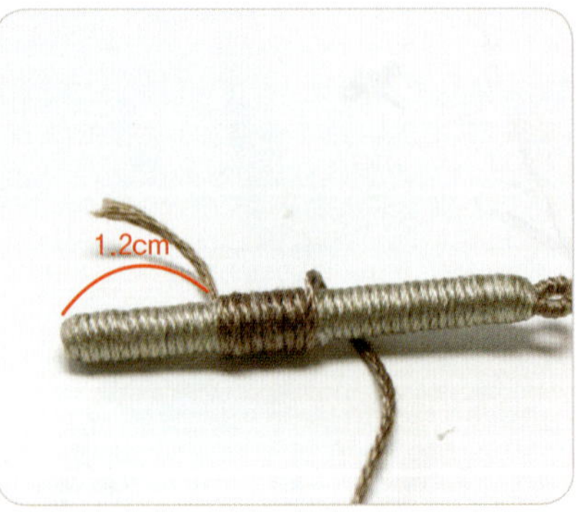

㉑ 누가색 379번 60cm로 고리 반대쪽에서 1.2cm 떨어진 곳에서 여유분 1cm 정도 남기고 감기 시작합니다(본드는 전체적으로 얇게 칠하면서 감으세요).

㉒ 과자색이 모두 누가색으로 덮이면 고리 바로 밑에서 가위로 바짝 자르고 코팅하세요.

㉓ 아래쪽도 자연스럽게 가위로 비스듬히 자른 후 그 위에 본드를 조금만 칠하고 손으로 두세 번 문질러 코팅해주세요.

㉔ 이와 같은 방법으로 각 고리색과 같은 색이 되도록 초코, 화이트도 마저 완성하세요.

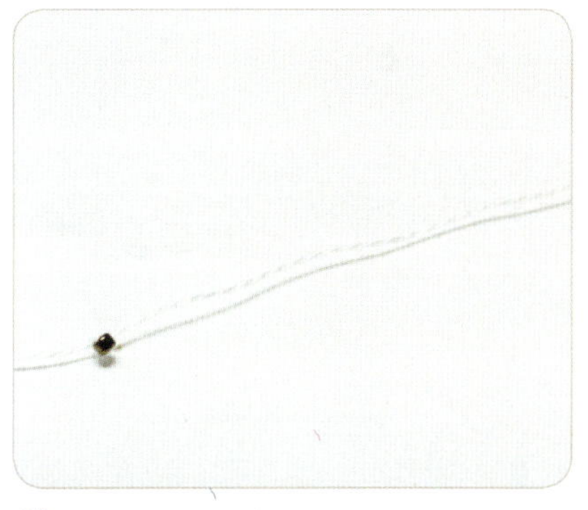

㉕ 화이트 초코실 1가닥 50cm에 일제 씨드비즈를 10cm 떨어진 곳에서 하나 묶어놓고 1~2cm 간격으로 묶어 고정하세요.

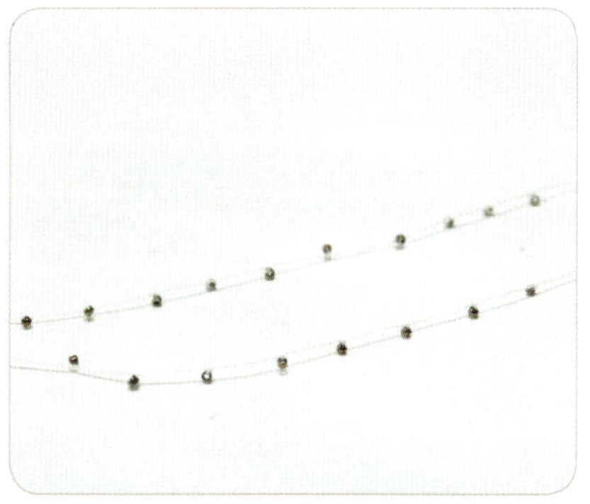

㉖ 이렇게 30개 정도 묶었으면

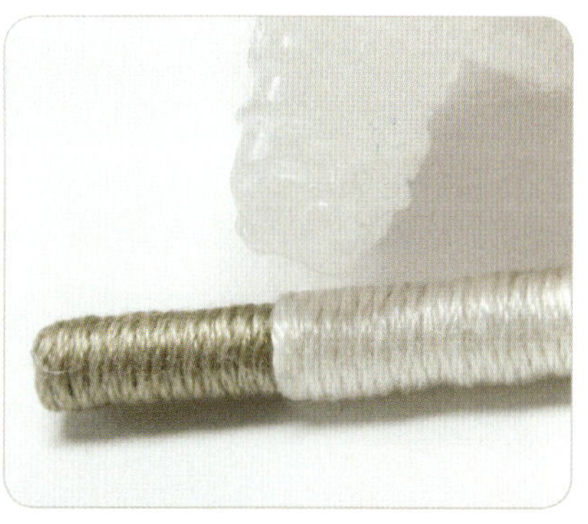

㉗ 사진처럼 과자 시작점 화이트초코 부분 0.5cm정도에 전체적으로 본드를 얇게 칠해주세요.

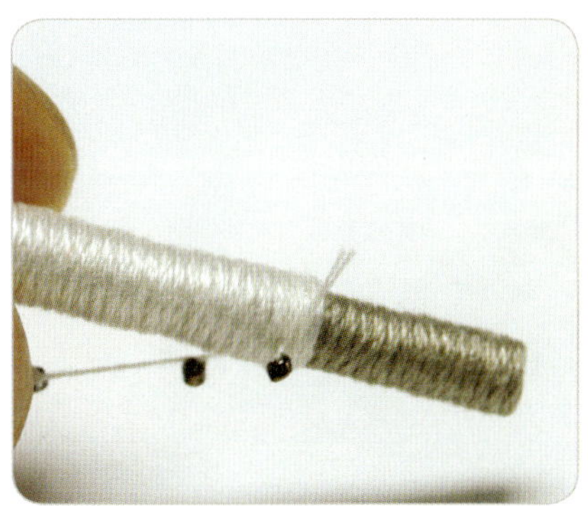

㉘ 본드칠 한 곳에 집중적으로 비즈 시작 전 남긴 10cm 여유분의 실을 촘촘히 감아 붙여주세요.

㉙ 나머지 씨드가 묶인 부분은 본드 없이 약간 힘있게 촘촘히 화이트 초코 부분에 돌돌 감아주세요. (일단 한 번 감아보고 안 예쁘면 다시 감아서 골고루 오게끔)

㉚ 고리 바로 밑에서 0.5cm 부분 정도에 본드를 전체적으로 얇게 칠해서 나머지 비즈 없는 여분실을 28번처럼 촘촘히 감아주고 가위로 바짝 자른 뒤

31 그 위에 본드를 조금 칠해 코팅해주세요.

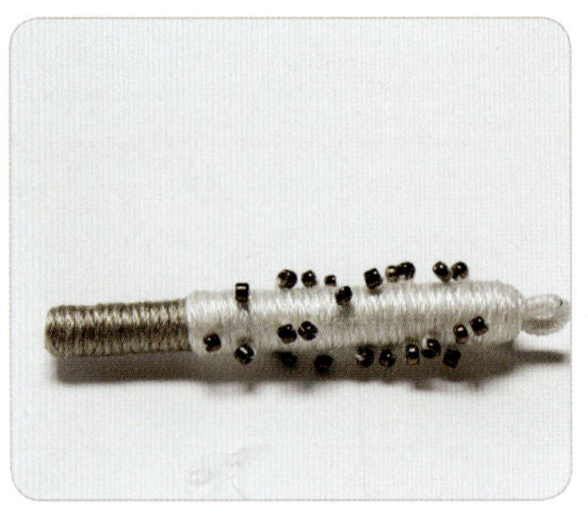

32 사진처럼 화이트 아몬드 빼빼로를 완성해 놓고

33 누가 빼빼로에 ss6 라이트 콜로라도 토파즈를 간격을 나누어 동쪽에 5개 붙이고 서쪽에도 똑같이 5개 붙이세요.

34 이번엔 동쪽과 서쪽에 5개 붙인 픽스 사이에 4개를 붙이고 반대쪽에도 똑같이 핫픽스 4개를 붙이세요. 이렇게 4면에 픽스를 붙여주면 됩니다.

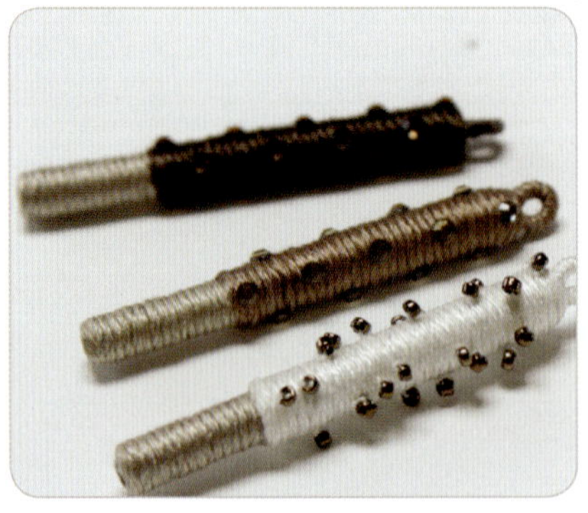

35 초코도 ss6 스모크 토파즈 색으로 누가랑 똑같은 방법으로 붙여주세요.

36 중간 O링엔 체인을 각각 1.5cm, 2.5cm, 3.5cm로 잘라 연결한 후

37 빼빼로 고리에 사진처럼 O링이 서로 어긋나 겹치도록 꽉 고정시키세요.

38 각각 원하는 길이에 하나씩 O링을 연결해 놓고

39 체인의 위쪽은 나머지 중간 O링으로 모두 연결해 놓아요.

40 헤마타이트를 T침에 끼워 구자말이로 고리를 만들어 놓고

41 39번 사진의 O링과 별고리를 큰 O링에 걸어 고정하고

42 핸드폰 고리에 연결하면 됩니다.

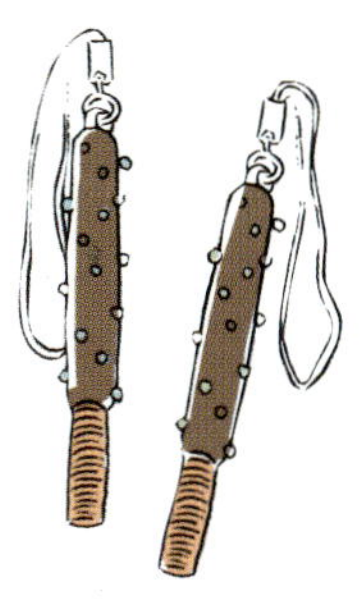

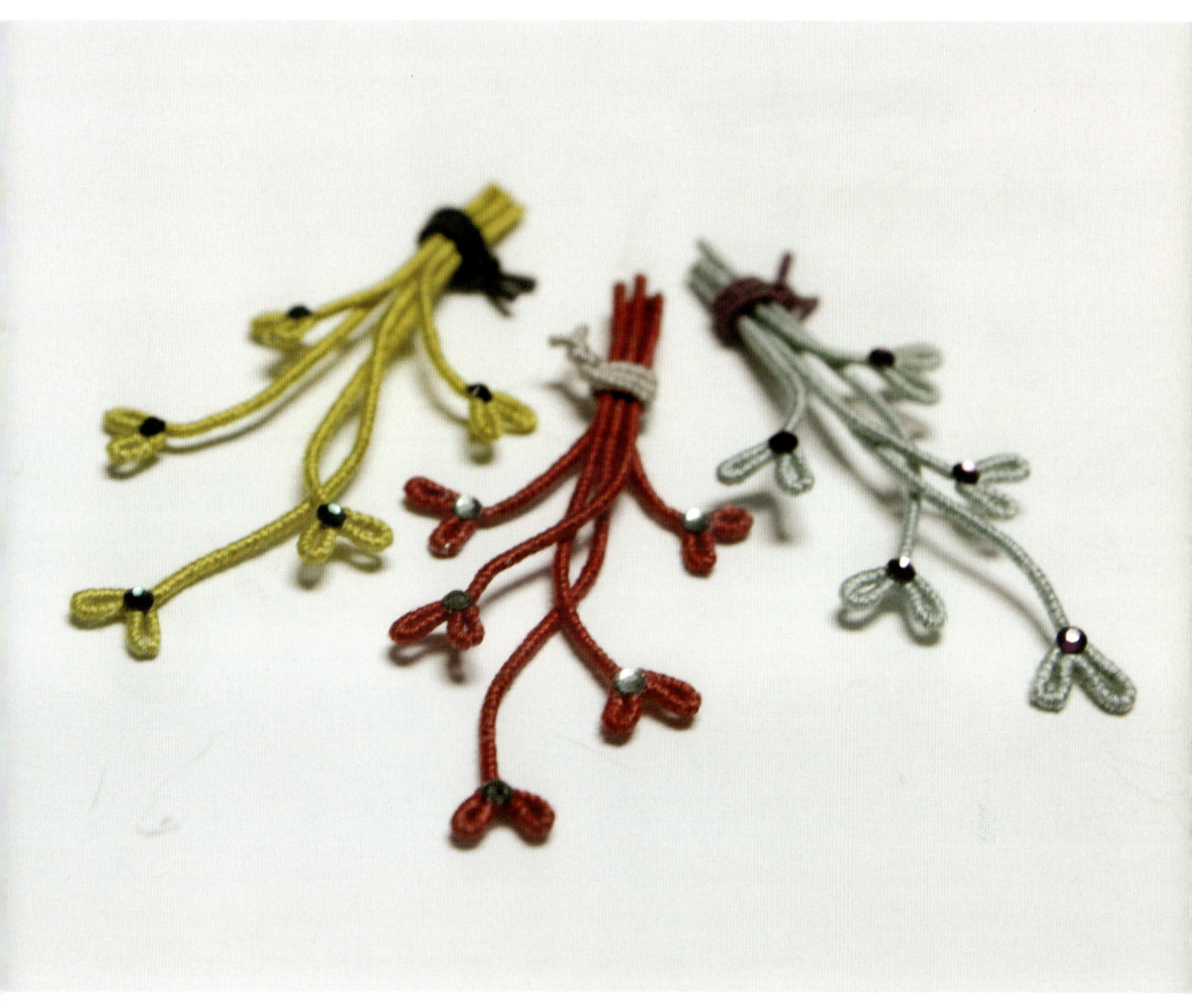

#20

새싹 묶음 헤어핀

Sprout Bundle Hairpin

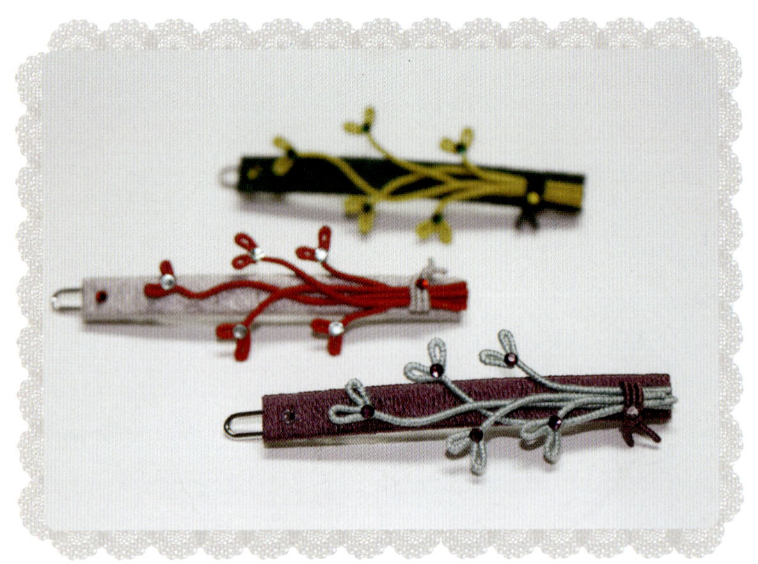

#20 새싹 묶음 헤어핀

이렇게 회화적인 머리핀 보셨나요?
작은 새싹들을 모아 묶어 놓은 디자인이에요.
자연스런 웨이브와 단순하지만
예술적인 디자인이
멋지있게 포인트를 줄 수 있어요.

H o w t o m a k e

준비물 : 앵커 면사 206번 250cm,
873번 170cm

0.5mm 와이어 26cm

200pvc 0.6x 6.2cm

핫픽스 ss6 아메띠스트 x5개
ss6 라이트 아메띠스트 x2개

6cm 짜리 수동형 머리핀대

26호 와이어 6cm x1개

완성품 크기 : 가로 약 2cm×세로 약 6cm

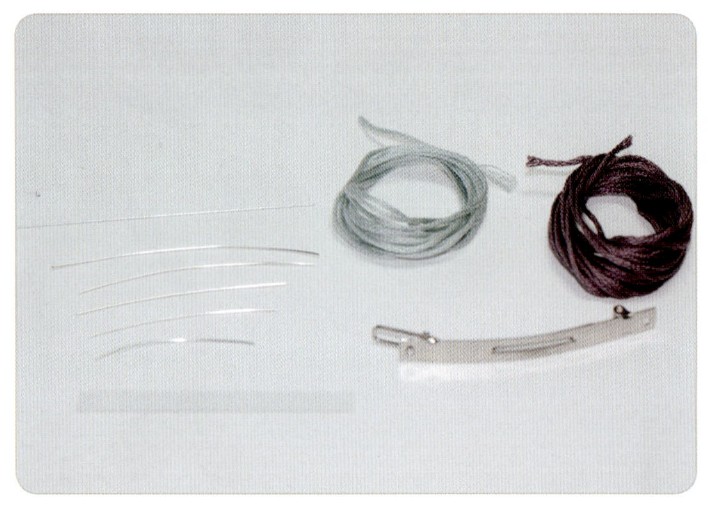

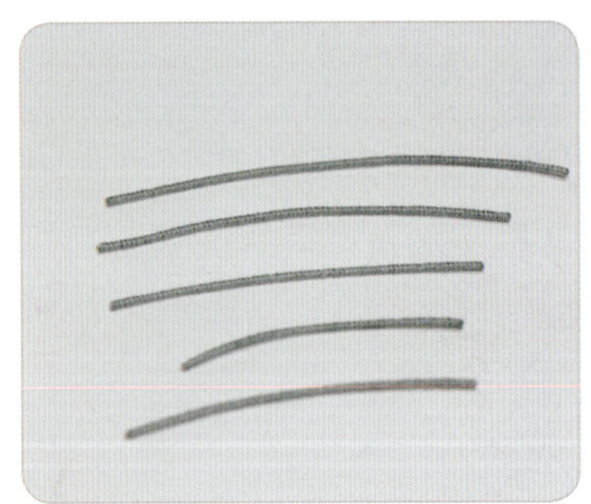

01 0.5mm 와이어를 6.5cm, 5.5cm, 5cm, 4.5cm, 4cm로 자르고 앵커 면사 206번을 각각 50cm로 잘라 4가닥으로 중앙감기 하세요.

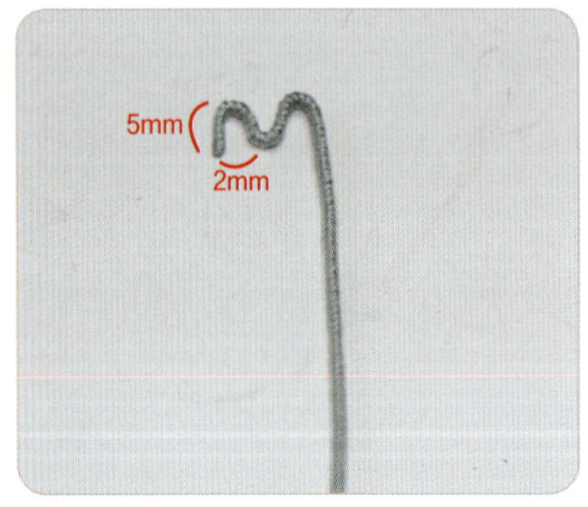

02 와이어 길이에 상관 없이 길이 5mm, 폭 2mm 정도의 웨이브 두 개씩 만들어 주세요.

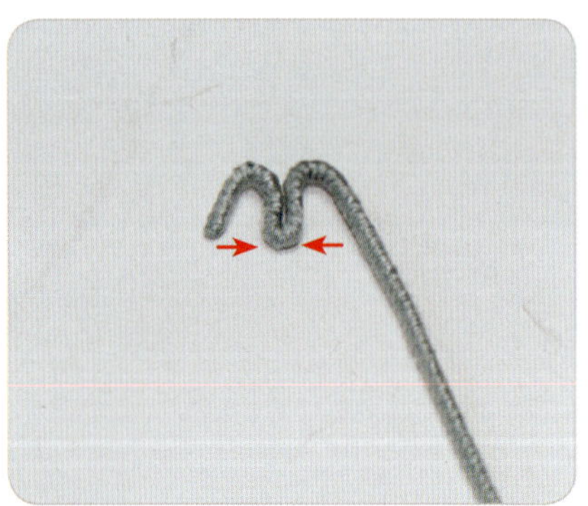

03 롱로즈를 이용해 아래쪽을 화살표 방향으로 모아주세요.

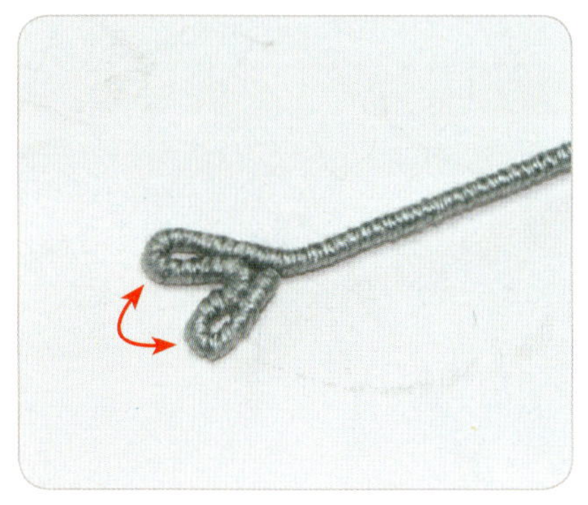

04 빨강표시 부분을 서로 벌려서 아래쪽을 모아 사진과 같이 새싹 모양을 만들어 주세요.

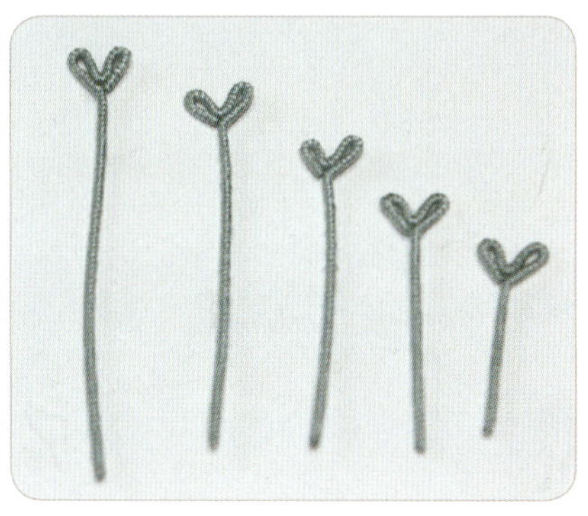

05 나머지 4개도 모두 완성해 주세요.

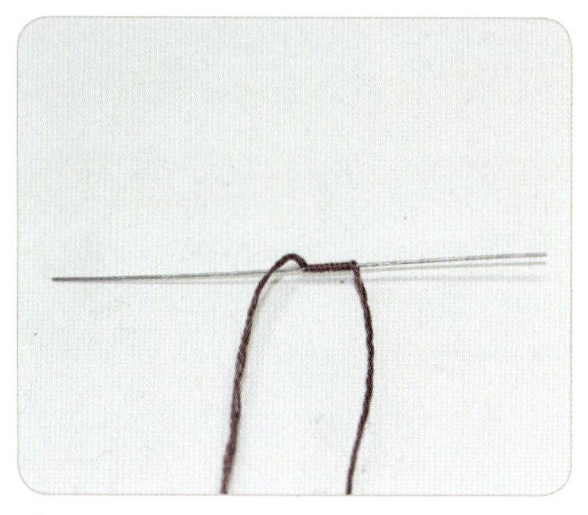

06 26호 와이어 6cm에 앵커 면사 873번 50cm 3가닥으로 중앙감기 하세요.

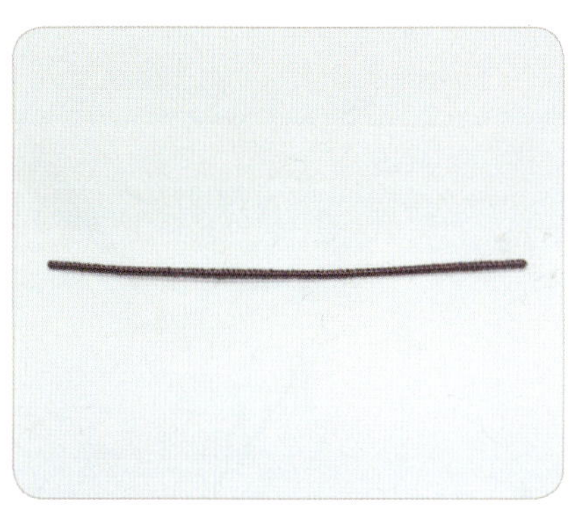

07 와이어가 휘지 않도록 잘 감아놓고요.

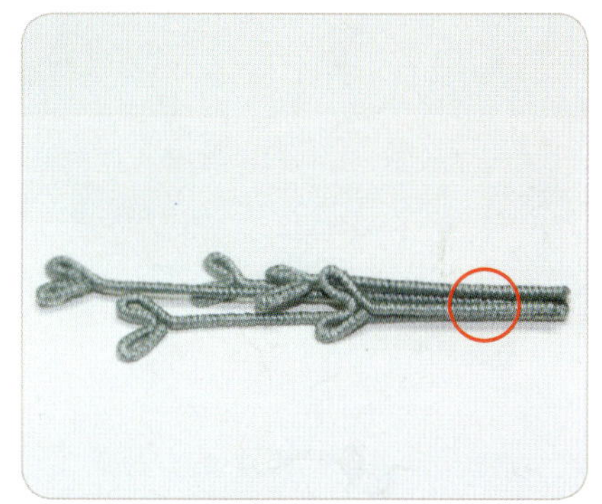

08 만들어 놓은 새싹을 키가 큰 건 아래쪽에 3개, 작은 건 윗쪽에 2개 순으로 모아주세요(이때 줄기 아래쪽 서로 닿는 부분에 본드를 얇게 조금 칠해서 모아주면 작업 시 편리해요).

09 07번에 감아놓은 끈으로 세 번 정도 꽉 돌려주세요(이때 끈이 묶이는 새싹 부분에 전제척으로 얇게 본드칠 해서 감으면 튼튼합니다).

10 사진처럼 3번 정도 묶고선 옆에서 꼬아주고 남은 길이는 알맞게 남기고 자르세요. 그리고 반드시 코팅해주세요.

11 그럼 새싹들이 원하지 않는 모양새로 조금 틀어져 있을 수 있어요. 아무튼 긴 길이만 아래쪽으로 3개를 보내주도록 다시 손으로 조정해 주세요.

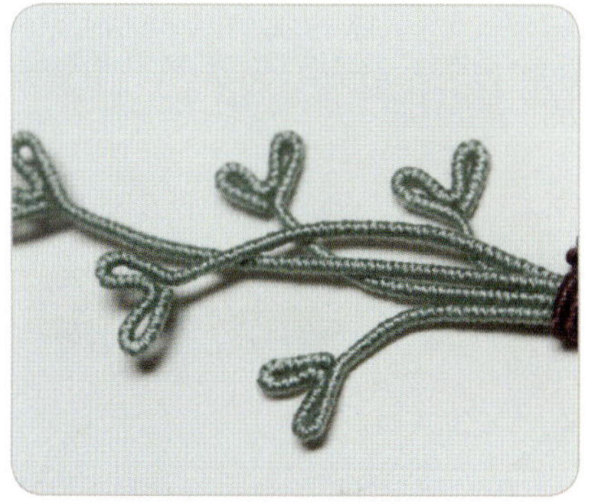

12 그 다음 사진과 같이 가지를 자연스럽고 예쁘게 손으로 휘어주세요.

⑬ 내 맘대로 모양을 휘어도 되고 사진처럼 휘어줘도 좋아요.

⑭ 새싹 가운데에 ss6번 아메띠스트 핫픽스를 붙여주세요.

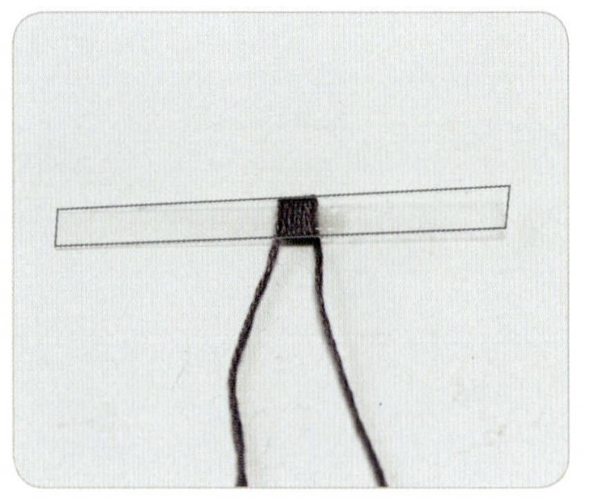

⑮ 200pvc를 0.6×6.2cm로 오려주고(p.343 실물본 참고) 앵커 면사 873번 170cm 4가닥으로 가운데부터 중앙감기 하세요. 촘촘히 손톱으로 실과 실 사이를 좁혀 주면서요.

⑯ 기본기법 중 사각 pvc에 실감기(p.26)를 참고해서 마무리 코팅까지 잘해주세요.

⑰ 기본기법 핀대붙이기(p.31)를 참고하여 핀대가 열리는 부분보다 핀바디가 튀어나오지 않도록 글루건을 이용해 일직선으로 잘 붙여주세요.

⑱ 핀셋으로 새싹가지를 잡고 줄기 모아진 부분과 새싹줄기가 핀대에 붙는 부분에 1mm 두께로 본드칠을 해주세요.

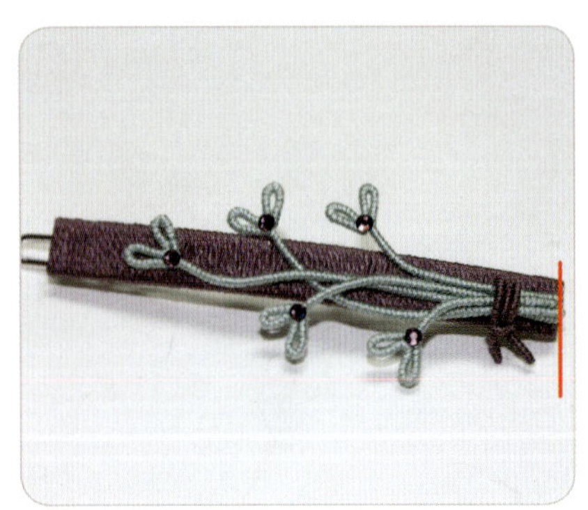

⑲ 그대로 가만히 얹어주되 핀대 열리는 곳 반대쪽과 꽃 묶은 아래쪽이 거의 일직선에 오도록 붙여주세요.

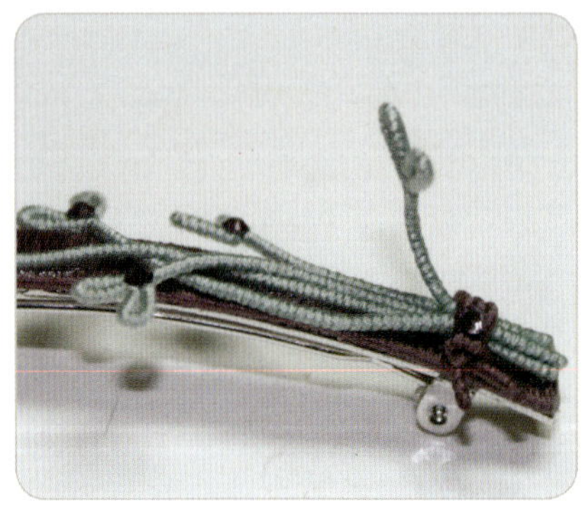

⑳ 위쪽에 얹어진 새싹들은 본드가 묻어 있지 않거나 핀대에 덜 붙어있을 수 있으니 사진처럼 한 가지 한 가지 들춰서 다시 한 번 본드칠해서 고정해주세요.

㉑ 핀대 맨위와 새싹 묶은 끈에 ss6 라이트 아메띠스트 핫픽스를 붙여주면 됩니다.

★ 그 밖의 추천컬러

핀대 색상 : 앵커 면사 878번
새싹 색상 : 앵커 면사 270번
핫픽스 : ss6 에메랄드, ss6 시트린

핀대 색상 : 앵커 면사 397번
새싹 색상 : 앵커 면사 13번
핫픽스 : ss6 크리솔라이트, ss6 라이트 시암

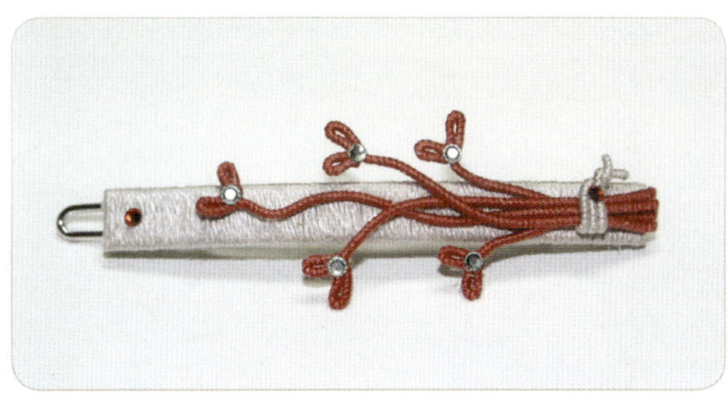

귀여운 새싹을 여러 색으로 만들어서 선물포장이나 북아트 등에 이용해 보세요. 새롭고 예쁠 거예요.

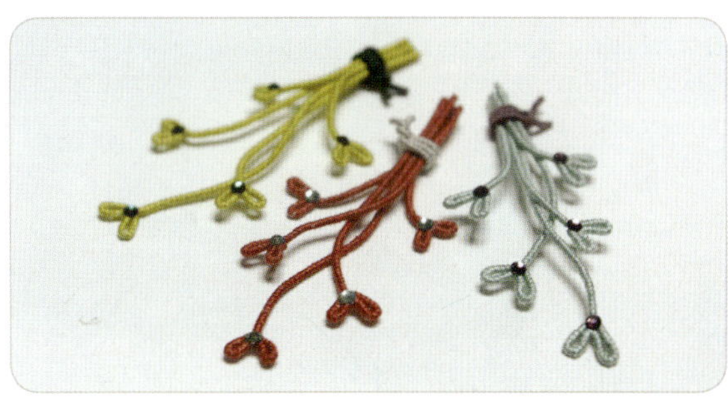

CUBE SPARKLE SPLENDOR

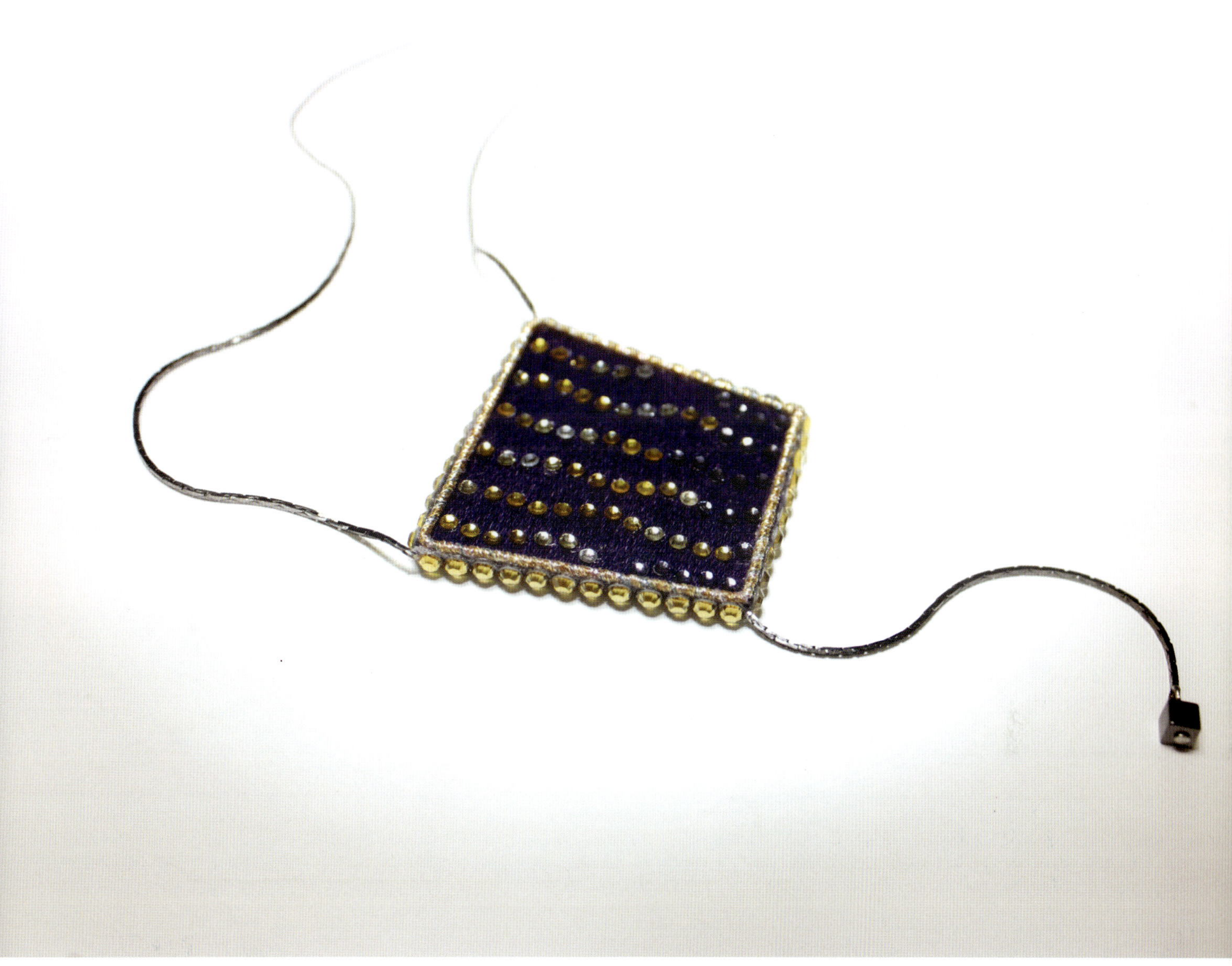

#21

큐브 스톤 프레임 목걸이

Cube Stone Frame Necklace

#21 큐브스톤 프레임 목걸이

개성있는 직사각형 프레임으로
만든 초크형 목걸이예요.
화려한 스톤장식에서 고급스러움을
가득 느낄 수 있어요.
파티모임이나 눈에 띄고 싶은 장소에 갈 때
꼭 착용해 보세요.
반드시 돋보일 거예요.

How to make

준비물 : 앵커 면사 112번 560cm
구터만 메탈사 7020, 7026번 각각 2m씩
ophir 300번 2m, 22호 와이어 15cm x2개
목걸이 체인 50cm, T침 x1개, O링 x2개
목걸이 마감장식, 0.5pvc 4x4cm
투명실 60cm
핫픽스 ss10 라이트 토파즈 x47개
핫픽스 ss6 라이트 토파즈, 시트린, 존킬,
토파즈, 탄자나이트 x약 30개 정도씩

완성품 크기 : 가로 4cm×세로 4cm(팬던트 크기)

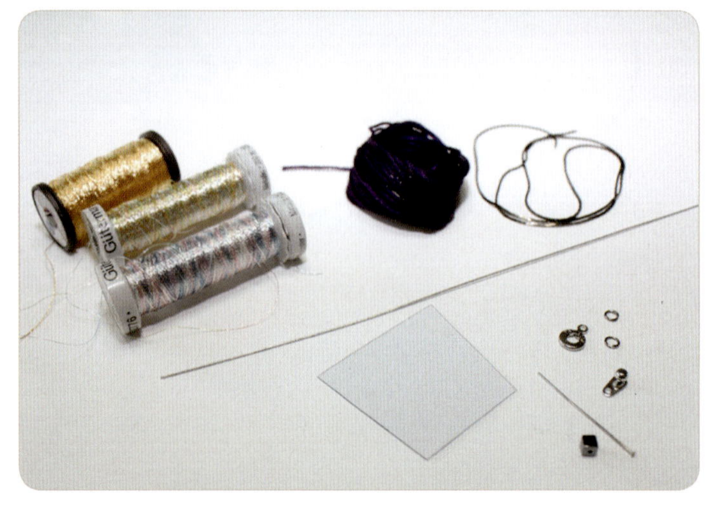

01 22호 와이어 15cm에 1m로 자른 구터만과 ophir 메탈사 3가지를 섞어 동시에 중앙감기 하세요.

02 와이어가 휘지 않도록 완전히 감아주고 코팅도 하세요. 똑같이 한 개 더 만드세요.

03 잘라놓은 pvc 바디(p.343 실물본 참고)를 사진처럼 놓고 본드를 앞뒤로 얇게 골고루 칠해서 앵커 면사 112번 560cm로 중앙감기 하세요(가장자리에 본드칠을 잘해야 실이 붙어요).

04 바디가 좁아지는 곳은 실과 실 사이가 벌어지게 되므로 그럴 경우엔 그 즉시 양 손톱으로 내리고 감고 내리고 하는 식으로 끝까지 촘촘히 감으세요.

05 기본기법 중 사각바디에 실감기(p.26)를 참고해서 코팅도 튼튼히 해주세요.

06 02번에 감아놓은 와이어를 사진과 같은 위치에 올려놓고 사각모양을 따라 롱로즈로 구부려주세요.

07 꺾어지는 부분은 확실히 각을 살려 줍니다(롱로즈로 완전히 꺾어주면 돼요).

08 사각라인에 딱 맞도록 프레임을 만들어야 예뻐요.

09 남은 길이는 니퍼로 잘라내고

10 한 쪽 와이어를 살짝 들어 올린 상태로 놓고 잘라낸 곳을 코팅한 후 다시 제자리에 놓으세요. 이것을 한 개 더 만듭니다.

11 만들어진 2개의 사각 프레임 바디에 앞뒤로 본드칠해서 붙여주세요. 만약 본드가 튀어나오면 핀셋으로 제거하세요.

12 목걸이 체인 양 끝에 투명실을 3번 묶어주고 그 투명실은 바디 옆쪽에 본드를 칠해서 사각바디를 따라 죽 둘러 붙이세요(빨간선이라고 보면 돼요).

⑬ 반대쪽 체인도 마찬가지로 투명실로 묶어주고 사진의 빨간선을 따라 사각바디 옆에 본드칠해서 잘 붙여주세요.

⑭ 체인을 7cm정도 잘라 똑같이 투명실로 묶어주고 사각바디의 옆쪽에 본드칠 하고 사각라인을 따라 붙여주세요.

⑮ 그럼 사진처럼 완성이 되지요?

⑯ 사각 헤마타이트를 T침에 끼워 구자말이를 이용해 고리를 만들어 주세요.

⑰ 7cm로 내린 체인의 아래쪽에 달아 고정하세요.

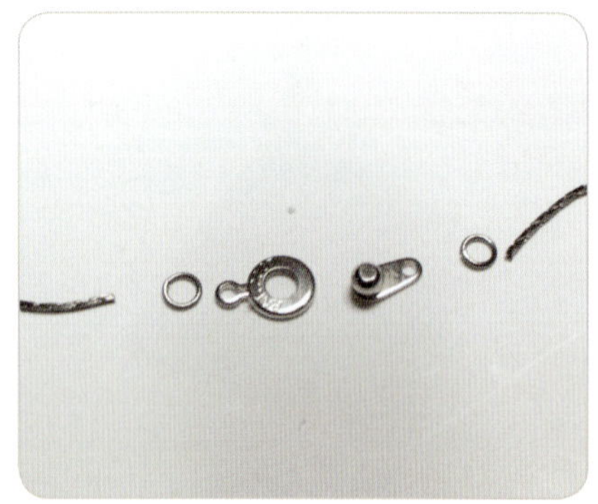

⑱ 윗쪽도 O링을 이용해 목걸이 마감 장식을 고정해주세요.

⑲ 사각바디 윗쪽에 ss10번 라이트 토파즈 핫픽스를 나란히 13개 붙여주어 옆면의 지저분한 상태를 덮어 주세요.

⑳ 양 옆쪽엔 12개씩 붙여 덮어 주고

㉑ 사각바디 아래쪽은 10개를 붙여 사진처럼 완성하세요. 인두기를 사용할 때 투명실이 인두기에 닿지 않도록 주의하세요.

22 사각 윗쪽에는 ss6번 토파즈-라이트 토파즈-시트린-존킬-탄자나이트를 그라데이션으로 붙여주세요.

23 정해진 건 없어요. 취향에 맞도록 멋진 웨이브를 만들면서 붙여주시면 돼요.

24 빛에 따라 반짝반짝 무척이나 화려하고 고급스러운 목걸이가 완성됩니다.

B O N U S T I P

이 목걸이는 원색으로 만드는 게 훨씬 예뻐요.
취향에 맞는 면사를 선택하고 그에 대비되는 크리스탈 색상을 정해서 다르게 작업해 보세요.

ethnic fashion

ethnic fashion

#22

에스닉 스타일 목걸이

Ethnic Style Necklace

#22 에스닉 스타일 목걸이

한여름엔 바다빛 파랑
선선한 가을이 오면 은행잎 그린...
이렇게 양면으로 사용할 수 있는
목걸이예요.
에스닉한 디자인에 금장장식 효과와
고급스러움까지.
멋쟁이라면 꼭 가지고 있어야 할 디자인이예요.

How to make

준비물 : 0.5pvc 50x30cm
230pvc 8x2cm
앵커 면사 1089, 279번 각각 700cm씩
앵커 메탈사 318번, 디엠씨 메탈사 E 898 각각 110cm씩
신주체인(폭 0.5cm 정도) 70cm
신주 0.6cm 지름의 O링 x2개, T침 5cm x3개
앵커 diadem 특수사 300번 150cm
사각터키석(지름 약 2~3cm),
원형터키석(지름 약 1~1.5cm),
산호석(지름 약 1~1.5cm)
핫픽스 ss6라이트 토파즈 x15개
ss10 시트린 x4개, ss10 존킬 x4개
ss10 라이트 토파즈 x4개
ss10 컬러풀하게 x20개
ss6 올리바인 x122개

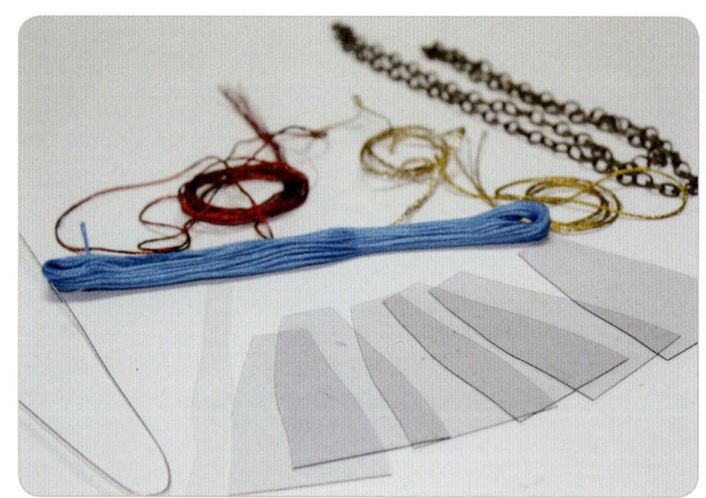

완성품 크기 : 가로 4.5cm×세로 9cm

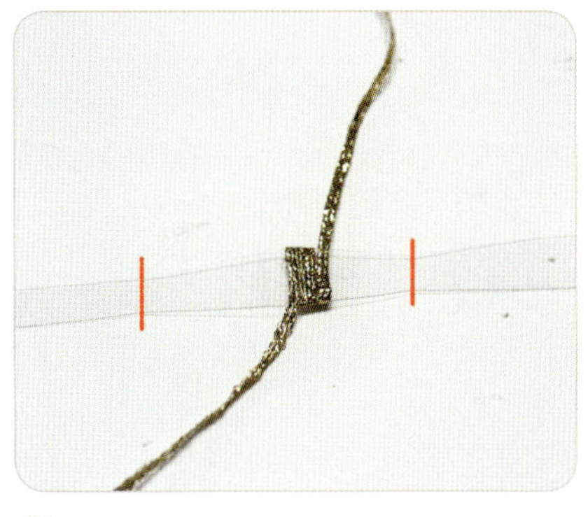

01 230pvc(p.343 실물본 참고)에 빨강 표시선만큼 앞뒤로 본드칠 해서 앵커 diadem 메탈사 300번 70cm로 중앙감기 해주세요(0.2mm씩 겹치도록 감아주세요).

02 이렇게 양쪽으로 잘 감아주고 표시선 안쪽으로 컷팅해서 코팅을 튼튼히 해주세요.

03 0.5pvc를 실물본 대로 똑같이 6개 오리고 3장씩 본드칠해서 겹쳐 놓으세요.

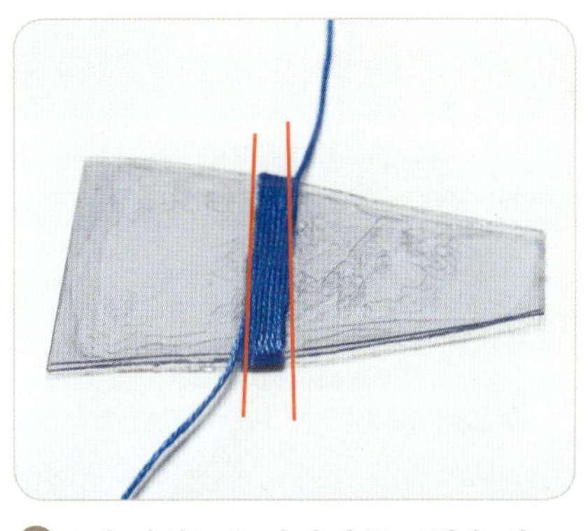

04 3장 겹쳐놓은 바디에 본드칠을 하고 앵커 면사 1089번 7m를 중앙에서 넓은쪽으로 0.5cm 옮겨서 중앙감기 하세요.

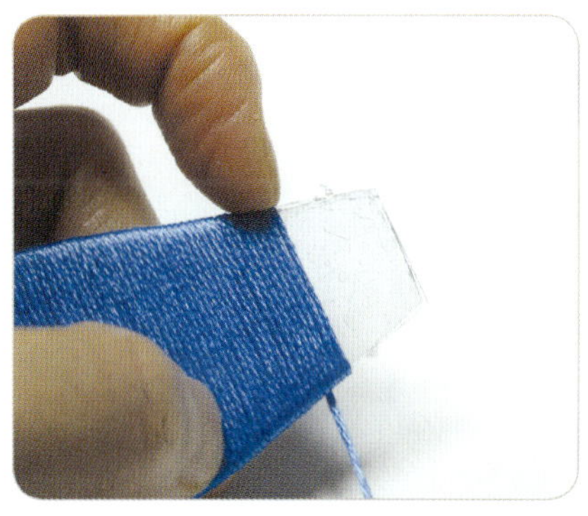

05 윗쪽으로 촘촘히 감아주되 폭이 좁아지는 곳은 실 간격이 벌어질 수 있으므로 한 번 감고 양 손톱으로 즉시 내려 간격을 좁히는 식으로 끝까지 촘촘히 감아주세요.

06 만약 감아가다 넓은 쪽에 실과 실 사이가 중앙쯤에서 벌어지는 일이 생기면 본드가 굳기 전에 핀셋으로 벌어진 실과 실을 좁혀주면 어느 정도 커버가 됩니다.

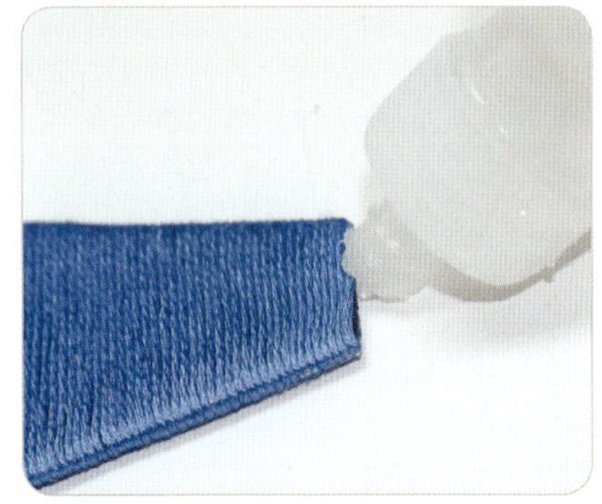

07 끝까지 다 감았으면 옆면에 코팅을 잘 해주세요. 넓은 쪽도 마찬가지입니다.

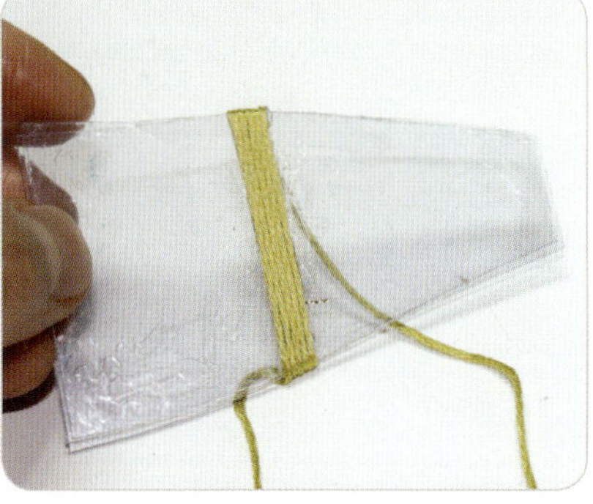

08 나머지 3장을 붙여놓은 pvc도 파란색과 마찬가지 방법으로 앵커 면사 279번 7m로 감아주세요. 이때 앞 뒤 구별을 잘해놓고 감습니다(서로 반대가 되도록).

09 파란색과 올리브색을 감아놓았으면

⑩ 올리브색 바디 뒤쪽 전체(옆면 부분까지)에 본드를 넉넉하고 빠르게 발라주세요.

⑪ 디엠씨 메탈사를 뒤쪽 여분 2cm 정도 남기고 사진과 같이 6줄을 사선으로 팽팽히 감아 만들어 주세요.

⑫ 뒷모습이에요.

⑬ 다시 반대로 사진과 같이 팽팽하게 감아 올려 6줄을 만들어 주세요(운동화 끈 끼우듯이).

⑭ 여기까지 만들고 뒤를 돌리면 사진과 비슷한 모양새가 되는데 윗쪽에서 본드칠을 잘해서 여분실을 잘라 코팅시켜 마무리 하세요.

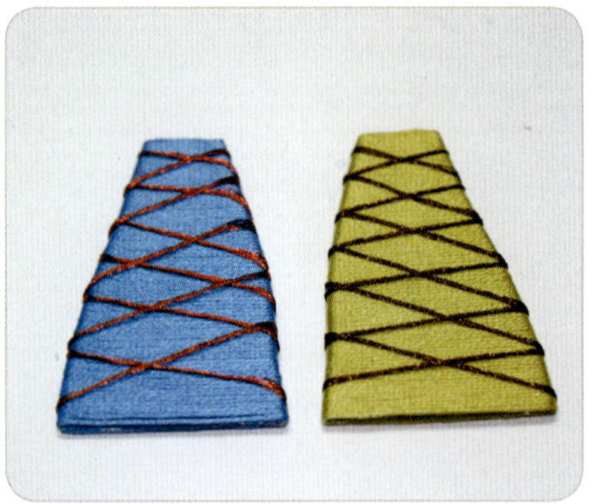

⑮ 파란색도 올리브색과 마찬가지로 빨간 메탈사를 감되 내려갈 땐 6줄을 만들고 올라올 땐 5줄을 만들어 약간 변형을 주세요.

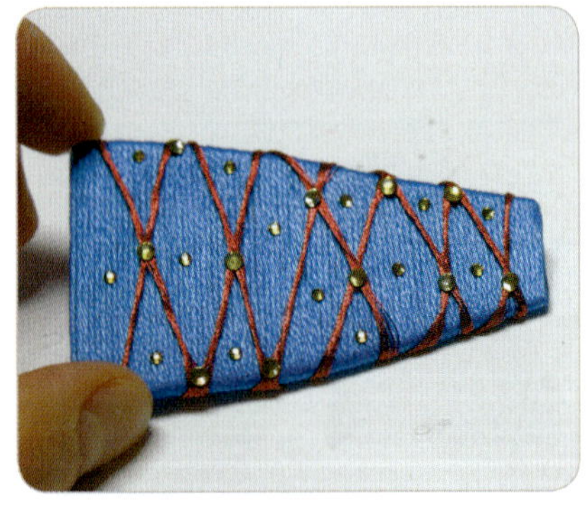

⑯ 파란쪽 메탈사 사이 공간엔 ss6번 라이트 토파즈를 붙여주고 메탈사가 겹치는 곳엔 ss10번 노란톤의 핫픽스를 인두기로 누른 뒤 핀셋으로 다시 한 번 꾹 눌러 붙이세요.

⑰ 메탈사가 겹치는 곳에 ss10번 색색의 핫픽스를 16번과 같은 방법으로 붙여주세요(인두기를 너무 눕히면 메탈사가 녹을 수 있으니 인두기를 사용할 땐 조심하세요).

⑱ 메탈사 사이엔 ss6번 올리바인 핫픽스를 하나씩 붙여주세요.

⑲ 02번에 감아놓은 금색 바디를 반 접어서 70cm로 자른 체인에 사진처럼 끼워놓고

⑳ 투명바디 부분에 본드를 칠해서 16번 바디와 서로 붙여주고 사진처럼 파란색 바디 중심에 금색 메탈사만 보이도록 나머지는 붙여놓으세요.

㉑ 20번 투명 바디가 대충 붙었으면 그 위와 파란색 바디 중간쯤에 본드를 1mm 두께로 고루 칠하고 올리브색 바디를 모양 따라 얹어주세요(특히 금사 바디쪽에 본드를 잘 칠하세요).

㉒ 그 위를 무거운 책 등으로 20분 가량 눌러놓으세요(특히 금사 감은 쪽을 신경써서)

㉓ T침을 이용해 터키석과 산호에 양쪽 고리를 만들어 주세요.

㉔ 목걸이 체인 중간쯤에 양쪽이 어긋나도록 연결해주세요.

㉕ 체인 위쪽도 큰 O링이나 목걸이 마감 장식으로 연결지어 주세요.

㉖ 바디 밑부분 앞뒤에 4mm 폭으로 본드를 잘 칠해줍니다.

㉗ 26번 본드칠 한 곳에 앵커 diadem 메탈사로 두 바퀴 돌려 하단쪽을 덮어 주세요.

㉘ 가위질도 깔끔히 하고 그 위에 반드시 본드로 코팅하고요.

㉙ 28번 옆면도 diadem 메탈사로 모두 덮어 주세요. 3~4줄 붙이면 됩니다.

㉚ 29번 양 옆으로 튀어나온 금사를 사각라인을 따라 가위로 잘라주고 자른 부위를 본드로 코팅해주세요.

㉛ 그럼 이렇게 금색프레임을 씌운 것 같이 깔끔하게 처리가 됩니다.

㉜ 역시 위쪽도 4mm 이내로 전체를 빙 둘러 본드칠하고

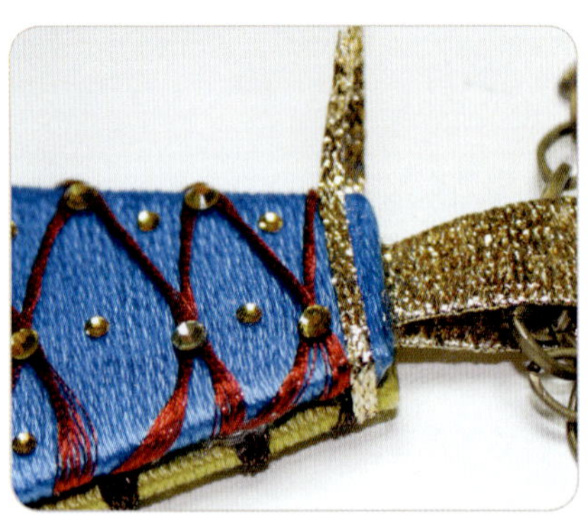

㉝ diadem 메탈사를 두 번 돌려 감아주세요.

㉞ 위쪽도 잘 덮였으면

㉟ 가위로 남은 실을 잘라내고 코팅도 잘 해주세요.

㊱ 30번처럼 위쪽의 옆면도 모두 diadem 메탈사를 잘라 덮어 주면 됩니다.

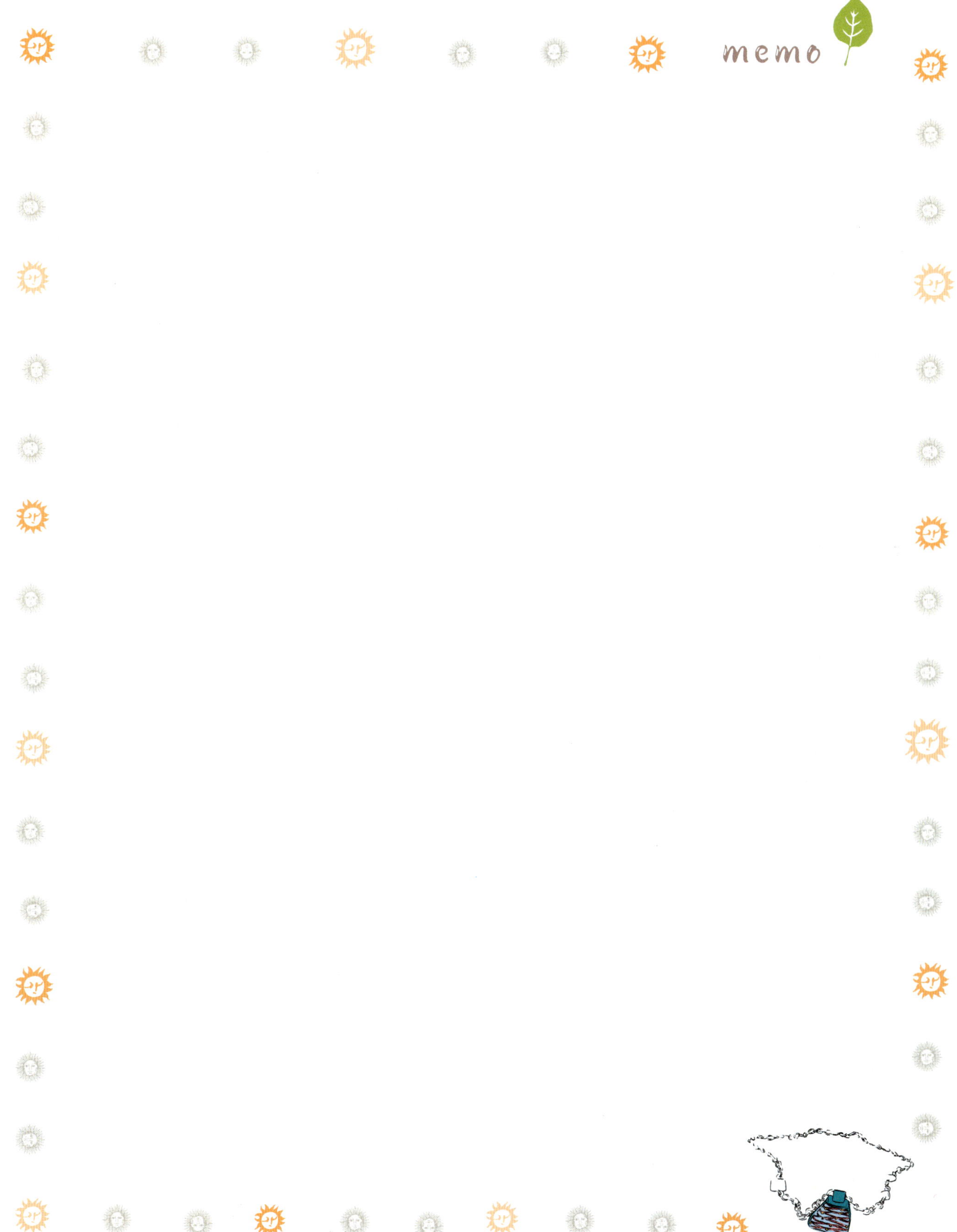
memo

#23

일러스트 리본 브로치

Illust Ribbon Brooch

#23 일러스트 리본 브로치

큼직한 리본 위에 마치 드로잉한 듯한
라인이 자연스러운 브로치예요.
니트나 청자켓에도 예쁘고
린넨 가방이나 캔버스백에 코디하셔도
참 예쁘답니다.

How to make

준비물 : 앵커 면사 73번(5m ×2개, 260cm ×2개)
168번 180cm
230pvc 20x10cm
0.5mm 와이어 49cm
0.3mm 와이어 50cm
스와로브스키 진주 크림색 8mm ×1개
5mm ×1개
가로형 브로치핀, 백금체인 5cm, T침 ×2개
핫픽스 ss10 라이트 로즈 ×12개
ss6 라이트 로즈 ×20개
ss10 아쿠아마린 ×6개, ss6 ×6개

완성품 크기 : 가로 약 8.3cm×세로 6cm(리본)

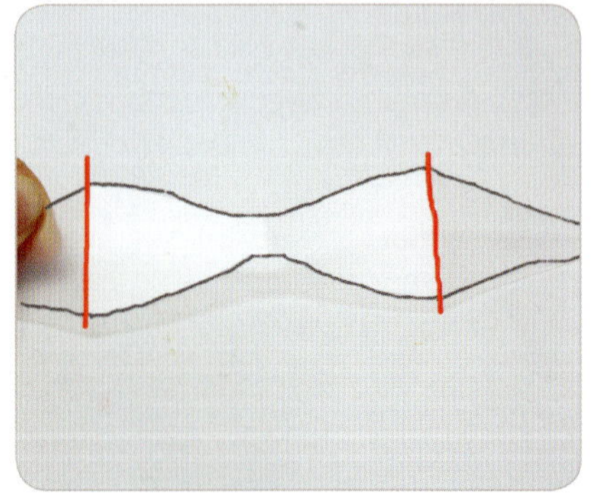

01 230pvc에 리본모양을 잘 오려 주고(p.345 실물본 참고) 사진의 빨간 선 부분을 살짝 접어 주세요(리본 중 뒤로 꺾이는 부분이에요).

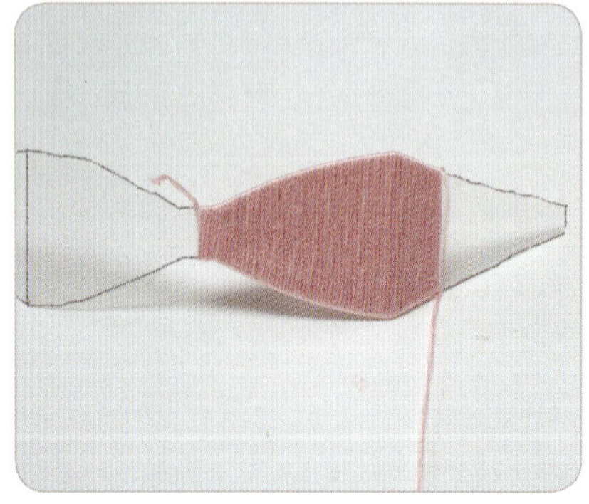

02 앵커 면사 73번 5m를 리본 정 중앙 뒤쪽에서 여유분 1cm를 남기고 본드를 앞뒤로 얇게 칠해주며 촘촘히 감아주세요.

03 특히 01번에 접어놓은 부분은 좀 더 신경써서 실을 바짝 붙여서 더 촘촘히 감아주세요. 사진처럼 뒤로 넘어가는 부분은 즉시 양 손톱으로 내리면서 감아 주세요.

04 한 쪽을 다 감았으면 실을 뒤쪽에서 가위로 바짝 자르세요.

05 기본기법 중 사각모양에 실감기 (p.26)를 참고하여 코팅도 해주세요.

06 이번엔 안 감은 쪽 바디를 오른쪽으로 돌려놓고

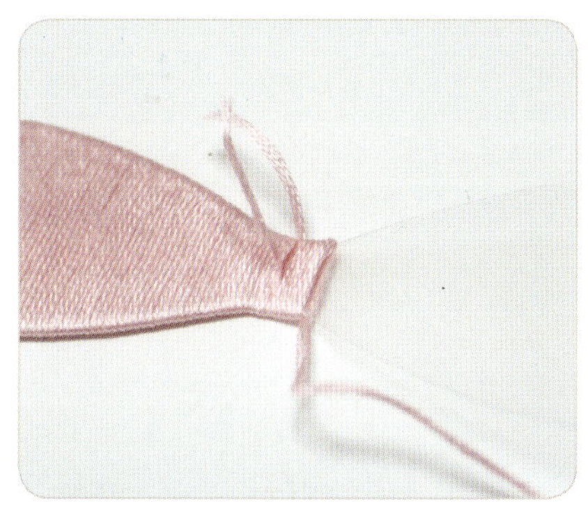

07 리본 처음 시작점에서 여유분 1cm를 뒤쪽에 남기고 0.5cm 정도를 감아주세요.

08 기본기법 중 pvc에 두 가지 색실 연결하기(p.29)를 참고하여 마무리 코팅도 바디 뒤쪽에서 해주세요.

09 코팅까지 완성하면 이런 상태가 됩니다(리본 안쪽에서 마무리하는 거예요).

10 마저 나머지 부분을 똑같은 방법으로 촘촘히 잘 감아주고 코팅도 잘 해주세요.

11 리본 꼬리부분을 앵커 면사 73번 260cm로 중앙감기 해주세요.

12 점점 넓어지는 쪽은 무난히 감을 수 있는데

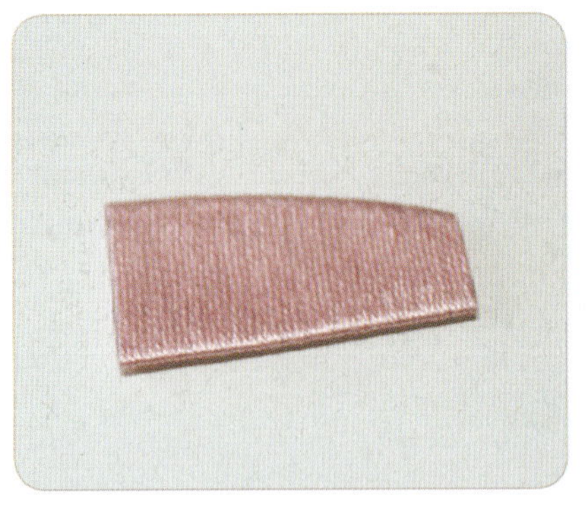

⑬ 점점 좁아지는 부분은 실과 실 사이가 조금씩 벌어지므로 양 손톱으로 그때 그때 내리면서 촘촘히 감아주세요.

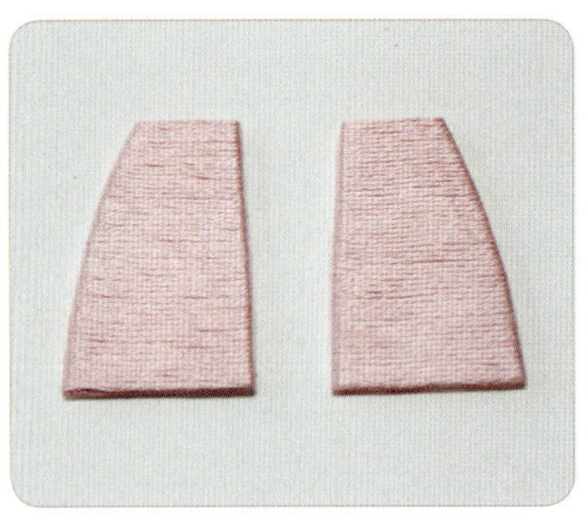

⑭ 반대쪽 리본 꼬리는 사진처럼 서로 반대가 되도록 앞 뒤 구별을 잘 한 후 똑같은 방법으로 감아서 완성하세요.

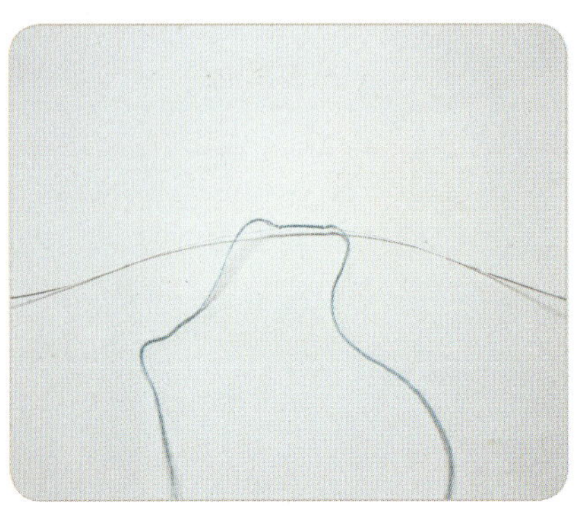

⑮ 0.5mm 와이어 27cm에 앵커 면사 168번 130cm 3가닥으로 중앙감기 해주세요.

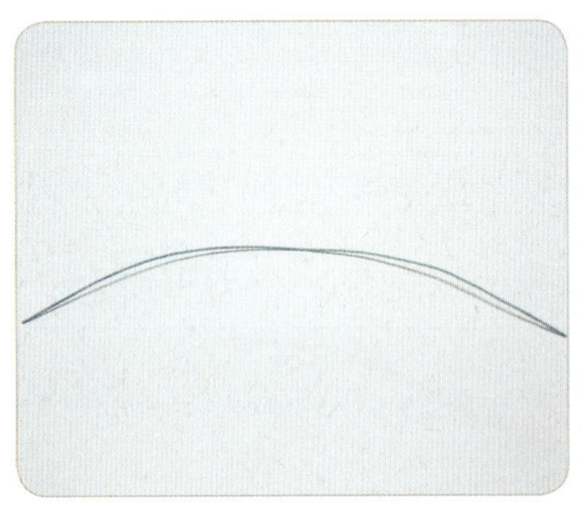

⑯ 와이어가 휘지 않도록 잘 감아서 완성해 놓고요.

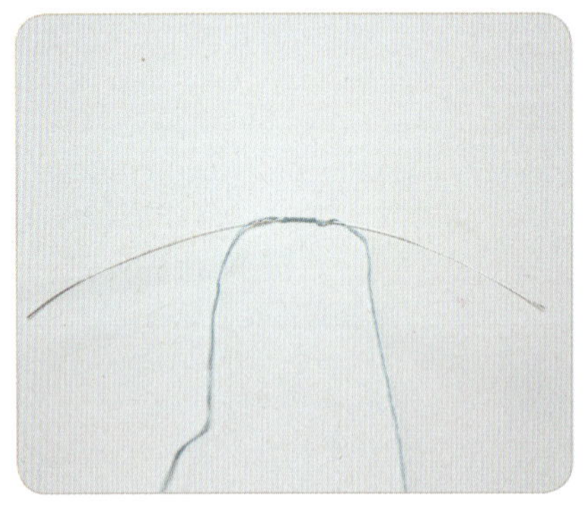

⑰ 이번엔 0.5mm 와이어 22cm에 앵커 면사 168번을 15번에서 실을 갈라서 남긴 나머지 3가닥 (즉 20cm)으로 중앙감기 하세요.

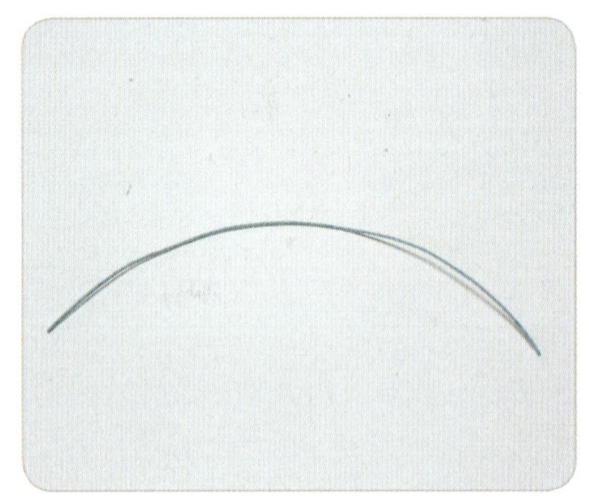

⑱ 마찬가지로 휘지 않도록 잘 감아 완성하고요.

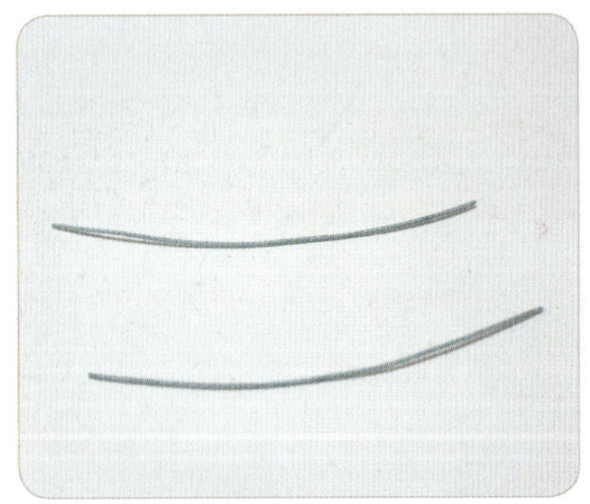

⑲ 다시 0.3mm 와이어 10cm에 앵커 면사 168번 60cm 3가닥으로 본드 꼼꼼히 얇게 발라가며 감아주세요. 한 개 더 똑같이 만들어 주세요.

⑳ T침을 이용해 8mm 진주엔 고리 하나만, 5mm 진주엔 양쪽 고리를 만들어 놓고

㉑ 8mm진주+체인 3.5cm+5mm진주+체인 1cm 순으로 연결하고

22 사진처럼 21번에 연결해 놓은 1cm 체인 맨끝에 0.3mm 와이어 20cm를 통과시켜 와이어의 가운데서 세 번 정도 꼬아 연결해 놓으세요.

23 0.3mm 와이어를 사진처럼 양쪽으로 길게 말아놓으세요.

24 18번에 감아놓은 22cm 와이어를 사진처럼 리본꼬리에 대고 롱로즈로 모서리 각을 잘 살려 라인을 만들어 주는데

25 사진처럼 리본보다 1~2mm 안쪽으로 들어와 모양을 만드세요.

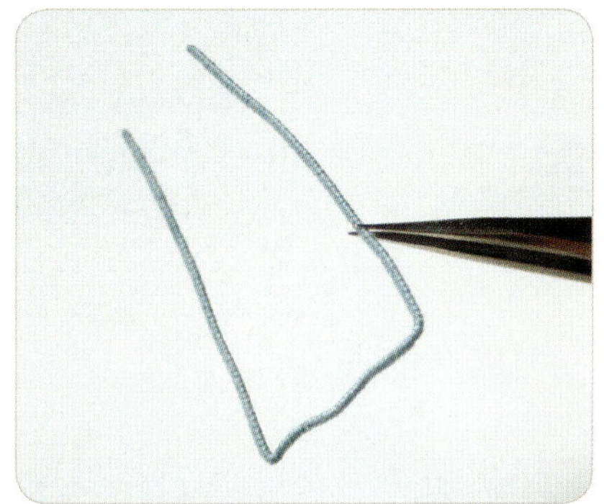

26 너무 딱딱하게 각지지 않도록 자연스럽게 모양을 잡아주고선 핀셋으로 잡고 뒷면에 본드를 일정하게 칠해서

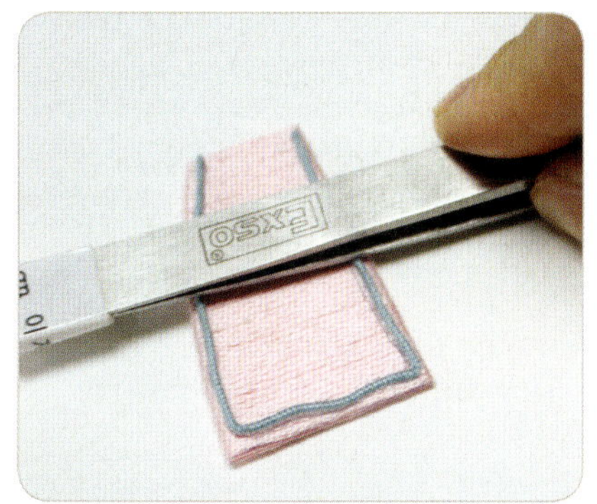

27 리본 위에 얹어놓고 핀셋 뒤로 골고루 지긋이 눌러주세요.

28 핀셋으로 누르는 과정에서 본드가 와이어 양옆으로 튀어 나올 수 있어요. 그럼 즉시 핀셋으로 본드 찌꺼기를 제거해 주면 됩니다.

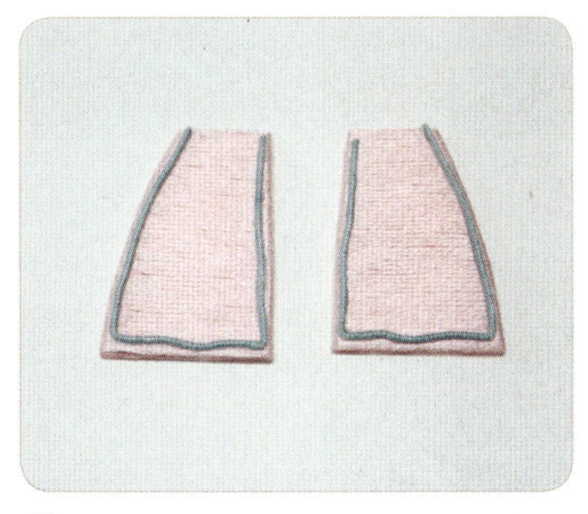

29 반대쪽도 똑같은 방법으로 완성해 주고요.

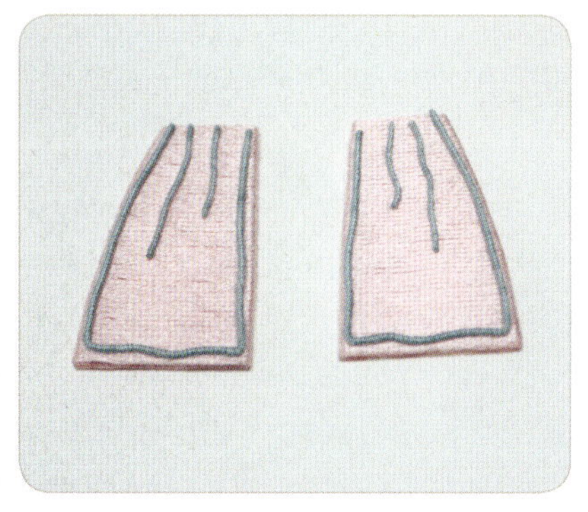

30 19번에 감아놓은 10cm 와이어를 3cm 2개, 2cm 2개로 잘라놓고 리본 안쪽의 주름을 만들어 붙여주세요.

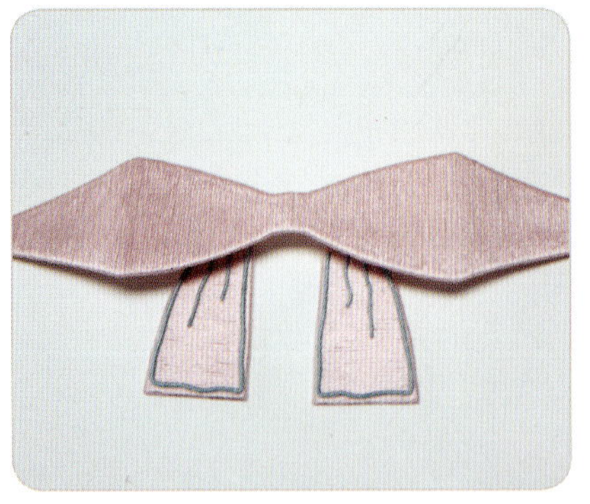

31 사진처럼 리본을 리본 꼬리에 얹어 놓을건데 리본 꼬리가 리본 속으로 1cm 정도 들어가도록 위치를 잡아주고

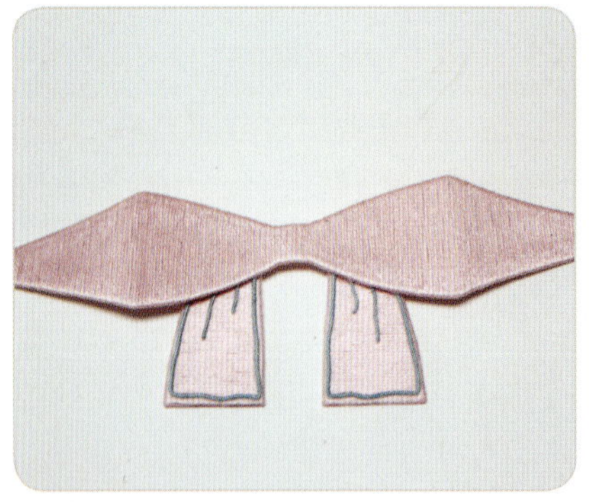

32 리본이 붙을 부분만큼 글루건을 재빨리 쏜 후 리본을 얹어놓고 꾹 눌러주세요(글루건을 많이 칠하면 지저분해지니 조금만 칠하세요).

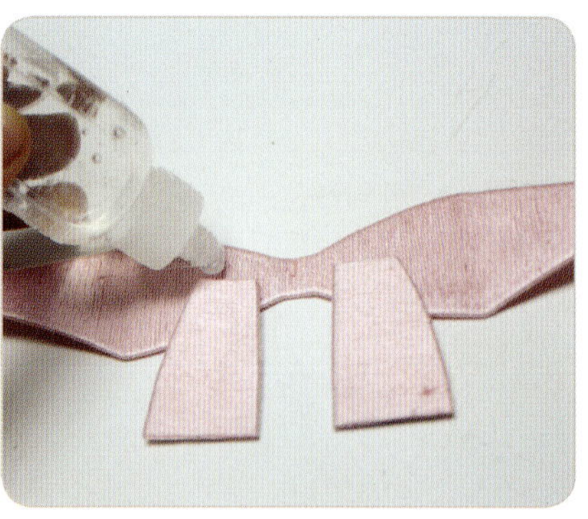

33 뒤쪽으로 돌려 리본 꼬리 윗부분에 본드를 넉넉히 칠하고

34 23번에 만들어 놓은 체인의 와이어를 가져다 붙여주세요.

35 와이어 붙인 본드가 마르면 그 위에 글루건을 적당히 쏘고 재빨리 사진처럼 리본을 붙여주세요.

36 반대쪽도 잘 붙여주세요.

37 글루건으로 브로치 핀대도 붙이고요.

38 16번에 감아놓은 27cm 와이어를 사진처럼 리본 중앙부분에서 시작해 리본 모양 따라 라인을 만들어 주세요.

39 모서리 부분은 롱로즈로 각을 잘 살려주고 리본 꼬리처럼 1~2mm 안쪽으로 들어와 라인을 잡아주면 돼요. (라인은 자연스럽게 살짝 구부려줍니다)

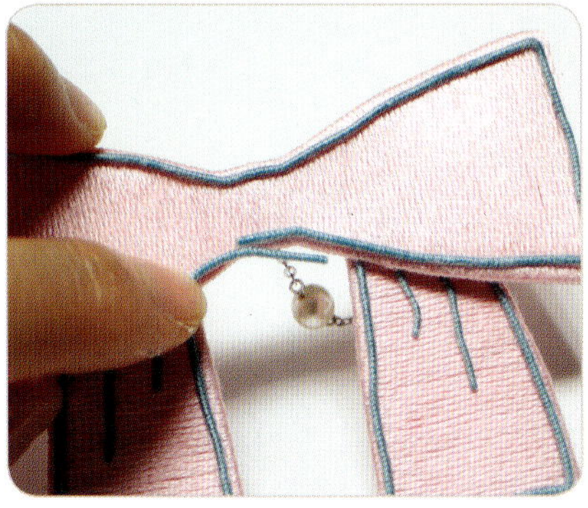

40 시작점까지 다 왔으면 남은 와이어는 니퍼로 잘라내고 자른 부분을 코팅하세요.

41 와이어를 사진처럼 들어서 그 밑부분에 본드를 빠짐없이 잘 칠해서 라인을 붙여주세요.

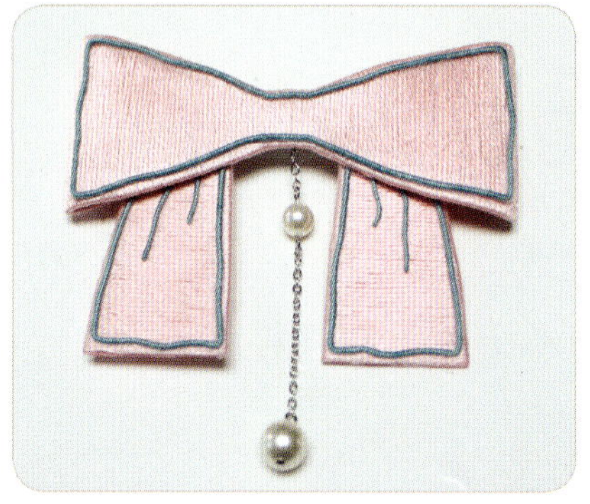

42 이렇게 라인을 잘 붙여주고

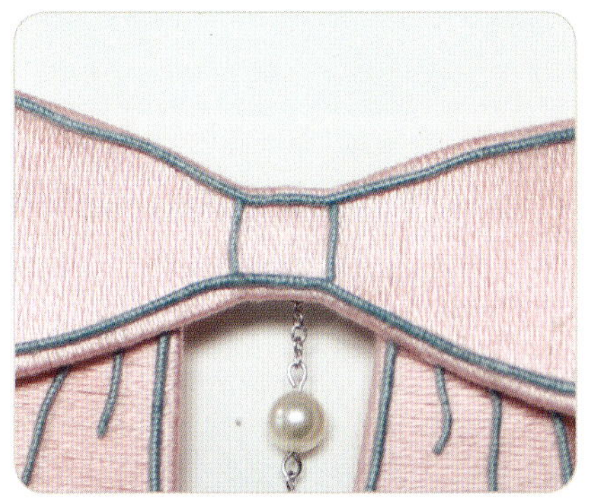

43 40번에 남은 와이어를 이용해 리본 가운데 칸막이도 만들어 붙이세요.

44 19번에 감아 놓았던 0.3mm 10cm 와이어를 5cm로 반을 잘라 사진처럼 모양을 만들어 놓으세요.

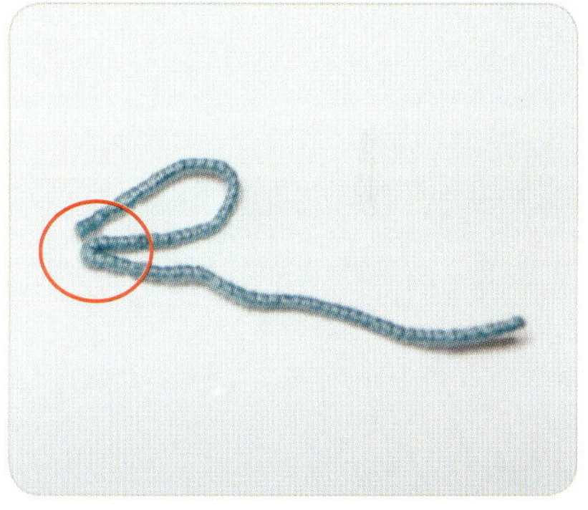

45 빨간부분을 롱로즈나 핀셋으로 좁혀서 모아줍니다. 길게 남긴 와이어도 자연스레 웨이브를 만들어주세요. 나머지 하나도 완성하고요.

46 45번에 만들어 놓은 와이어를 리본에 본드로 잘 붙여주세요.

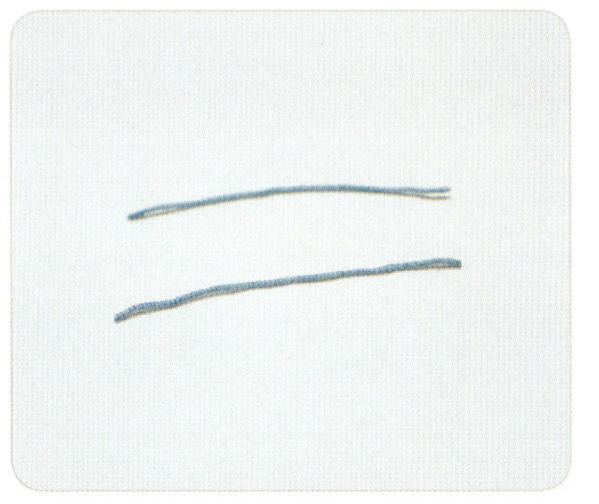

47 이번엔 0.3mm 와이어 4.5cm에 앵커 면사 168번 15cm 2가닥으로 감아주세요. 한 개 더 똑같이 만드세요.

48 47번에 4.5cm 와이어를 3등분해서 자르고 자른 곳을 본드로 코팅해 주세요.

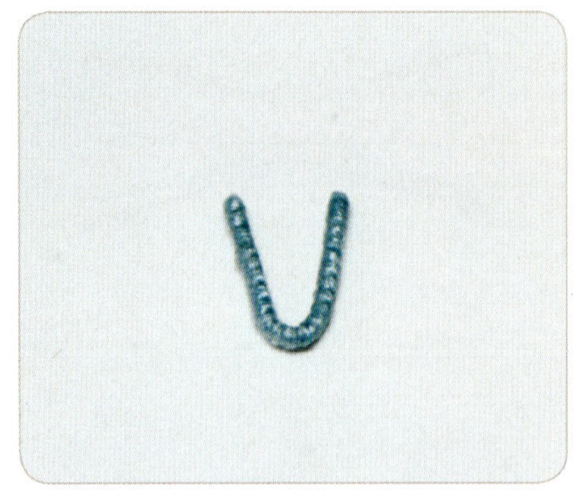

49 대략 1.5cm 정도 되는 와이어를 반으로 접고

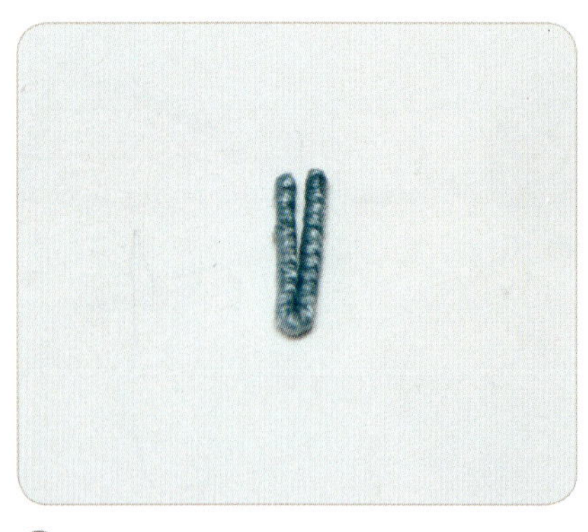

50 다시 아래쪽에 이어진 부분을 핀셋으로 꼭 붙여주세요.

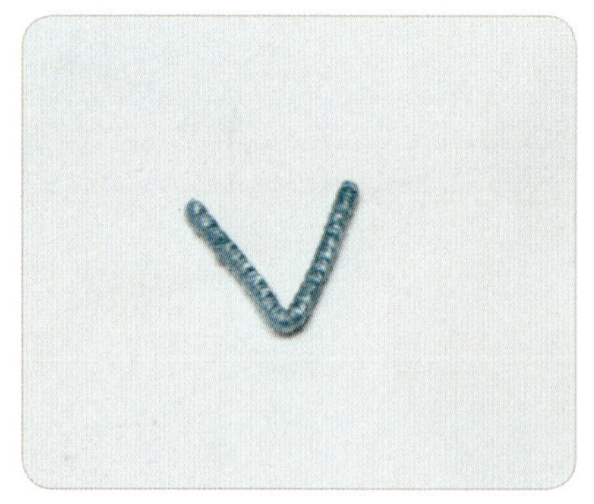

51 윗쪽을 양쪽으로 벌려주고

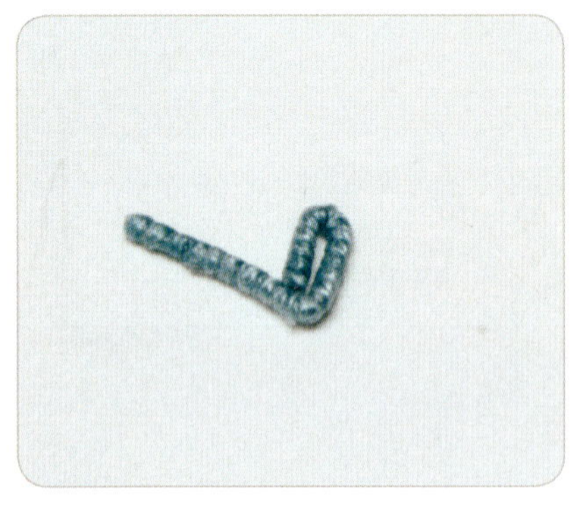

52 한쪽의 절반을 안쪽으로 꺾어 내려주고

53 반대쪽도 똑같이 내려주세요.

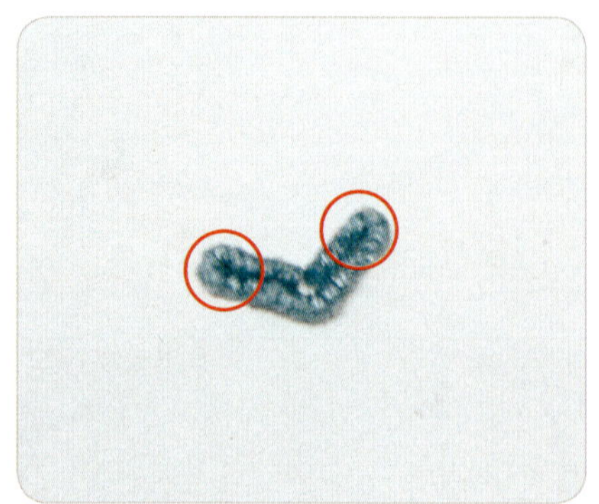

54 다시 양 끝쪽을 핀셋으로 모아주세요.

55 화살표 방향으로 양쪽에서 안으로 모아주세요.

56 이렇게 총 6개를 만들어 주세요.

57 리본 꼬리 하단에 각각 3개씩 본드로 붙여주세요.

58 가운데 ss10 아쿠아 마린 핫픽스를 사진처럼 붙여주고

59 ss10, ss6 라이트로즈 핫픽스를 사진처럼 붙여주세요.

60 리본 꼬리에도 ss6 라이트로즈 핫픽스를 붙여주고 하트 가운데도 ss6 아쿠아마린 핫픽스를 붙여주세요.

61 소녀 같은 브로치가 완성됩니다.

어릴 때 즐겨 먹던 그 달콤함...

#24

솜사탕 핸드폰 고리

Cotton Candy Cell Phone String

#24 솜사탕핸드폰 고리

달콤한 게 좋아 시리즈!
이번엔 사르르 달달하게 녹아내릴 것만 같은
솜사탕 핸드폰 고리를 만들어 볼 거예요.
커플끼리 해도 좋지만
집에 아이나 조카가 있다면 선물해 보세요!
아주 행복해할 거예요.

How to make

준비물 : 앵커 면사 275번 x1개
앵커 면사 169번 15cm, 핸드폰 고리 x1개
0.5pvc 6x8cm
핫픽스 ss6 파파라샤 x10개
ss6 아쿠아 x10개
백금체인 3cm, 작은 O링 x1개, 큰 O링 x1개
〈바닐라 솜사탕 1개 기준〉

완성품 크기 : 가로 약 4cm×세로 약 4.5cm
〈털붙임 작업은 만들 때마다 크기가 조금씩 달라요〉

01 두꺼운 0.5pvc 판을 솜사탕 모양 실물본(p.345 참고) 위에 놓고 연필이나 송곳으로 따라 그려보세요.

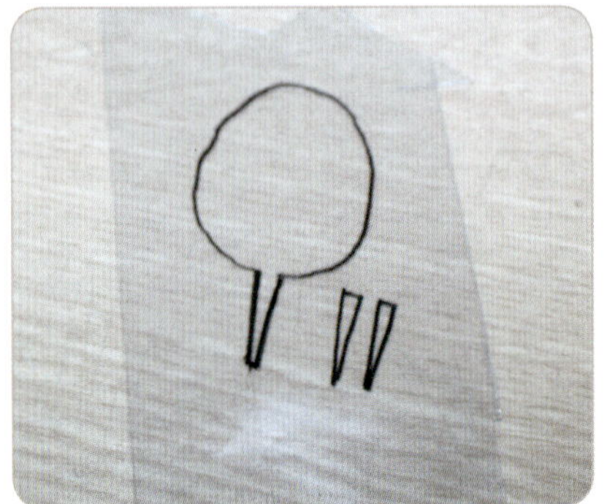

02 솜사탕 막대는 위쪽 폭이 0.3cm 아래쪽 폭은 0.2cm 길이는 2cm가 되도록 그리고 그 막대보다 약간 작게 막대를 2개 더 그려보세요.

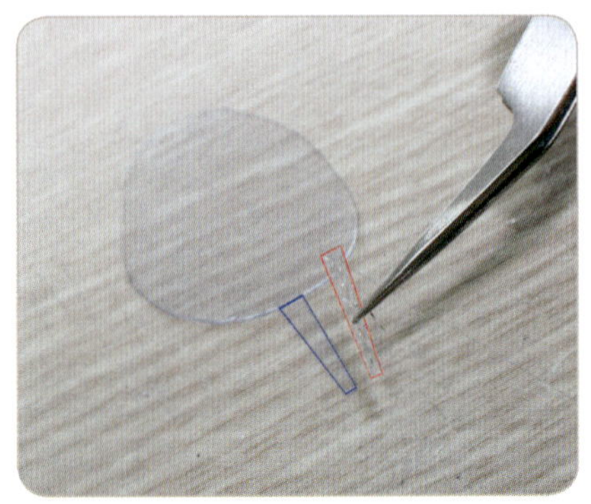

03 pvc판에 그린 솜사탕을 모양 따라 오려주고(막대 2개도) 자국을 지운 뒤 그림처럼 빨간 pvc를 파란 라인에 앞뒤로 붙여 3겹이 되게 하세요.

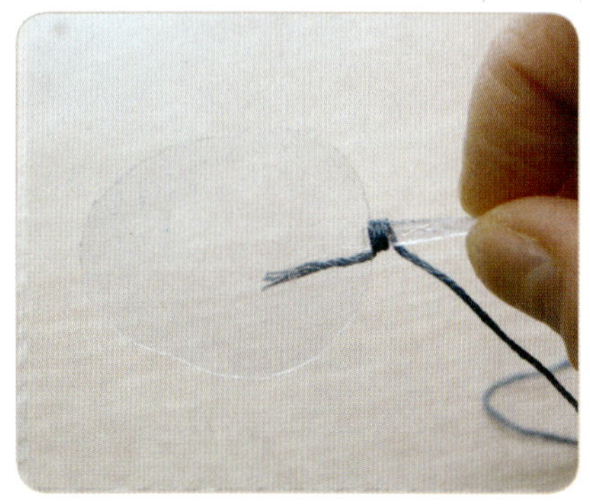

04 앞뒤로 붙여 3겹이 된 손잡이 부분을 앵커 면사 169번 4가닥으로 그림처럼 솜사탕 밑 부분부터 감으세요.

05 pvc 두께가 있으므로 옆면도 잘 돌려감아 완전히 커버해준 뒤 옆면에서 가위질하여 코팅하세요.

06 이렇게 양 끝쪽 모두 마무리 코팅을 해주세요.

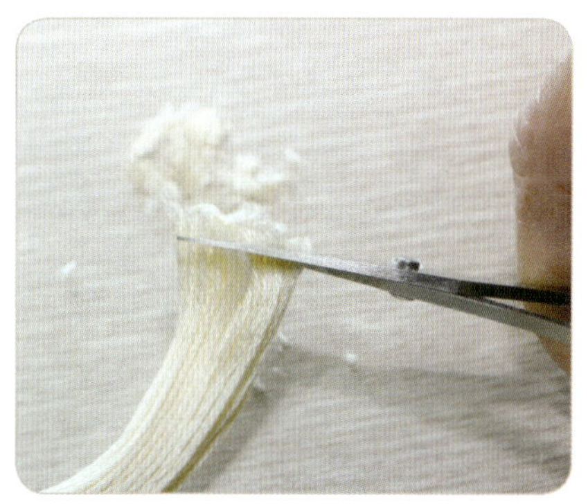

07 앵커 면사 275번 1개를 5cm로 잘라두고 나머지를 0.2cm 길이로 모두 잘게 잘라주세요.

08 곱게 다 자른 실은 반으로 나누어 놓고 반쪽은 1~2차 털 작업에 사용, 나머지 반쪽은 3차 털 작업에 사용하세요.

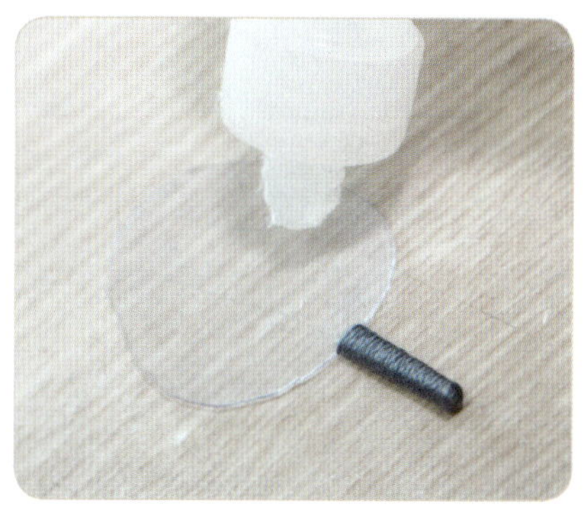

09 pvc 판에 실감은 막대기 부분은 빼고 1mm 두께로 본드를 균일하게 재빨리 전체적으로 발라주세요.

10 그 위에 잘라서 반을 나눈 면사 한 쪽을 한 웅큼 집어 본드칠한 곳에 재빨리 전체적으로 덮어주세요.

11 실이 pvc 판에 잘 붙도록 손으로 툭툭 두드려주세요(이때 본드양이 많으면 묻어 나오니 적당히 봐가면서). 특히 가장자리가 잘 붙도록 눌러주세요.

12 본드 없이 덧엎어진 붙지 않은 실들을 핀셋으로 긁어주세요(이때 긁어낸 실을 확보하여 뒤쪽 털 붙이기에 사용하세요).

⑬ 뒤를 돌려 pvc 모양을 따라 가위로 가장자리를 잘라 정돈하세요. 너무 깔끔히 오리면 인위적인 느낌이 나므로 형태만 알 수 있도록 오려주세요.

⑭ 털이 붙지 않은 반대쪽 면 전체에 1mm 두께로 빠르고 균일하게 본드칠 하세요.

⑮ 좀전에 확보해놓은 실을 그 위에 전체적으로 얹어 pvc와 실이 잘 붙도록 손으로 툭툭 두드려 주세요.

⑯ 그 위를 핀셋을 이용해 살살 긁어 붙지 않은 실들을 제거하고 난 후 다시 한 번 툭툭 두드려 나머지 실들이 잘 붙도록 해주세요.

⑰ 가위로 가장자리 라인을 자연스럽게 정돈해 주세요. 바짝 다 잘라내면 솜털 느낌이 없으므로 주의하세요.

⑱ 이렇게 털 붙이기를 앞뒤로 3번 정도 반복해 주고 작업이 끝나면 스카치테이프를 이용해 남은 잔털을 제거해주세요.

⑲ 잔털 제거 후 솜사탕 위쪽 옆면에 핀셋이나 송곳을 이용해 1.5cm 정도 깊이의 구멍을 뚫어주세요(아직 본드가 굳지 않아 가능합니다).

⑳ 처음에 남겨놓은 5cm짜리 2가닥 실을 3cm 길이의 체인 끝에 걸어 중앙에서 움직이지 않도록 두 번 꽉 묶어주세요.

㉑ 20번 실에 본드를 칠해서 핀셋으로 잡고 19번 구멍에 집어 넣어주세요. 이때 체인이 2칸 정도 파묻히도록 같이 집어 넣어 주세요.

㉒ 체인을 집어넣은 부분에 본드를 조금 더 칠해서 체인실이 빠지지 않도록 손가락으로 잘 두드려 눌러 붙여주세요.

㉓ 다시 한 번 전체적으로 잘 두드려서 마무리하세요. 이때 스카치테이프로 다시 한 번 막대 부분까지 잔털을 깨끗이 제거하세요.

㉔ 그림처럼 파파라샤와 아쿠아 핫픽스를 번갈아 캔디 박힌 모양새로 얹어주고 인두기로 약 8초간 눌러주세요.

㉕ 체인 끝에 작은 O링을 걸어주고 그 다음 튼튼한 큰 O링을 걸어주세요.

㉖ 큰 O링에 핸드폰 고리를 연결하면 끝!

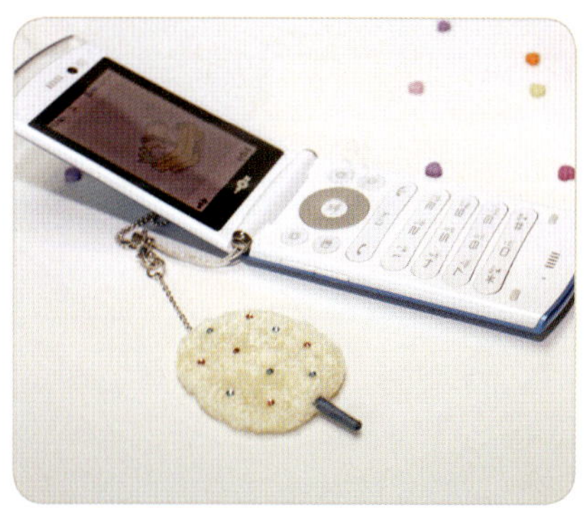

㉗ 귀여운 솜사탕 핸드폰 고리 완성!

B O N U S T I P

민트 솜사탕 컬러 : 솜사탕(앵커 면사 1092번), 막대(앵커 면사 9번), 크리스탈(ss6 파파라샤)

딸기 솜사탕 컬러 : 솜사탕(앵커 면사 73번), 막대(앵커 면사 130번), 크리스탈(ss6 크리솔라이트)

★ HOT

그 외에도 초코 솜사탕도 재밌고 포도맛도 이쁠 것 같지요?
또 솜사탕 크기를 줄여서 두 개를 한꺼번에 달고 다녀도 귀여울 거예요.

#25

민트 베어 이어링

Mint Bear Earring

#25 민트 베어 이어링

박하향이 솔솔 날 것 같은
보슬보슬한 민트 색
작은 곰돌이 귀걸이예요.
민트 곰과 작은 크림진주방울이
더욱 귀엽게 귀엽게~

How to make

준비물 : 앵커 면사 1042번 5m, 8번 10cm, 2번 40cm, 382번 15cm

디엠씨 메탈사 E 3849번 10cm
블렉니켈 체인 8cm, 블렉니켈 귀침 한쌍
블렉니켈 T침 x2개
스와로브스키 진주 4mm x2개
스와로브스키 핫픽스 ss3 크리스탈 x12개
230pvc 4x6cm

완성품 크기 : 가로 약 1.7cm×세로 약 2.7cm

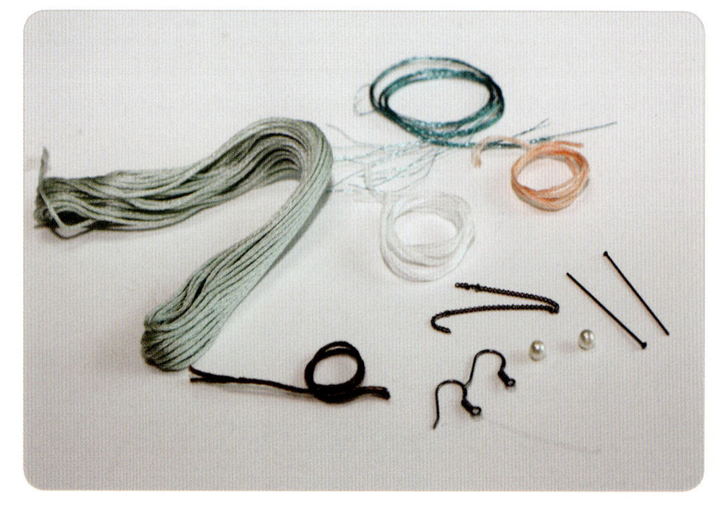

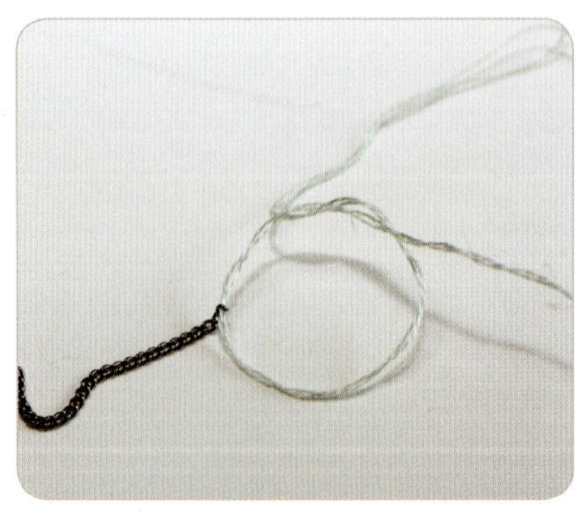

01 체인을 4cm로 잘라 맨 아래쪽에 앵커 면사 1042번 7cm 2가닥으로 묶어주세요.

02 풀리지 않도록 매듭을 3번 정도 해주고 실 길이를 1.5~1.8cm 정도만 남기고 잘라주세요.

03 곰돌이 바디(p.347 실물본 참고)에 본드를 넉넉히 칠하고 1042번 실 부분만 붙여주세요. 이때 체인 한 칸이 곰 바디에 같이 묻히도록 붙여야 튼튼합니다.

04 앵커 면사 1042번 250cm를 여러 번 접어 사진과 같이 0.2cm 폭으로 잘게 잘라주세요.

05 실을 전부 잘라주고 반을 나눠 하나는 앞쪽에, 또 하나는 뒤쪽에 사용합니다.

06 곰돌이 몸통에 1mm 두께로 빠르고 고르게 칠해주세요(특히 곰 다리와 팔, 귀 부분을 잘 칠해주세요)

07 잘라놓은 실을 곰 바디가 완전히 가려지도록 얹어주고 손가락으로 톡톡 골고루 두드려주세요.

08 약 10초 정도 후에 핀셋으로 그냥 덧얹어진 실들과 대충 붙은 실들을 완전히 제거하고 제거한 실은 다시 모아두세요.

09 다시 한 번 손으로 귀와 팔, 다리쪽을 신경쓰면서 톡톡 두드려 붙여 주세요(이때 털이 붙지 않은 곳이 생겨도 그냥 넘어가세요).

10 뒤쪽으로 돌려 곰돌이 모양을 따라 가위로 잘라주세요. 특히 팔, 다리, 귀 부분을 정확히 잘 잘라주세요.

11 이번엔 반대쪽에 본드를 1mm 두께로 균일하고 재빠르게 발라주세요. (마찬가지로 귀, 팔, 다리 꼼꼼히)

12 08번에 남겨둔 털을 다시 얹어주고 손가락으로 톡톡 고루 두드려주세요. (곰돌이가 완전히 안 보이도록)

⓭ 10초 뒤 핀셋으로 붙지 않은 실들을 살살 긁어내주고

⓮ 뒤를 돌려 곰돌이 모양을 따라 가위로 잘 오려주세요(역시 귀, 팔, 다리 섬세하게).

⓯ 다시 한 번 손으로 털들이 완전히 붙도록 톡톡 두드려 주세요.

⓰ 처음 털 작업했던 앞쪽에 다시 한 번 본드를 골고루 얇게 발라주세요 (만약 털이 거의 붙이 않은 곳이 있다면 그곳은 좀 더 본드칠 하세요).

⓱ 반쪽 남겨둔 새실을 곰돌이가 보이지 않도록 다시 얹어주고 손가락으로 툭툭 고루 두드려주세요.

⓲ 10초 뒤에 핀셋으로 붙지 않은 실들을 긁어내는 과정을 반복한 뒤 긁은 실을 모아둡니다.

⓳ 뒤쪽으로 돌려 곰돌이 모양을 따라 가위로 잘라주되 너무 바짝 자르진 않도록 하세요(겨드랑이, 가랑이, 귀쪽만 정확히 잘라내주세요).

⓴ 다시 19번 뒤쪽에 본드를 얇게 골고루 칠하고

㉑ 털 사이로 곰돌이가 보이지 않도록 덮어주고 손가락으로 골고루 두드려주세요. 이렇게 앞 뒤, 앞 뒤, 총 2번 털붙이기 작업을 하세요.

22 뒤돌려 곰돌이 모양을 따라 가위로 오려주세요(역시 너무 바짝 오리지 않도록).

23 앵커 면사 2번 20cm를 아주 곱게 갈아주듯 가위로 잘라주세요(분쇄기에 간 듯).

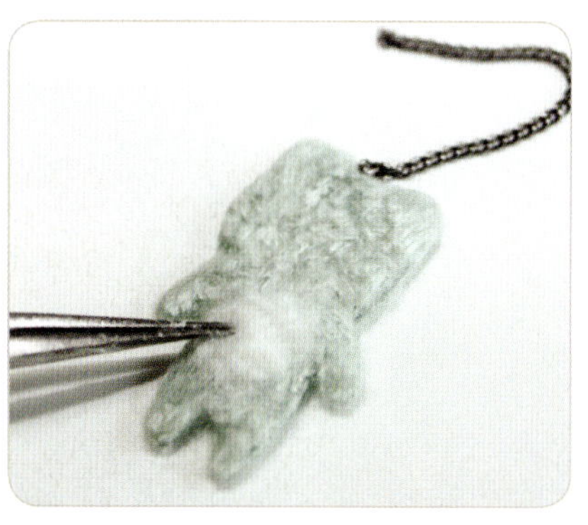

24 곰돌이 배쪽에 적당한 크기로 본드를 얇게 칠해주고 본드칠한 위에 흰실을 가져다 얹고 핀셋으로 툭툭 눌러주세요.

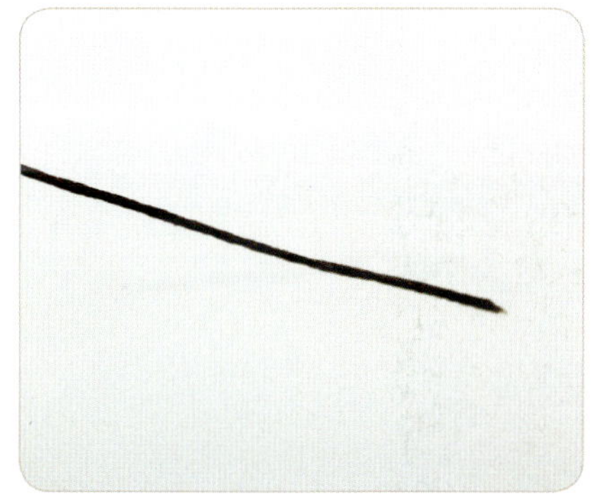

25 앵커 면사 382번 15cm 4가닥을 빳빳하게 코팅하세요.

p.23 기본기법 중 코팅하기 참고

26 30초쯤 후에 가위로 눈을 원하는 크기로 자르되 여유 있게 잘라주세요.(눈 붙이다 망치거나 날라갈 수 있기 때문에)

27 사진처럼 핀셋으로 눈을 면이 보이도록 잡고 그 위에 금방 나온 본드를 톡 칠해주고

28 곰돌이 얼굴에 가져다 얹고 핀셋 뒤로 지긋이 눌러주세요. 눈이 작으면 2개를 겹쳐 붙여 크기를 원하는 대로 조정할 수도 있습니다.

29 앵커 면사 8번 5cm를 아주 곱게 갈아주세요(배와 마찬가지로 분쇄기에 간 것처럼).

30 핀셋에 본드를 깨알 반만큼 짜서 얼굴에 가져다 얹고

31 갈아놓은 색실을 조금씩 가져다 얹고 핀셋으로 콕콕 눌러주세요. 양이 너무 적은 듯하면 다시 한 번 더 작업하면 됩니다.

32 메탈사 10cm 중 2가닥만 뽑아 곰돌이 목에 묶어 주세요(매듭이 옆쪽으로 가도록).

33 이런 식으로 앞뒤 똑같이 해주고 한 짝 더 만들어 주세요.

34 크림색 진주를 T침에 끼워 고리를 만들어 놓고

35 귀침에 바로 끼워서 고정하세요.

36 진주 뒷쪽으로 곰돌이 체인을 걸고 완성하세요.

37 ss3번 크리스탈 핫픽스를 곰돌이 배에 나란히 붙여주세요(인두기로 3초만 누르세요).

memo

이리와 ~ yoru yoru yoru~*

#26

미니 퍼피 이어링

Miny Puppy Earring

#26 미니퍼피 이어링

보슬보슬 푸들 같이
귀여운 강아지 귀걸이예요!
앙증맞은 코가 귀엽고요.
꼬리를 반갑게 치켜올린 모습도
사랑스러워요~

How to make

준비물 : 앵커 면사 926번 4m, 359번 20cm, 381번 15cm
블렉니켈 체인 약 8cm, 블렉니켈 귀침 한쌍
블렉니켈 T침 x2개, 블랙니켈 O링 x2개
스와로브스키 진주(브론즈 색상) 5mm x1개
4mm x1개
스와로브스키 핫픽스 ss6 라이트 콜로라도 토파즈 x20개
일제 극소씨드비즈 검정(크기1.5mm) x2개
230pvc 10x5cm 정도

완성품 크기 : 가로 약 3.5cm×세로 2.7cm(강아지만)

01 앵커 면사 359번을 10cm로 잘라 3가닥으로 강아지 귀모양 바디(p.347 실물본 참고)에 앞뒤로 본드칠해 중앙감기 하세요(귀 부분 본드칠 조심).

02 이렇게 한 마리 당 두 개의 귀를 만들어 놓고

03 앵커 면사 926번 2m 중 10cm만 남기고 여러 번 겹쳐서 2mm 정도 길이로 균일하게 잘라주세요(털이 길게 잘리면 안 예쁘므로 꼭 2mm 정도로 잘라주세요).

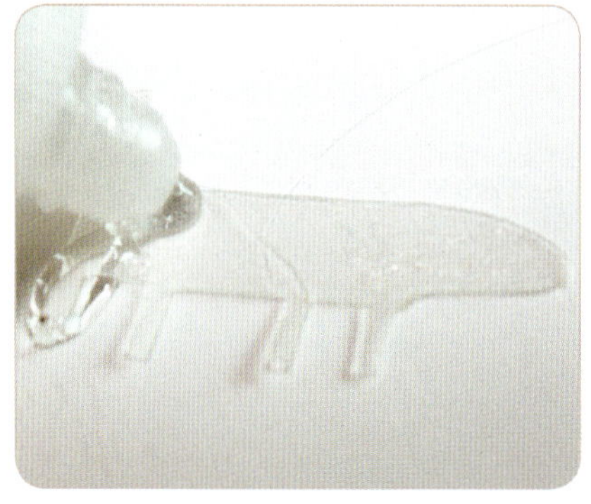

04 강아지 바디에 본드를 1mm 두께로 균일하고 빠르게 발라주세요. (특히 다리 부분을 신경써서)

05 03번에 잘라놓은 실의 반 정도만 가져다 본드칠한 위에 강아지가 보이지 않도록 덮어주고 손가락으로 툭툭 고루 두드려주세요.

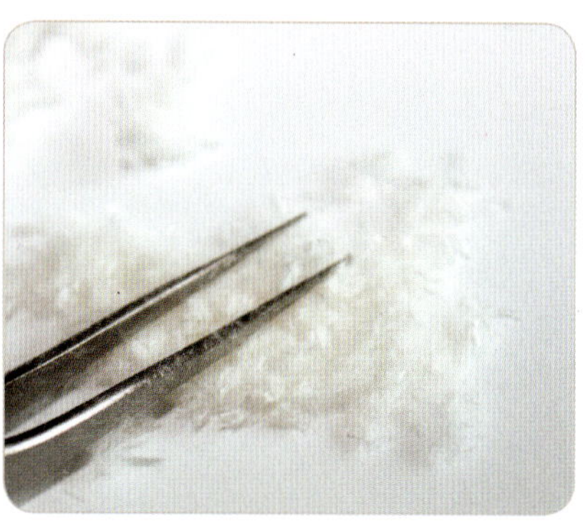

06 10초 후에 핀셋으로 붙지 않은 실들을 살살 긁어 떼어낸 실은 다시 모아둡니다(정확히 실들이 붙어 있어야 합니다).

07 실들을 긁어내면 실이 붙지 않은 곳도 생길 수 있으나 상관하지 말고 가위로 뒤돌려 강아지 라인따라 꼼꼼히 오려주세요(특히 다리 부분).

08 뒤쪽에 본드를 다리까지 꼼꼼히 잘 칠해주고 긁어 모은 실들을 강아지가 보이지 않도록 덮어주세요.

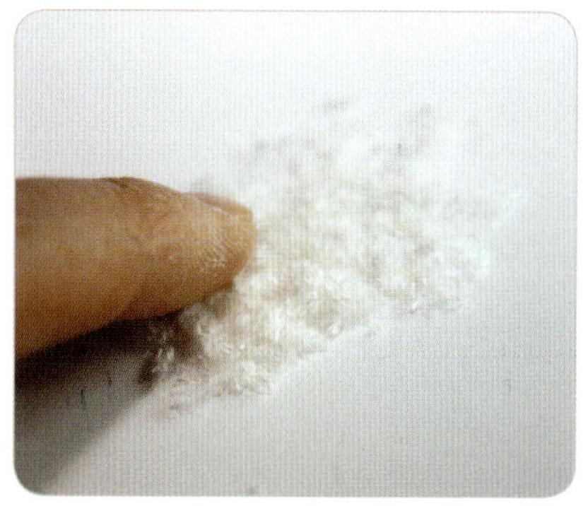

09 손가락으로 다리부분을 신경써서 톡톡 골고루 두드려 주세요.

10 10초 후에 핀셋으로 붙지 않은 실들을 살살 긁어내세요. 정확히 실들이 붙어있는 것만 남깁니다.

11 뒤돌려서 강아지 라인을 따라 잘라주세요(다리와 다리 사이를 정확히 파내주고 다리 길이는 4개가 일정하도록 잘라주세요).

12 03번에서 남긴 10cm정도의 앵커 926번을 2가닥 뽑아서 강아지 코에 해당되는 씨드비즈를 가운데서 움직이지 않도록 두 번 묶어주고 실은 양쪽으로 1.5cm만 남기고 잘라내주세요.

⑬ 사진처럼 한 번 털 작업을 끝낸 강아지 얼굴 앞뒤로 본드칠을 해서 씨드비즈가 묶인 양쪽의 실을 붙여주세요.

⑭ 앞쪽 강아지 털부분에 다시 한 번 균일하게 본드를 칠해주세요(다리 부분 꼼꼼히).

⑮ 처음에 남긴 실의 절반 정도로 강아지 몸통에 모두 덮어주고 손가락으로 톡톡 잘 두드려주세요.

⑯ 10초 후에 핀셋으로 슬슬 붙지 않은 실들을 긁어주세요. 긁으면서 두드리고 긁으면서 두드려서 완전히 붙은 실만 남겨주세요.

⑰ 뒷쪽을 돌려 강아지 라인을 따라 오려주되 너무 바짝 잘라내지 않도록 하세요. 약간 털 느낌이 살도록. (코에 묶은 실 자르지 않도록 주의!)

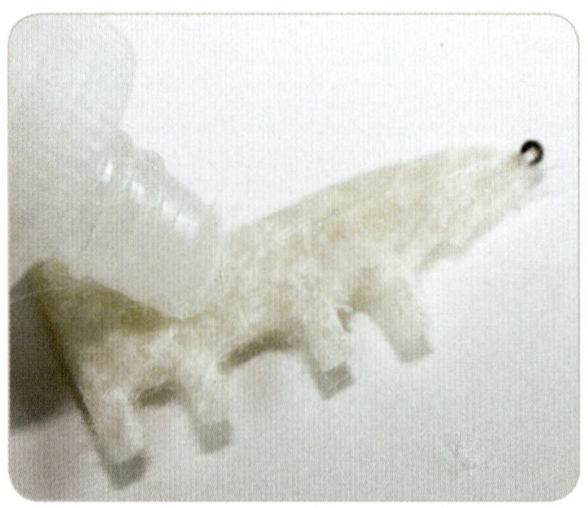

⑱ 이번엔 다시 다리부분을 신경쓰면서 뒷쪽에 본드를 골고루 칠해주고

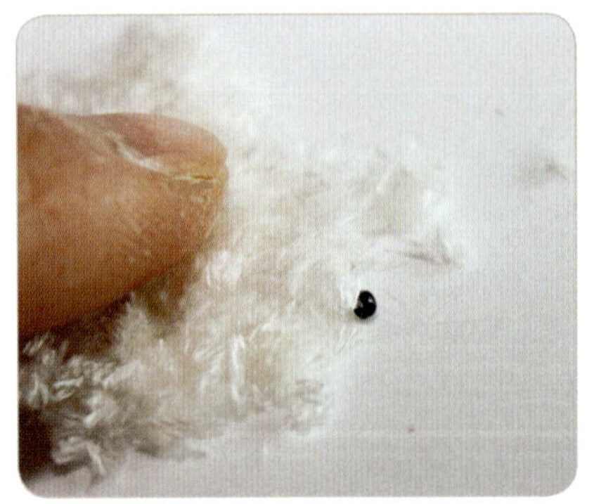

⑲ 나머지 실들을 강아지 몸통에 전부 덮어 톡톡 두드려주세요.

⑳ 10초 후에 핀셋으로 붙지 않은 실들을 긁어내고 강아지 몸에 붙은 털을 다시 두드리고 긁어내고 하면서 붙지 않은 실들은 완벽히 긁어내주세요.

㉑ 강아지를 뒤로 돌려 라인따라 잘 오려주세요(역시 너무 바짝 자르지 않도록 하며 코에 묶은 실도 주의하세요).

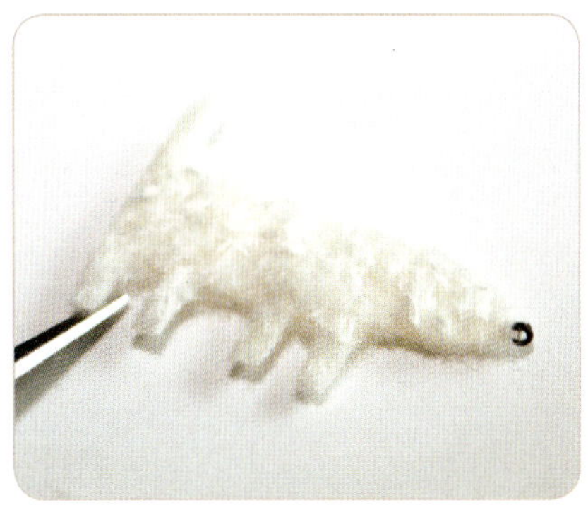

㉒ 다리와 다리 사이를 다시 한 번 잘 오려주고 다리 길이가 모두 맞도록 잘라주세요(이렇게 2번 털붙이기를 했는데도 빈듯한 곳이 생기면 그곳만 본드를 조금 발라 커버해주세요)

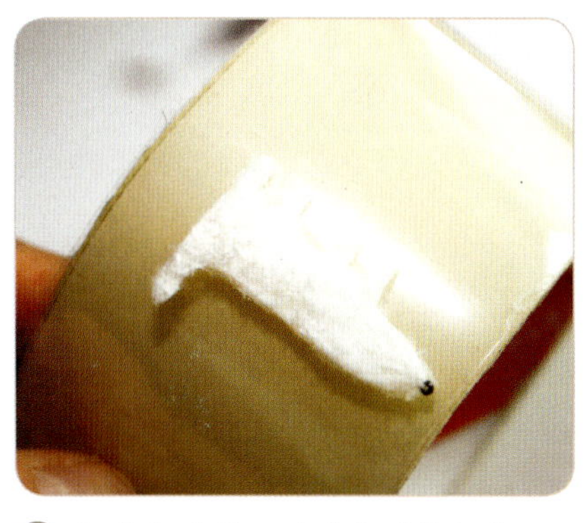

㉓ 윤곽이 가위로 정리가 되었으면 스카치테이프를 이용해 잔털을 제거하세요.

㉔ 처음에 만들어 놓은 귀 하나를 사진과 같이 본드로 붙이고(귀 아래가 앞쪽으로 향하도록 기울여서).

㉕ 나머지 한쪽도 반대쪽에 사진처럼 직선으로 내려 본드로 붙여주세요. (앞에서도 뒤쪽 귀가 보이도록)

㉖ 앵커 면사 381번 4가닥을 빳빳하게 잘 코팅하세요.

㉗ 30초 후에 적당한 눈 크기로 실패할 것에 대비해 여러 개 오려두세요(양쪽, 앞뒤 총 4개가 필요해요).

㉘ T침을 이용해 5mm짜리 진주 고리를 만들고 체인 3칸에 고정하세요.

㉙ 강아지 몸통 중앙보다 3mm 앞쪽, 위에선 2mm 떨어진 곳에 송곳이나 시침핀 등으로 구멍을 뚫고(구멍이 완전히 보이도록 뚫어주세요)

㉚ 사진처럼 강아지+O링+체인3.5cm 연결하고 진주방울을 먼저 귀침에 고정한 뒤 강아지 체인을 그 뒤에 고정하세요.

31 사진처럼 진주방울이 강아지 체인보다 앞쪽에 오도록 하세요.

32 오려놓은 강아지 눈을 핀셋으로 집어 금방 나온 본드를 칠하고 강아지 얼굴에 앞뒤로 붙여주세요.

33 라이트 콜로라도 토파즈 핫픽스를 앞쪽에 5개, 뒷쪽에 5개 붙여주세요.

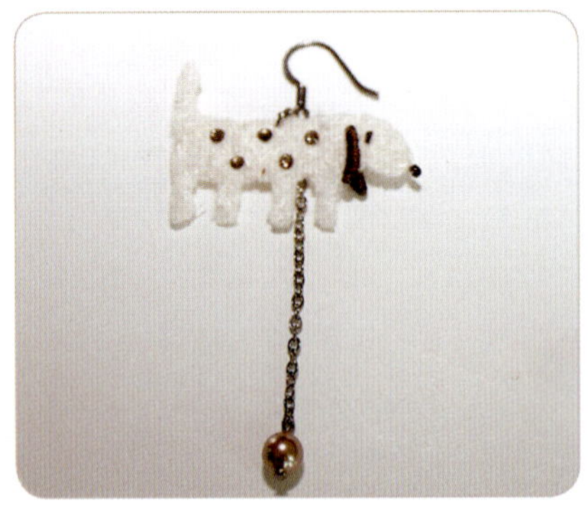

34 이런 식으로 다른 강아지도 똑같이 작업을 해주고 체인만 언발란스하게 바꿔주세요.

35 왼쪽 강아지 체인 조합하는 법 –
강아지+O링+체인3칸/
체인 5cm+4mm 진주로 결합한 뒤
귀침에 강아지 먼저 걸고 진주방울
체인을 뒤에 고정하면 끝!

memo

Green tree and apple

#27

사과 나무 이어링

Apple Tree Earring

#27 사과나무 이어링

싱그런 초록빛 두 나무에 사과가 열린 듯
디자인된 귀걸이예요.
한 나무는 밑동이 짧고 나무는 길어요.
또 한 나무는 밑동이 길고
나무는 옆으로 살짝 동그래요.
빈티지한 신주체인과 참 잘 어울리기도 하죠.

H o w t o m a k e

준비물 : 앵커 면사 876번 250cm,
261번 250cm,
273번 13cm

씨드비즈 빨강 12~14개(1.5~2mm 크기)
230pvc 6x4cm
신주귀침과 신주체인 5cm
핫픽스 ss6 에리나이트 x7개 ss6 에메랄드 x7개

완성품 크기 : 가로 약 2cm x 세로 약 2.5cm

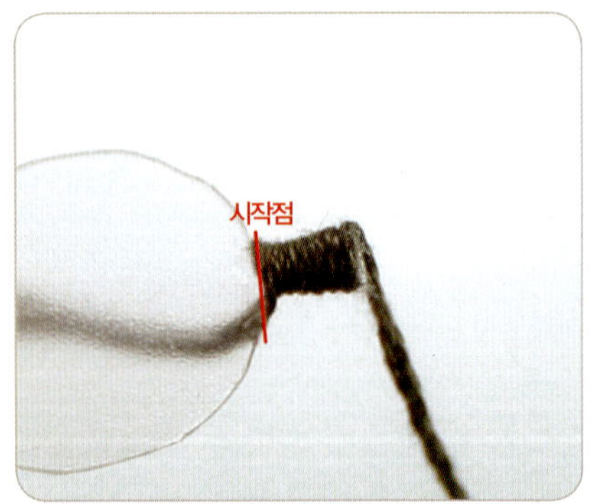

01 나무 모양으로 오린 pvc(p.347 실물본 참고)에 앵커 면사 273번 13cm 3가닥으로 나무 밑둥에서 여유분 1cm 남기고 촘촘히 감아주세요.

02 이렇게 두 개의 밑둥을 감아주고 마무리 코팅까지 잘 해주세요.

03 체인 길이를 각각 3cm와 2cm로 잘라서 3cm에는 앵커 261번 8cm 2가닥으로 묶어주고 2cm에는 앵커 876번 2가닥으로 묶어주고 실 길이는 1cm정도만 남기고 잘라내주세요.

04 앵커 261번 실이 묶인 체인은 밑둥 긴 나무에 앵커 876번이 묶인 체인은 밑둥 짧은 나무에 본드로 붙여둡니다. (이때 체인 한 칸도 함께 붙여주세요)

05 03번에서 2가닥 빼고 남은 각각의 실 한 가닥을 이용해 빨간 씨드비즈를 여섯 개씩 묶어주세요.

06 앵커 876번으로 묶은 열매 6개, 261번으로 묶은 열매 6개를 만들고 실 길이를 양쪽으로 2mm씩만 남기고 잘라내주세요.

07 나머지 앵커 876번 실을 모두 2mm 길이로 일정하고 잘게 잘라주세요.

08 밑둥 짧은 나무에 본드칠을 1mm 두께로 고르고 빠르게 하고

09 좀전에 자른 앵커 876번 실의 반 정도를 나무 바디가 보이지 않도록 전부 덮어 손가락으로 툭툭 골고루 두드려 주세요.

10 10초 후에 핀셋으로 붙지 않은 실들을 긁어내고 긁어낸 실은 다시 모아둡니다.

11 나무 바디를 뒤로 돌려 모양 따라 가위로 잘 오려주세요. 다시 한 번 잘 붙도록 두드려주세요.

12 뒤쪽에 또 다시 본드를 1mm 두께로 고르고 빠르게 칠해주세요.

⑬ 좀전에 긁어 모아둔 실을
나무 바디가 보이지 않도록 덮어주고
손가락으로 골고루 톡톡 두드려주세요.

⑭ 10초 후에 핀셋으로 슬슬 긁어내어
붙지 않은 실들을 모두 제거해주세요.

⑮ 뒤를 돌려 가위로 모양 따라
잘라주고 처음 털을 붙였던 곳에 다시
한 번 본드를 전체적으로 얇게(털이
빈 곳은 좀 두껍게) 칠해주세요.

⑯ 처음에 남겨둔 반 정도의 실을
나무 바디가 보이지 않도록 덮어주고
손가락으로 전체를 톡톡 두드려주세요.

⑰ 10초 후에 핀셋으로 슬슬 긁어내어
붙지 않은 실들을 모두 제거해주세요.

⑱ 뒤로 돌려 라인을 따라 가위로
잘라주고

⑲ 다시 반대쪽에 본드칠을 전체적으로
얇고 균일하게 해서

⑳ 마지막 털 붙이기를 해주세요.
손으로 잘 두드려 붙여주고

㉑ 핀셋으로 붙지 않은 실들을
긁어주세요.

22 붙지 않은 실 정리가 끝났으면 가위로 라인을 따라 잘 오려주고

23 마지막으로 스카치테이프를 이용해 잔털을 제거해주세요(특히 나무 밑둥의 잔털들).

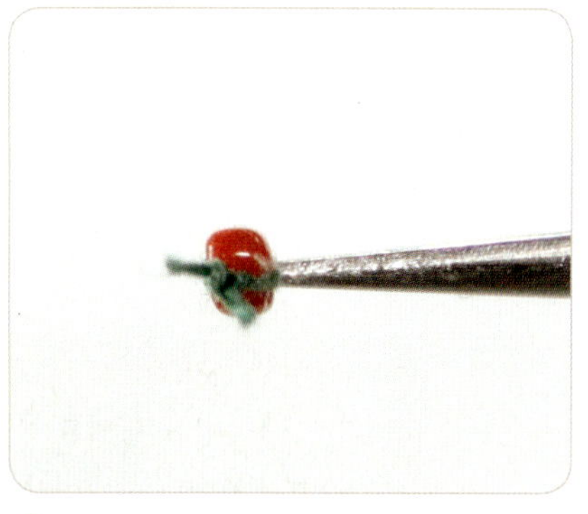

24 묶어둔 사과 비즈를 핀셋으로 집어 실 묶은 부분과 빨간비즈 부분에 금방 나온 본드를 톡 칠해준 뒤

25 나무 앞쪽에 하나씩 올려주세요.

26 이렇게 총 6개 정도 올려준 뒤

27 핀셋 뒤로 지긋이 눌러서 붙여주고 만지지 말고 가만히 놔두세요.

28 체인 끝에 귀침을 벌려서 바로 고정해주세요.

29 다른 한 쪽도 앵커 261번 실로 똑같이 작업해 주세요.

30 사과 열매 반대쪽엔 사진과 같이 크리스탈을 붙여주세요.

#28

큐브 헤어밴드

Cube HairBand

#28 세련된 큐브 헤어밴드

매우 심플하지만 화려한 크리스탈 장식으로
무척이나 고급스러워 보이는 머리띠예요.
만들기도 쉽고 컬러 매치도
원하는 대로 할 수 있고
꼭 하나쯤 가지고 있으면
분명 유용하게 쓰일 거예요.

How to make

준비물 : 0.5~0.6cm 폭의 헤어밴드 프레임
디엠씨 메탈사 엔틱이펙트 E415번 440cm
앵커 면사 401번 450cm
앵커 diadem 메탈사 301번 40cm
스와로브스키 핫픽스 사각(4mm) 에메랄드 x40개
핫픽스 ss6 페리도트 x36개, ss6 존킬 x28개
ss6 몬타나 x20개, ss6 사파이어 x4개
ss6 라이트 사파이어 x12개
0.5pvc 4x3.9cm

완성품 크기 : 가로 4cm

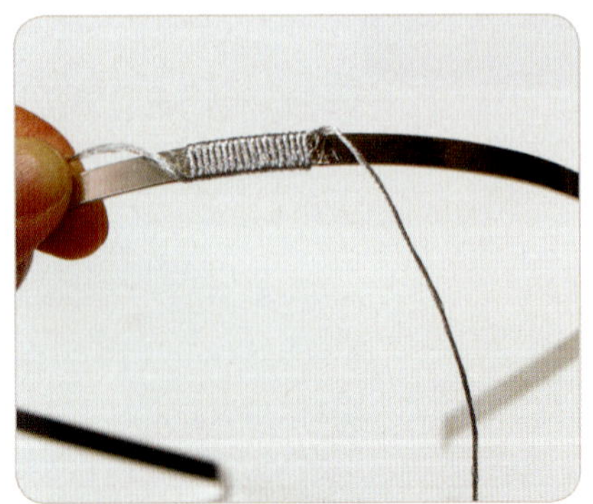

01 머리띠 프레임에 엔틱이펙트 E415번 440cm 로 중앙감기 하세요. 메탈사이므로 면사보다 본드 양을 조금 더 많이 해서 앞 뒤로 잘 칠해주세요.

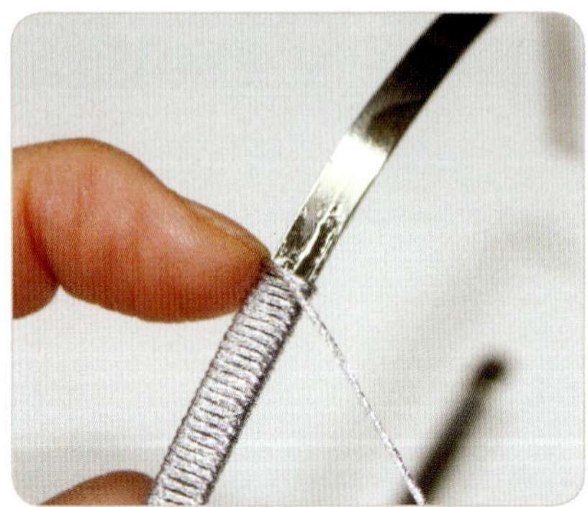

02 실과 실 사이가 벌어지면 그 즉시 손톱으로 내려서 촘촘히 감아주세요.

03 사진 정도까지 감았으면 뒤쪽에서

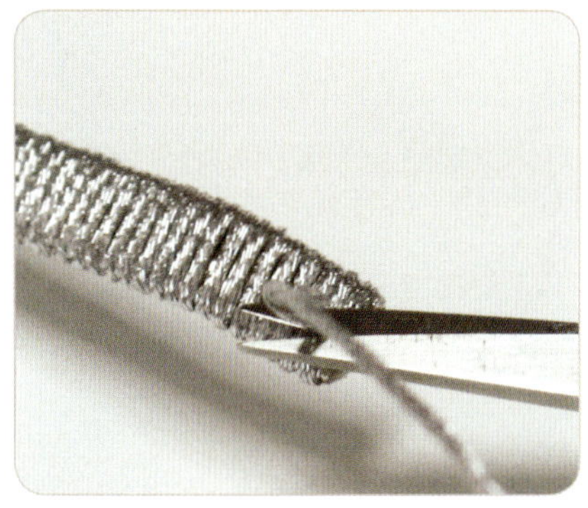

04 가위로 바짝 자르고 본드로 코팅하세요. 한 번에 잘 안되면 여러 번 해주세요. 메탈사는 빨리 붙지 않아요.

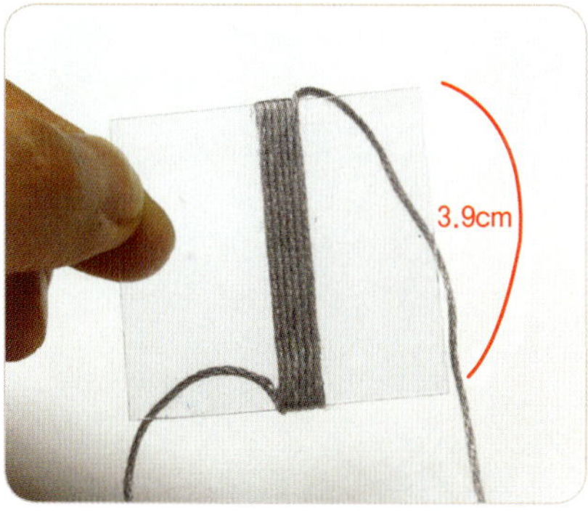

05 4×3.9cm로 자른 바디(p.343 실물본 참고)를 앵커 면사401번 450cm로 중앙감기 하되 3.9cm쪽을 감아주시면 돼요. 사진 방향참고.

06 거의 다 감았을 때 다시 한 번 본드를 앞뒤로 칠하고 완전히 덮은 후

07 기본기법 중 사각 pvc에 실감기 (p.26)를 참고해서 뒤쪽 마무리 코팅을 해주세요.

08 본드칠 한 곳을 손으로 두세 번 눌러주고요.

09 반쪽도 마찬가지로 완성하세요.

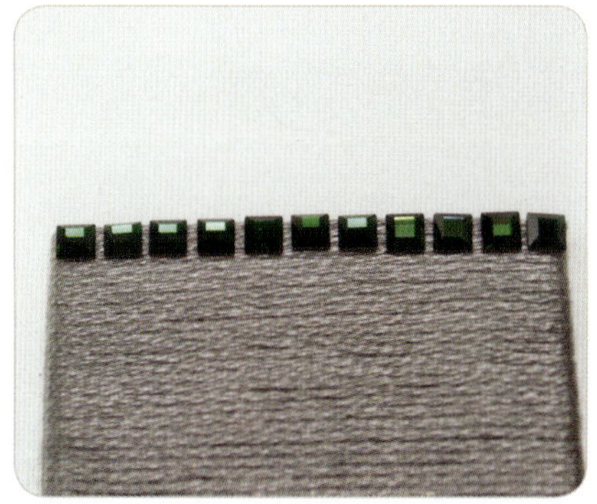

10 사각 핫픽스를 09번에 감아놓은 바디에 사진처럼 나란히 붙여주세요. 핫픽스가 크니 인두기로 약 20초 정도 눌러주세요.

11 이렇게 라인 따라 쭉 사각 핫픽스를 붙여주고요.

12 모서리 4군데에 ss10 페리도트를 하나씩 붙이세요.

⑬ 페리도트 핫픽스를 나머지 공간에 간격 맞춰 잘 붙여주고

⑭ 페리도트 안쪽엔 존킬-몬타나-라이트사파이어-사파이어 순으로 붙여주세요(사진과 똑같이 붙이면 됩니다).

⑮ 바디 옆면에 본드를 칠해서 diadem 메탈사를 5cm씩 잘라 한 줄만 붙여 덮으세요.

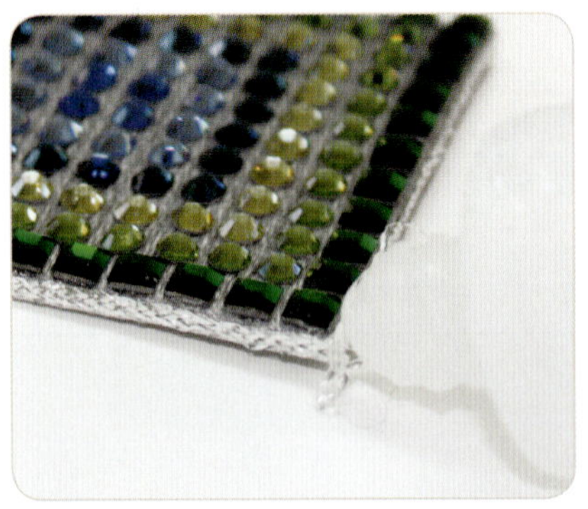

⑯ 돌아가며 4면을 모두 붙여주고

⑰ 메탈사와 메탈사가 겹쳐진 모서리는 남은 메탈실을 가위로 잘라내세요.

⑱ 가위로 자른 곳은 반드시 코팅하세요.

⑲ 이번엔 바디 뒤쪽에 메탈사 폭만큼 본드를 칠해서 5cm로 자른 메탈사를 붙이세요.

⑳ 4군데 모두 한 줄씩 붙여주고 가위로 사각 모양을 따라 나머지 메탈실을 잘라내세요.

㉑ 잘라낸 곳은 역시 본드로 코팅해주세요. 그럼 사진처럼 은박 프레임을 씌운 것처럼 완성될 거예요.

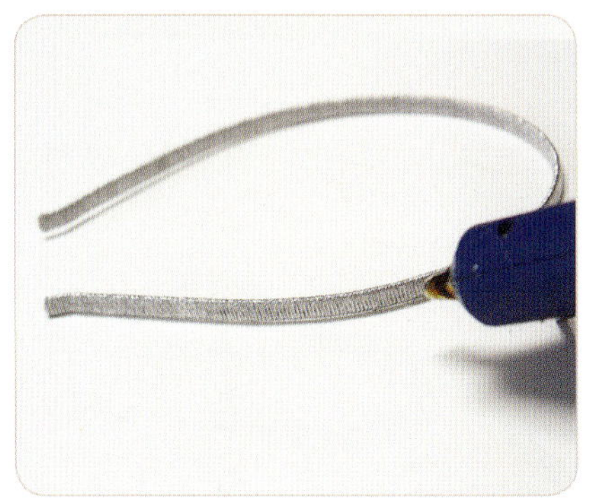

22 원하는 위치에 글루건을 3cm 정도 발라주고

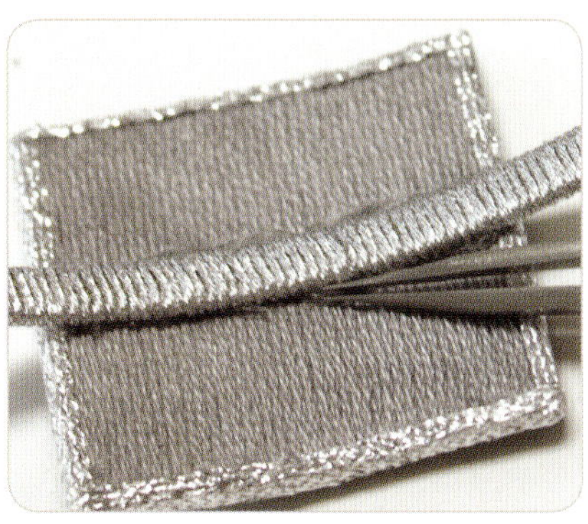

23 글루건을 바른 위에 사각 바디를 얹어 꾸욱 눌러주세요. 이때 글루건이 튀어나오면 즉시 핀셋으로 떼어주세요.

24 핀셋으로 떼어낸 글루건 여분을 인두기의 잔열을 이용해 재빨리 지나가 주세요. 그럼 좀 더 깔끔히 마무리됩니다.

25 본드로 핸드메이드 라벨도 붙여주세요.

26 쉽고도 간단하지만 무척 고급스러운 머리띠가 완성됩니다.

BONUS TIP

포니테일도 이런 식으로 완성하시면 됩니다.
머리를 묶으면 사각 프레임만 보여 무척 세련되어 보여요.

Triple
Triple

Triple

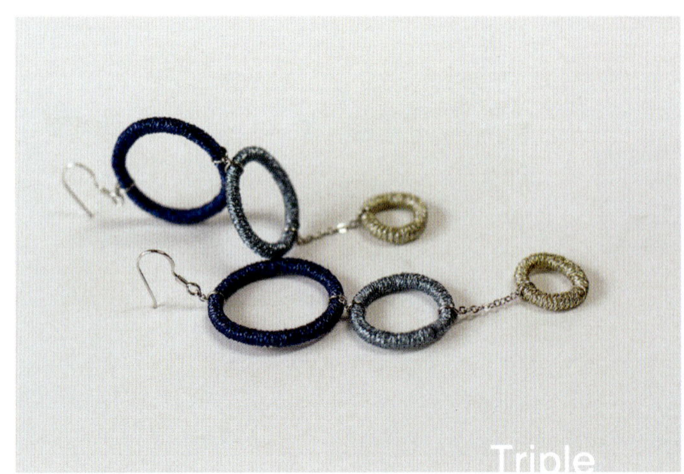
Triple

Triple
Triple

Triple
Triple

Triple

#29

트리플 링 이어링

Triple Ring Earring

#29 트리플링 이어링

심플하지만 메탈사만 이용해
무척 시원하면서도
포인트가 되어줄 수 있는 귀걸이예요.
큰 듯하지만 무척 가볍고요.
만들기도 쉽고 간단해서 더욱 좋아요.

How to make

준비물 : 디엠씨 메탈사 E825번 90cm ×2개
E3849번 70cm ×2개
E677번 55cm ×2개
2mm 와이어 38cm 정도, 백금귀침 한쌍
백금 235체인 4cm 정도, 백금 O링 ×10개
핫픽스 카프리블루 ss6번 ×10개
아쿠아마린 ss6번 ×10개
실크 ss6번 ×10개

완성품 크기 : 가로 약 2cm×세로 약 6cm

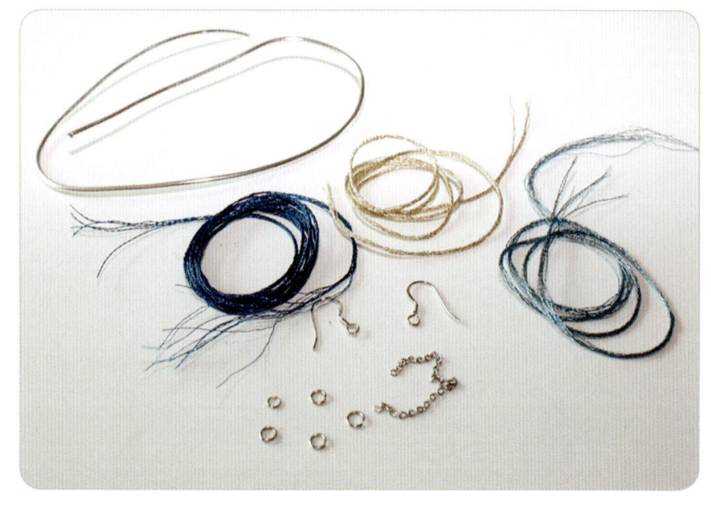

01 2mm 와이어를 휴지로 감싼 뒤 사방으로 문질러 곧게 펴주고

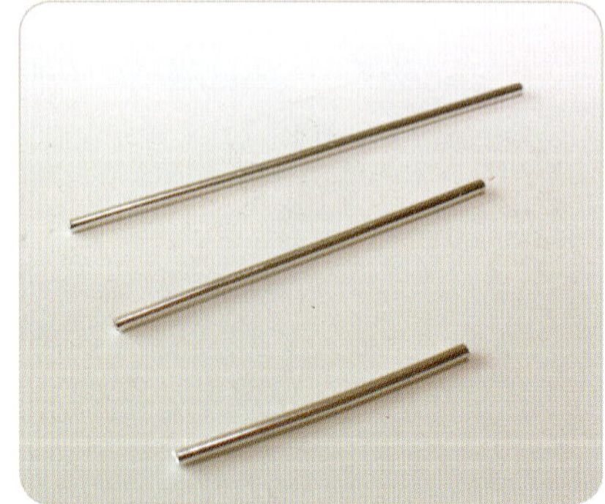

02 8cm×2개, 6cm×2개, 4cm×2개로 잘라놓으세요. 와이어 양쪽 단면이 직각으로 곧게 잘리도록 일제 TOP ENI-100 니퍼를 이용하세요.

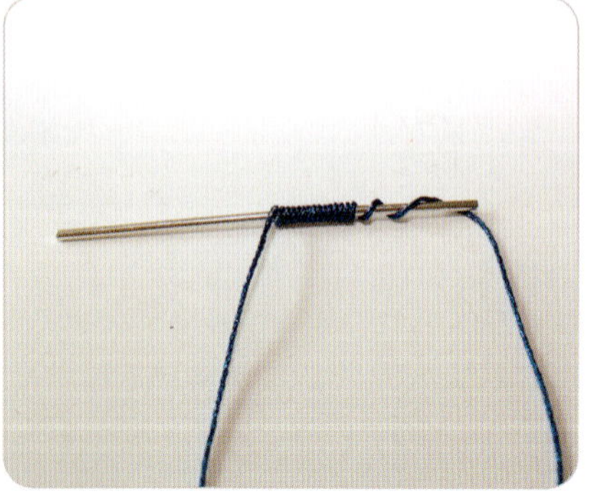

03 8cm 와이어에 메탈사 825번 90cm로 중앙감기 해주세요. 메탈사는 본드 양을 면사 때보다 조금 더 사용하고 빨리 붙지 않으니 천천히 작업하세요.

04 거의 끝까지 왔으면 다시 한 번 와이어에 본드를 칠하고

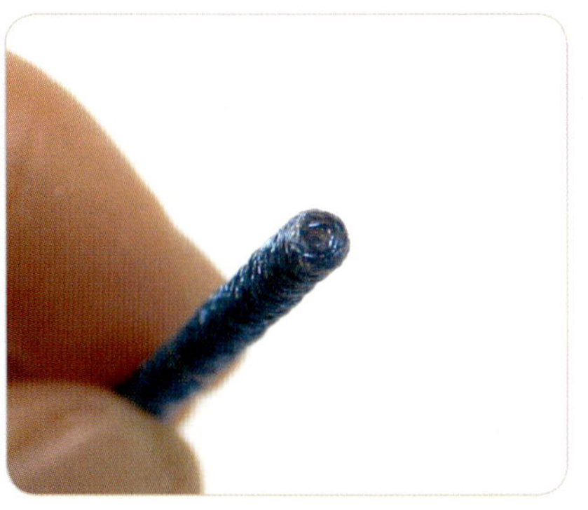

05 실을 인위적으로 말아 본드칠 한 와이어 옆쪽에 잘 붙여 완전히 감싸 주세요.

06 와이어 옆면이 평평해야 하므로 코팅이 굳기 전에 땅바닥에 톡톡 두드려 눌러서 평면이 되도록 해주세요.

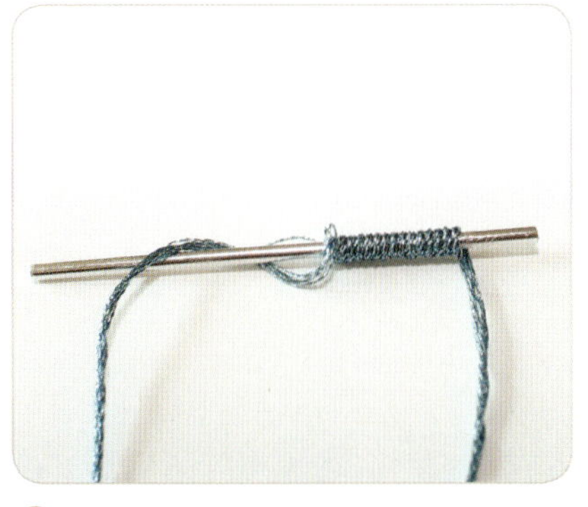

07 마찬가지로 이번엔 6cm 와이어에 디엠씨 메탈사 3849번 70cm를 중앙감기 해주세요.

08 마지막으로 4cm 와이어엔 메탈사 677번 55cm를 중앙감기 해주세요.

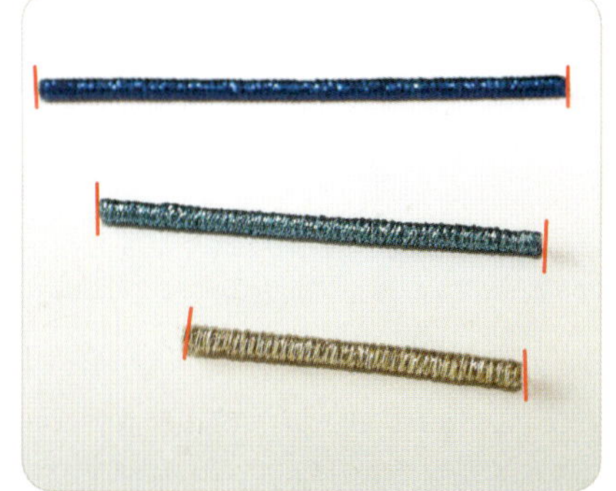

09 이렇게 모두 옆면이 평평하게 잘 감아놓고

10 타원에 가까운 원을 만들어주는데 일단 손으로 u자형을 만들고

11 손으로 구부릴 수 있는 한 구부려 주면 사진처럼 양쪽 끝이 서로 맞지 않게 됩니다.

12 이때 와이어 거의 바깥쪽에 롱로즈를 놓고 서로가 맞도록 지긋이 구부려 주세요.

⑬ 사진처럼 서로가 딱 맞도록 롱로즈로 잘 조정해 주고

⑭ 앞뒤가 아닌 옆쪽으로 살짝 밀어 한 쪽에 본드를 적당히 칠하고

⑮ 다시 원상태로 돌려 놓아 잘 붙도록 가만히 놔둡니다.

⑯ 이런 식으로 자연스레 타원형에 가까운 원들을 대, 중, 소 크기로 만들어 주세요.

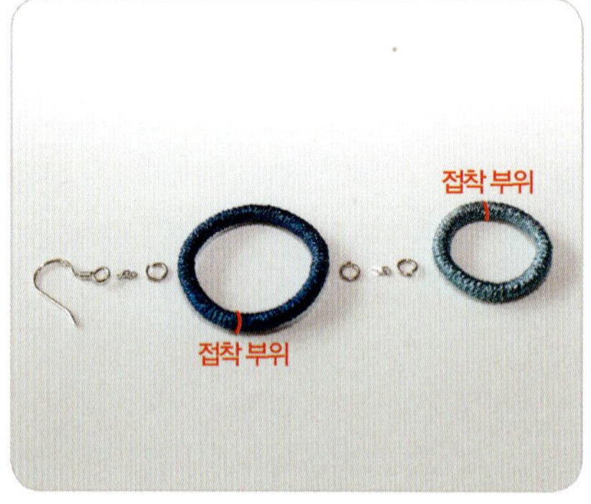

⑰ 귀침+체인 3칸+O링+파랑링+O링+체인 3칸+O링+하늘색링 순으로 O링을 벌려 링에 건 뒤 다물어주세요. (이때 모든 링의 접착부위가 O링의 옆쪽으로 오도록 해야 합니다)

⑱ 이번엔 O링+체인 13칸을 연결해 하늘색에 걸어 다물어 주고 다시 13칸 체인 밑에 O링을 걸어 연한 금색링에 고정하세요.

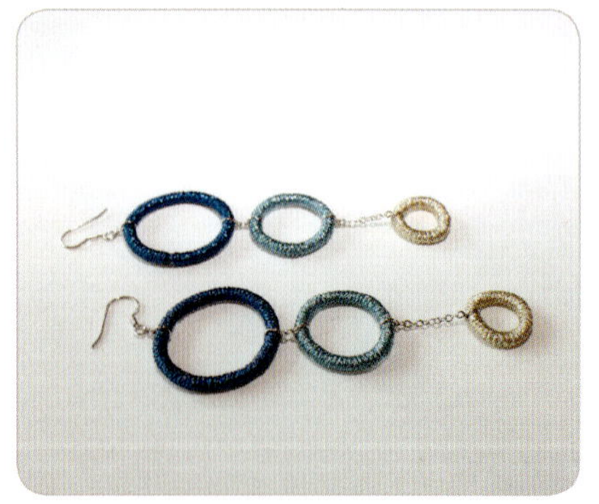

⑲ 이렇게 양쪽 모두 연결해 놓고

⑳ 접착부위 면에 핫픽스를 5개씩 원따라 돌려가며 나란히 붙여주세요.

㉑ 파란색 링은 카프리블루로 하늘색 링은 아쿠아마린으로 연금색 링은 실크로 마무리해주세요.

memo

#30

블링블링 헤어밴드

Bling Bling Hairband

#30 블링 블링 헤어밴드

눈부신 여름이면 언제나 빼놓을 수 없는 아이템! 바로 반짝이지요~
그 펄감이 풍부한 메탈사들을 이용해 깔끔하고 간단한 머리띠를 만들어 봅니다.

How to make

준비물 : (cristallina 메탈사 321번, 319번, 300번, reflecta 메탈사 5233번, 313번, ophir 메탈사 301번, gutermann 메탈사 7028번) 각각 320cm 한줄 씩

머리띠 프레임(폭 0.5cm 짜리)

01 각각 320cm씩 자른 메탈사를 모두 한꺼번에 줄 맞춰서 가지런히 모아주세요.

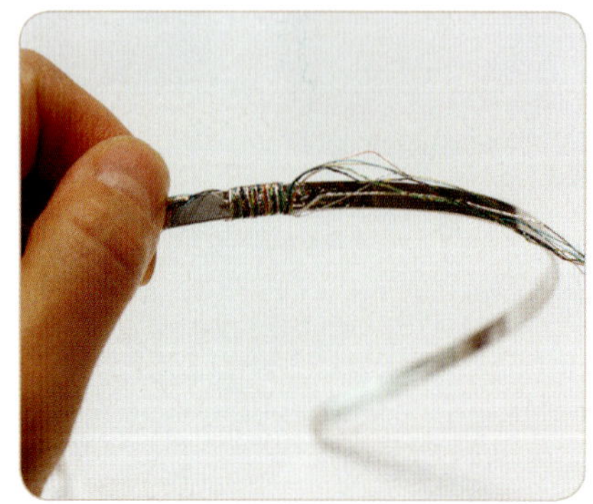

02 머리띠 프레임 중앙과 메탈사 중앙에 포인트를 맞춰 중앙감기를 시작합니다. 본드는 1cm폭으로 앞, 뒤 전체적으로 잘 칠해주세요.

03 사진처럼 메탈사를 꼬지 말고 하나하나 색이 보일 수 있게 나란히 유지한 상태로 촘촘히 감아주세요. 실이 살짝씩 겹치는 건 괜찮아요. 다만 면사보단 단단히 감아주세요.

04 사진처럼 메탈사가 직선을 유지하도록 하면서 본드를 앞뒤로 칠해가며 계속 감아주세요.

05 귀에 닿는 부분은 좀 더 신경써서 본드칠을 해주세요.

06 이만큼 감았으면 다시 한 번 앞뒤로 본드를 칠해주고

07 머리띠 프레임이 거의 안 보일 정도로만 감아주고 실은 머리띠 안쪽으로 보내둡니다.

08 메탈사 가닥들이 여러 개이므로 하나도 빠짐없이 붙도록 본드를 칠해주고 머리띠 안쪽에서 가위로 잘라주세요.

09 가위질한 곳에 다시 한 번 본드칠을 해서 코팅을 확실히 해주세요.

10 메탈사 자체의 성질도 있고 가닥도 많아서 한 번에 붙지 않을 거예요. 여러 번 손으로 눌러서 잘 붙여주면 끝내는 다 붙게 되어 있어요.

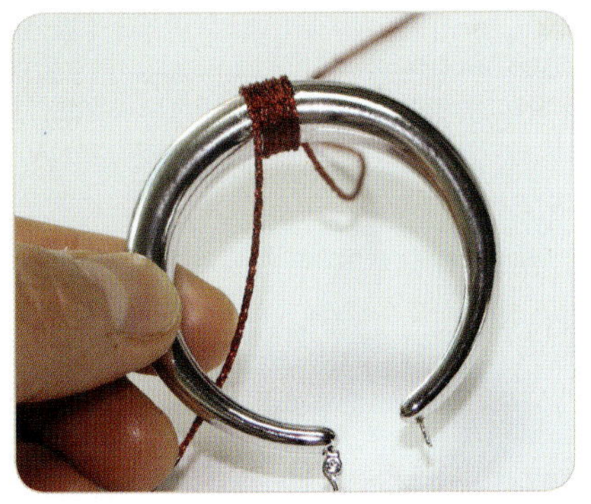

11 귀걸이 같은 경우도 메탈사를 중앙감기로 감아주는데요. 바깥쪽 실은 살짝 벌려주고

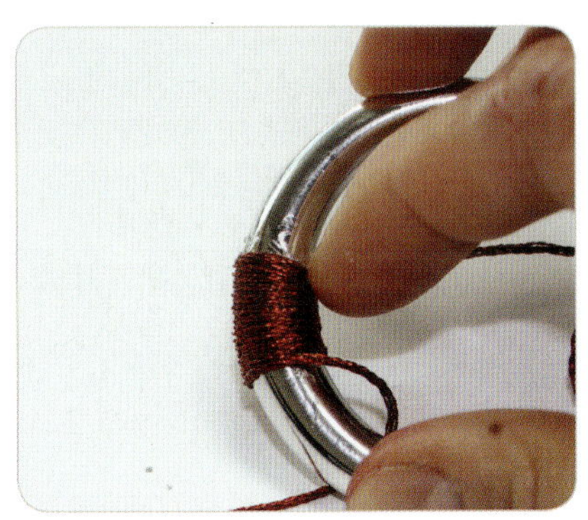

12 사진과 같이 안쪽 메탈사는 손톱으로 바짝바짝 좁혀가면 예쁘게 감긴답니다.

시에나 그린색

cristallina 메탈사 321번, 319번, 300번
reflecta 메탈사 5233번, 313번
ophir 메탈사 301번
gutermann 메탈사 7028번

귀걸이 색상 : 디엠씨 메탈사 E 3849번

파파야 핑크색

cristallina 메탈사 317번, 300번
reflecta 메탈사 311번
ophir 메탈사 300번, 301번
gutermann 메탈사 7026번, 7020번

귀걸이 색상 : 디엠씨 메탈사 E 155번

크림슨 블루

cristallina 메탈사 300번, 317번, 320번
reflecta 메탈사 316번,311번,315번
ophir 메탈사 301번

귀걸이 색상 : 디엠씨 메탈사 E 334번

동대문 종합상가나 근처 거리에 보면 링 귀걸이들을 팔아요.
그 중 본인 스타일에 맞는 걸 구매해서 메탈사로 멋지게 감아서
머리띠와 함께 착용하고 다녀보세요.

각종 메탈사는 릴공예 샵(ireel.cafe24.com)에서 구매할 수 있어요.

memo 

Silver

fashion color – silver & pink

fashion code – lovely & pretty

fashion style – big & flower

#31

빅 플라워 메탈 이어링

Big Flower Metal Earring

#31 빅 플라워 메탈 이어링

한여름 시원한 은빛 메탈사를
이용하여 만든 귀걸이예요.
단순하지만 큼직한 사이즈는
포인트가 되어주고요.
검게 썬텐된 피부에 더욱 더
빛이 되는 귀걸이랍니다.

How to make

준비물 : 디엠씨 메탈사 E168번 400cm
앵커 면사 74번 55cm x4개
20호 와이어 4.5cm x10개
24호 와이어 8cm x4개
백금 포스트형 귀침과 연결체인 4cm x2개
핫픽스 ss6 라이트 로즈 x28개
ss6 로즈 x52개
스페셜 핫픽스 버뮤다블루 프로티스트 x4개

완성품 크기 : 가로 약 2.8cm×세로 약 10cm

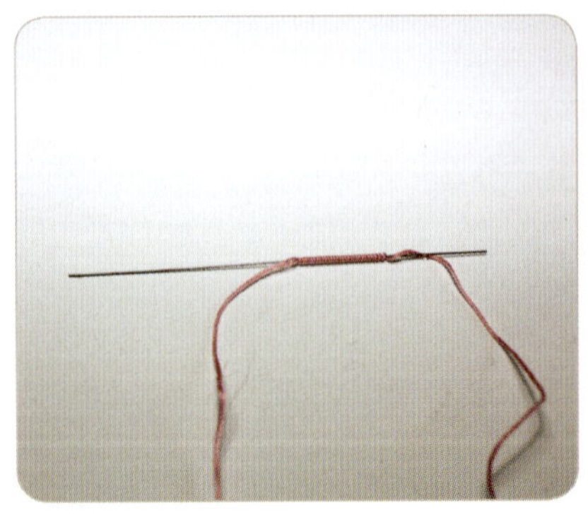

01 8cm짜리 24호 와이어에 앵커 면사 74번 55cm를 6가닥 그대로 중앙감기 하세요.

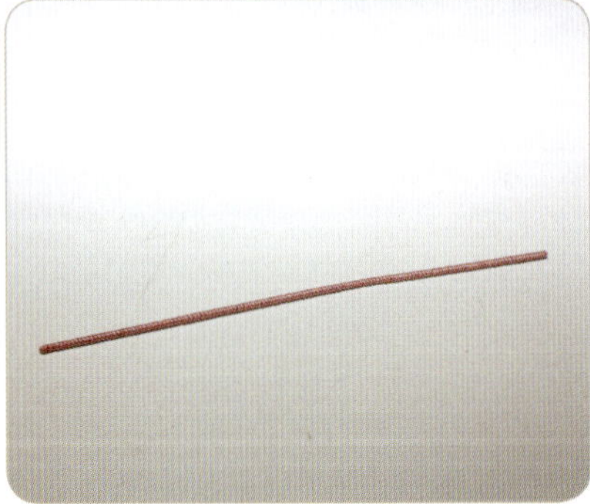

02 같은 방법으로 4개 모두 촘촘히 감아주세요.

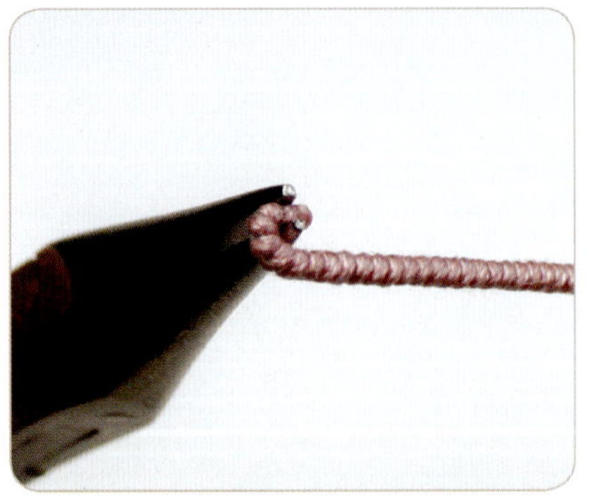

03 롱로즈로 골뱅이 감기를 하세요.
p.30 기본기법 중 골뱅이 감기 참고

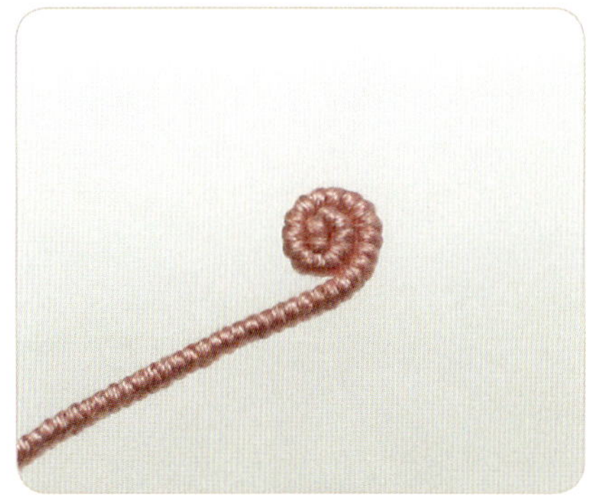

04 기본 골뱅이 만들기 기법에 따라 촘촘히 당겨가며 감아주세요.

05 나머지 여분은 니퍼로 잘라내고

06 잘라낸 쪽 마무리 코팅을 잘 한 후 롱로즈로 코팅한 쪽을 살짝 구부려 골뱅이에 밀착시켜 주세요.

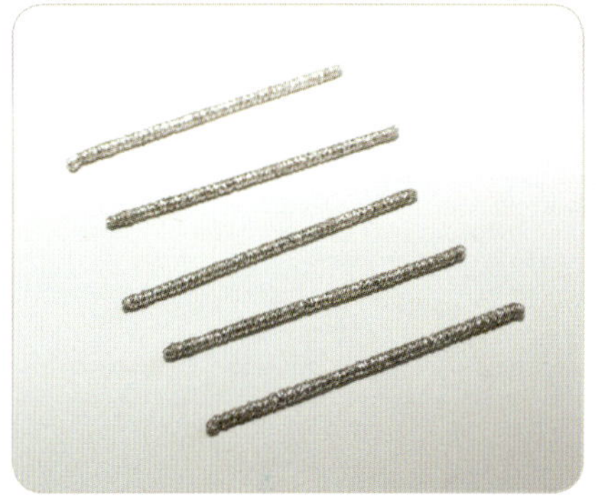

07 4.5cm로 자른 20호 와이어에 디엠씨 은색 메탈사 E168번 40cm로 5개 모두 중앙감기 하세요.

08 손을 이용해 물방울 무늬를 만들어 주세요. 이때 양쪽 끝이 벌어지지 않게 모아주세요.

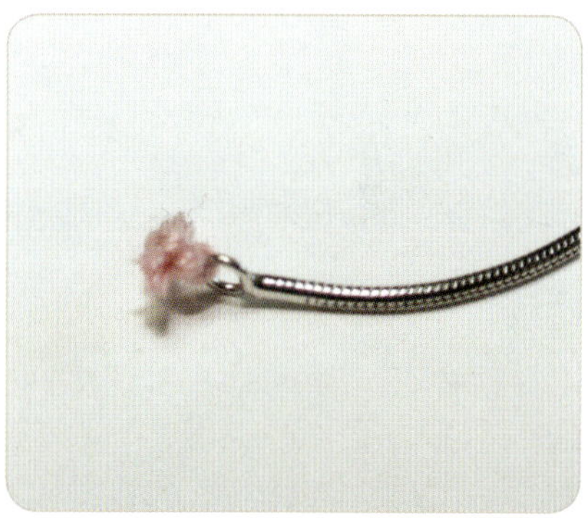

09 연결체인 끝쪽에 감고 남은 핑크실을 6가닥 그대로 묶어서 매듭부분만 남기고 바짝 잘라주세요.

10 골뱅이에 본드를 넉넉히 칠해서 매듭이 가운데 오도록 얹어 체인과 함께 잘 붙도록 핀셋으로 지긋이 눌러주세요.

11 물방울 무늬의 꽃잎들을 핑크색 매듭을 중심으로 사진과 같이 본드 위에 배열해서 붙이고 핀셋으로 지긋이 눌러주세요.

12 꽃잎 붙인 위에 본드를 골뱅이 폭만큼 넉넉히 칠해주고

⑬ 본드칠 한 위에 골뱅이를 덮어주고 반건조 될 쯤(약 20초 후) 핀셋으로 지긋이 눌러주세요.

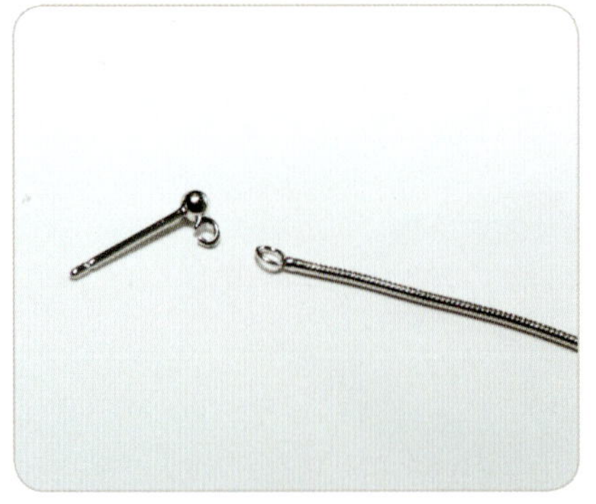

⑭ 연결체인에 귀침을 걸어주세요.

⑮ 가운데 버뮤다블루 프로스티드 핫픽스를 15초간 눌러주고 로즈 핫픽스 7개를 그 주위에 가지런히 붙여주세요.

⑯ 로즈 핫픽스 주위에 이번엔 라이트 로즈 핫픽스 12개를 나란히 붙여주세요.

⑰ 앞쪽에 버뮤다블루 프로스티드 핫픽스가 둥글어 뒤쪽은 핫픽스를 붙이기 힘드므로 뒤쪽은 꽃보다 작은 뚜껑 위에 얹어놓고 붙이면 편해요.

⑱ 이렇게 앞뒤로 핫픽스까지 붙이면 완성!

B O N U S T I P

만약 버뮤다블루 프로스티드가 없다면 ss10 블루지르콘을 이용해도 좋아요!
버뮤다블루 프로스티드 핫픽스는 릴공예 샵(ireel.cafe24.com)에서 주문할 수 있어요.

★ 좀 더 열정적인 표현을 원한다면

디엠씨 메탈사 E 815(레드)번과 앵커면사 1090번,
핫픽스는 정가운데 ss10 썬 + 원둘레는 ss6 사파이어 + ss6 라이트 사파이어로 매치해 보세요.

memo

+ silver

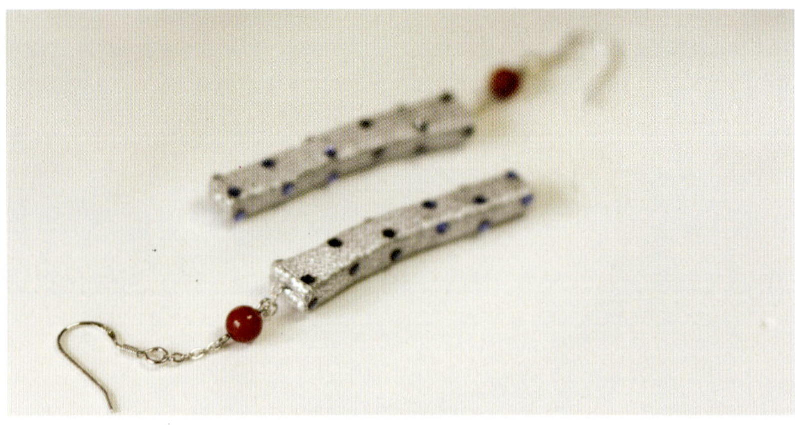

+ design

+ antique

#32

실버 스틱 이어링

Silver Stick Earring

#32 실버 스틱 이어링

마치 은조각덩어리를 자른 듯한
느낌의 귀걸이예요.
금속 공예가의 솜씨같은 디자인으로
심플하고 세련되고 고상하게
착용할 수 있어요.
빨간 산호와 블루 사파이어의 매치도 멋지고요.

How to make

준비물 : 0.5pvc 5x20cm 정도
디엠씨 앤틱이펙트 메탈사 E415번 150cm
백금귀침, 체인 4cm 한쌍씩
산호석 5~6mm x2개
백금 T침 x2개
핫픽스 ss6 사파이어 x48개
독일제 diadem 넓적 메탈사 은색 20cm

완성품 크기 : 가로 약 0.7cm×세로 약 4cm

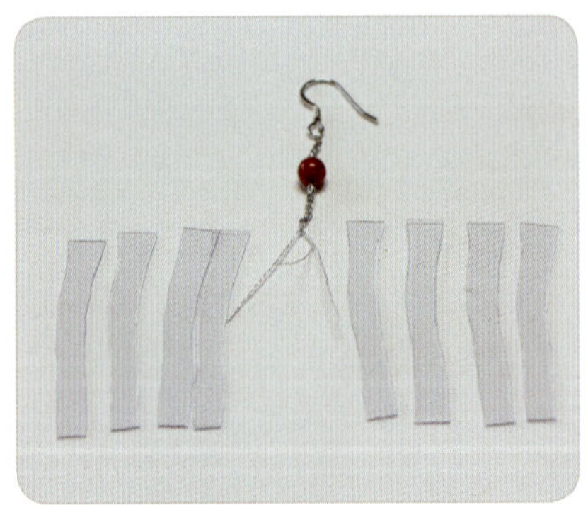

01 0.5pvc에 사진과 같이 8개의 바디를 그려놓아요. (p.347 실물본 참고)

02 똑같이 오린 바디 4장을 릴 접착제로 붙여주되 폭이 넓은 부분이 위로 오도록 하세요.

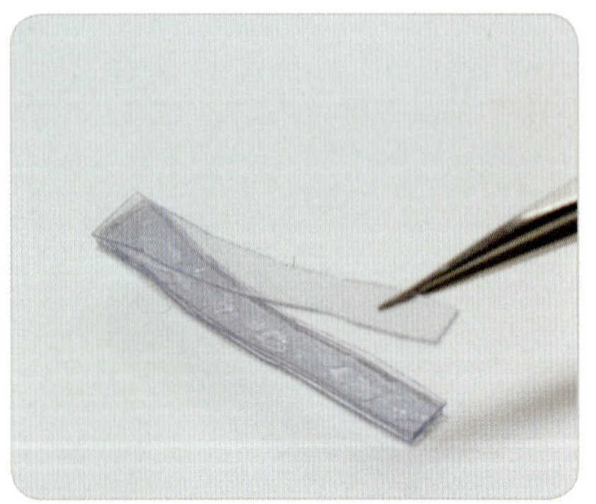

03 사진처럼 4장만 차곡차곡 본드로 붙여준 뒤

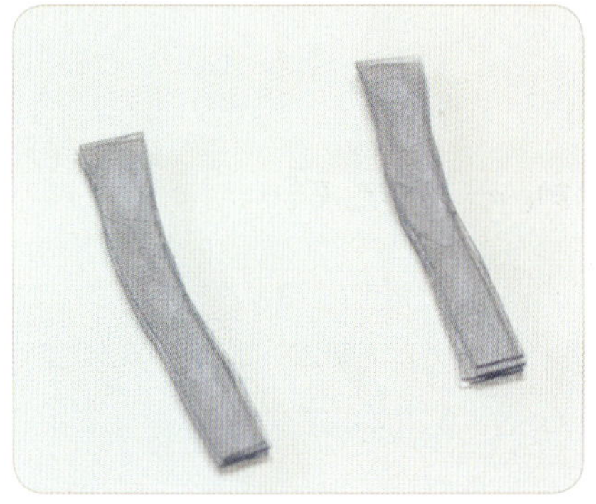

04 이렇게 나머지 4장도 붙여주어 2개를 만들어 놓고 본드가 마를 때까지 15분 정도 기다리세요.

05 T침을 이용해 산호석 양쪽으로 고리를 만들어 놓고

06 귀침+체인6칸+산호석+체인5칸 순으로 조합하세요.

07 체인 아래쪽에 E415 메탈사 10cm 정도 1가닥으로 실의 가운데를 묶어주세요(실을 체인에 한 번만 통과시키지 말고 튼튼하게 2번 통과시키고 묶어줍니다).

08 묶는 매듭도 세 번을 해주어 튼튼하게 마감해주세요.

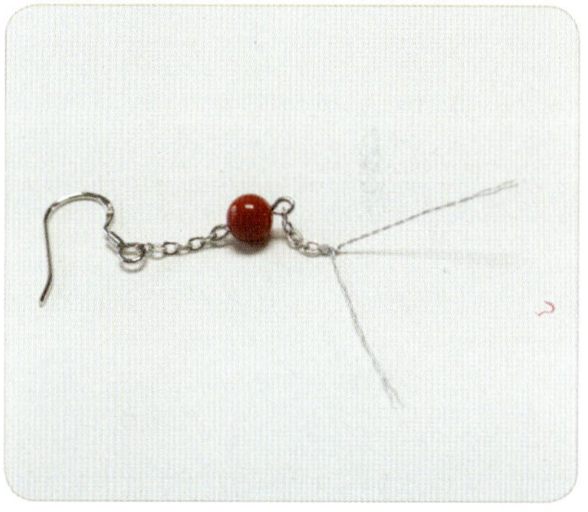

09 메탈실은 3cm 정도만 남기고 잘라내주세요.

10 4장을 붙인 바디 위에 본드를 칠하고 실 부분만 바디 위에 붙도록 본드로 칠해서 고정하고

11 실이 붙은 바디 위에 전체적으로 본드를 칠해서 또 다른 4장 붙인 걸 얹어서 아래 위가 잘 맞도록 조정한 뒤 15분 정도 굳도록 놓아두세요.

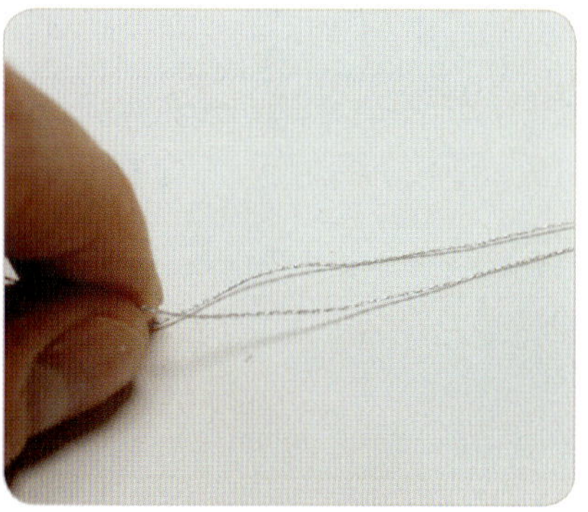

12 메탈사 150cm 중 2가닥만 뽑아놓아요.

⑬ 2가닥 메탈실로 귀걸이 중앙부터 실이 겹치지 않게 중앙감기를 하세요. 이 귀걸이는 실을 돌리지 말고 바디를 돌리면서 감아야 실이 겹치지 않고 예쁘게 감겨요.

⑭ 앞처럼 촘촘히 직선이 되도록 바디를 돌려가며 감아주고 벌어지면 사진처럼 손톱 끝으로 실을 내려가며 계속 감아주세요.

⑮ 거의 다 감았는데 옆에서 봤을 때 살짝 바디가 삐져나오면 메탈사를 따로 잘라붙여 덮어도 됩니다.

⑯ 완전히 덮어졌으면 바짝 가위로 잘라주고

⑰ 코팅까지 깔끔하고 튼튼하게 해주세요.

⑱ 앞 뒤 모두 처리하고(사진은 귀침이 달린 앞쪽면)

⑲ (이 사진은 뒤쪽 면) 중간쯤에 바디가 살짝 삐져 나왔는데 이런 일이 없도록 잘 오리고 만약 사진처럼 되었더라도 신경쓰지 마세요. 나중에 커버돼요.

⑳ diadem 넓적 메탈사를 1cm 크기로 잘라 pvc가 보이는 옆면에 한 장 얹어 붙여 주고

㉑ 또 한 장 얹어 붙여주되 메탈사끼리 조금씩 겹치도록 붙이고 메탈사가 들뜨지 않도록 본드는 확실히 칠해주세요.

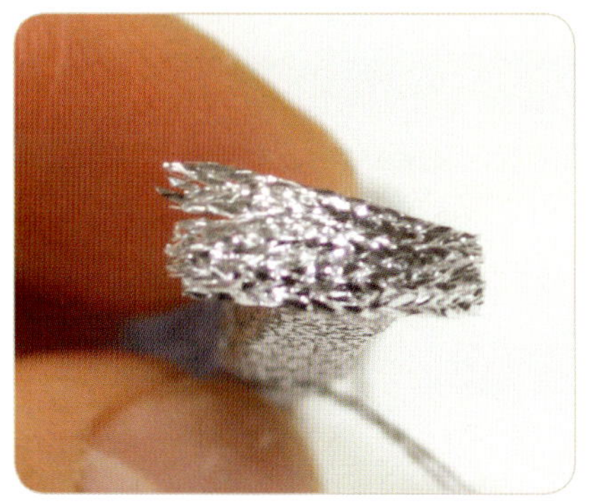

22 마지막으로 한 장 더 붙여서 완전히 덮어준 뒤

23 가위로 네모난 바디 모양을 따라 깔끔히 오리고

24 가장자리 4면을 모두 코팅합니다. 들뜨는 것이 없도록(이런 식으로 귀침 달린 쪽도 해주세요)

25 두쪽 모두 완성시키고

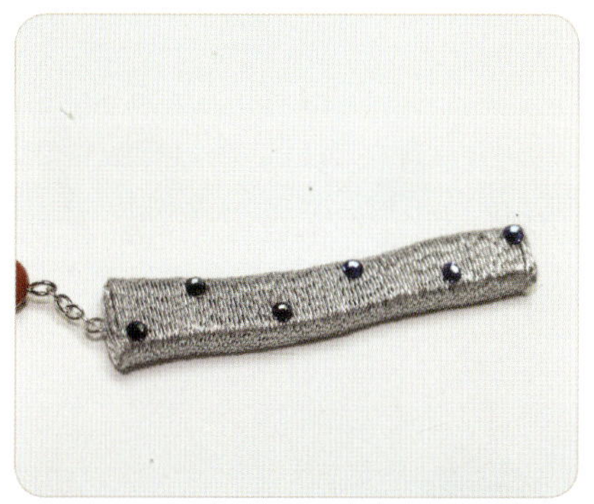

26 사진처럼 사파이어 핫픽스를 붙여주세요(바디의 곡선을 따라 붙였음).

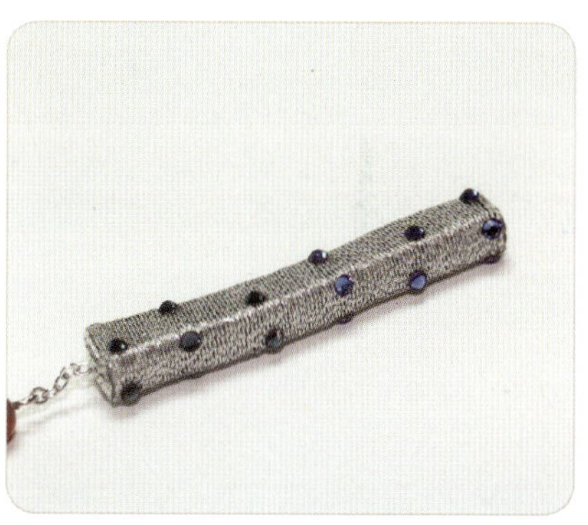

27 옆쪽으로 돌려 사진처럼 처음 붙인 곳과 어긋나게 붙여주세요.

28 또 옆쪽으로 돌려 사진처럼 붙여주면 마지막까지 딱 맞아떨어지게 4면을 모두 붙일 수 있어요.

29 양쪽 모두 완성!

30 만약 체인 옆면을 넓적 메탈사로 처리할 때 체인과 체인 사이가 벌어진다면 체인 들어갈 부분을 가위로 살짝 파내고 붙여주면 깔끔히 처리돼요.

깊이 있게 고혹적인
Unbalancing

#33

언발란스 이어링

Unbalance Earring

#33 언발란스 이어링

고급스런 컬러의 매치가 깔끔하지만
언발란스한 디자인으로 도회적인
세련미를 느낄 수 있는 디자인이예요.
중년 여성에게 더 잘어울리며
피부가 하얗다면 더욱 돋보일 거예요.

H o w t o m a k e

준비물 : 0.5pvc 7x2.5cm

디엠씨 메탈사 E3849번 180cm
앵커 면사 213번 20cm
사금석 8mm ×2개 4mm ×2개
골드링 스타일 귀침 ×1개, 포스트형 귀침 ×1개
골드 체인 6cm 정도, 골드 T침 ×4개

완성품 크기 : 가로 약 1.9cm×세로 약 8cm

01 8mm와 4mm 사금석 각각 1개씩 T침을 끼워 고리를 만들어 주고 남은 8mm와 4mm의 사금석 1개씩은 T침을 이용해 양쪽으로 고리를 만드세요.

02 양쪽고리 8mm 사금석+금체인 2.5cm+한쪽고리 4mm 사금석 순으로 연결해 두세요. 나중에 사진처럼 위쪽으로는 바디가 연결될 거예요.

03 02번의 양쪽고리 사금석 체인을 연결한 반대쪽 고리엔 메탈사와 비슷한 면사 30cm 1가닥을 실 중앙에 세 번 정도 묶어주세요(이때 사금석 고리가 완전히 잘 붙어 있어야 해요).

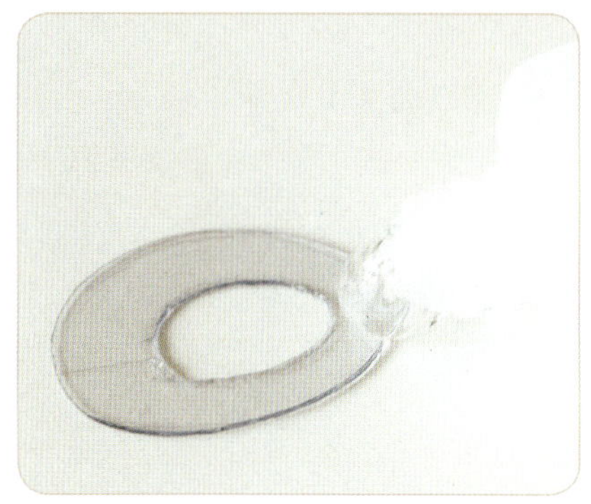

04 귀걸이 바디(p.347 실물본 참고) 절반 정도에 본드를 앞뒤로 적당히 칠해주세요.

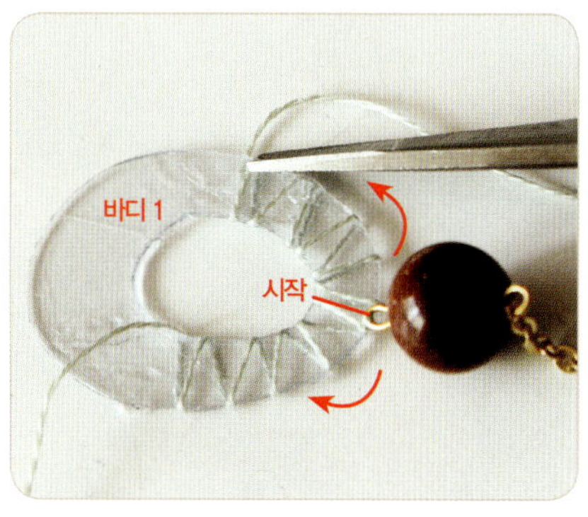

05 03번에 연결해 놓은 면사를 본드를 칠한 바디 중앙지점에 놓고 성기게 돌돌 말아 감아주고 사진처럼 중간지점에서 본드를 칠 하고 가위질 하세요(실 여분이 바디 밖으로 튀어나오면 안돼요).

06 그럼 사진처럼 될 거예요.

07 이번엔 링귀걸이+체인2칸+양쪽고리 4mm 사금석+금체인 2cm로 연결해놓고 그 끝엔 면사 30cm 1가닥을 실의 중앙에 세 번 묶어 고정해주세요.

08 다른 8mm 사금석 고리에도 면사 30cm 1가닥을 05번 방법과 똑같이 귀걸이 바디에 고정시키세요.

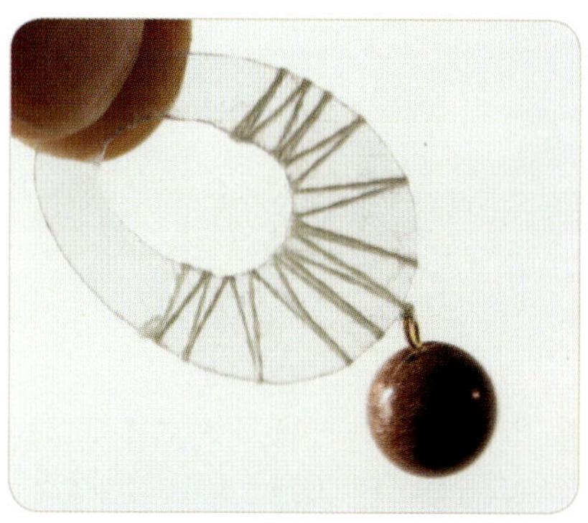

09 이렇게 귀걸이 바디에 아래쪽 사금석을 면사로 설깃설깃 감아 고정하고

10 이번엔 07번에 고정해놓은 귀걸이 체인 끝에 걸린 면사를 09번의 고정되지 않은 바디 끝쪽에서 05번과 똑같은 방법으로 고정시키세요.

11 그럼 이렇게 완성이 될 거예요.

12 이제 바디에 메탈사를 감아야 하는데 우선 디엠씨 메탈사 E3849번을 90cm로 자르세요. 그럼 실의 양 끝쪽이 사진처럼 풀어질 거예요.

⑬ 그 풀어진 곳을 2cm 정도만 본드로 여러 번 문질러 코팅을 시켜주세요.

⑭ 사금석 달린 바디의 중간지점에서 중앙감기 시작하세요. 코팅한 메탈실을 원 사이로 통과하면서 감으면 돼요.

⑮ 촘촘히 감아주는데요. 바디의 안쪽은 실을 좀 모아주면서 바디의 바깥부분은 실을 살짝 벌려주면서 촘촘히 감으세요. 실끼리 살짝식 겹쳐감아도 돼요.

⑯ 반대쪽도 마저 촘촘히 감아주세요.

⑰ 귀침을 연결한 부분에서 서로 만나게 되면 그 부분에 본드를 칠해서

⑱ 서로 실을 마주 붙여주고 가위로 바짝 누르듯이 자르세요.

⑲ 메탈사가 여러 겹이라 한 번에 코팅이 안 될 수 있어요. 이때는 다시 한 번 본드를 칠해서 계속 붙여주세요. 단, 본드는 깔끔하게 처리하고요.

⑳ 다른 한 쪽도 14번과 마찬가지로 감아주세요.

㉑ 18번과 마찬가지로 코팅을 잘해주고요.

22 그럼 이렇게 완성이 될 거예요.
이번에는 포스트형 귀침을 붙이는데

23 포스트 귀침에 글루건이나
강력 접착제를 이용해

24 바디 윗부분에 잘 붙여주세요.

25 그럼 언발란스한 귀걸이가
완성됩니다.

BONUS TIP

디엠씨 메탈사는 여러가지 다양한 색상이 있으니 각종 다양한 원석의 컬러와 매치해서
또 다른 느낌으로 만들어 보세요.

#34

실버 메탈릭 팔찌

Silver Metalic Bracelet

#34 실버메탈릭팔찌

더운 여름 시원하고 세련되게
착용할 수 있는 아이템이에요.
은색 메탈사는 작업도 쉽고 독특한
질감덕에 특이함까지 느낄 수 있답니다.
실버의 단조로움을 컬러풀한 크리스탈로
포인트를 주어서 더욱 멋지죠~

How to make

준비물 : 디엠씨 메탈사 168번(5283) 5m
(손목이 굵으면 6m)
스와로브스키 크리스탈 주판알(5301) 4mm 짜리
(라이트 시암 x1개, 라이트 토파즈 x1개, 블루지르콘 x1개, 에리나이트 x1개, 카프리 블루 x1개)
백금체인(3~4mm 정도의 굵기) 30~35cm 정도
0.5pvc 15x3cm
235SF 백금체인 5cm 정도, 백금 T침 x7개
막대 비즈 x2개, 팔찌 잠금 훅 x1개

완성품 크기 : 가로 약 2.8cm×세로 약 10cm

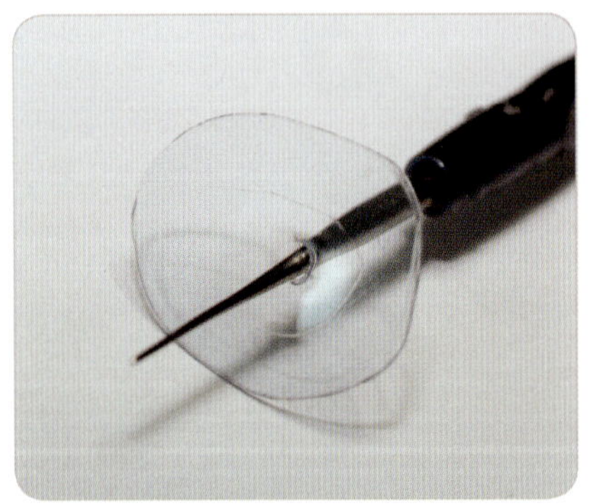

01 pvc판에 송곳을 이용해(p.347 실물본 참고) 도넛모양을 그리고 송곳을 이용해 가운데 부분에 구멍을 뚫으세요.

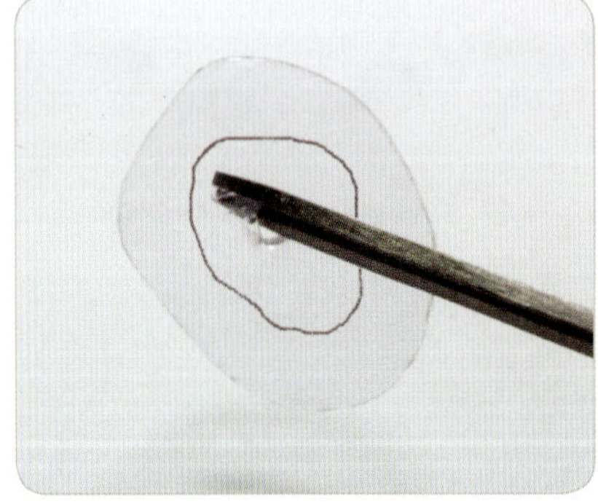

02 도넛의 안쪽 라인을 따라 가위로 오려서 파내주세요. 가위의 얇은 앞쪽을 이용해야 매끄럽게 오릴 수 있어요.

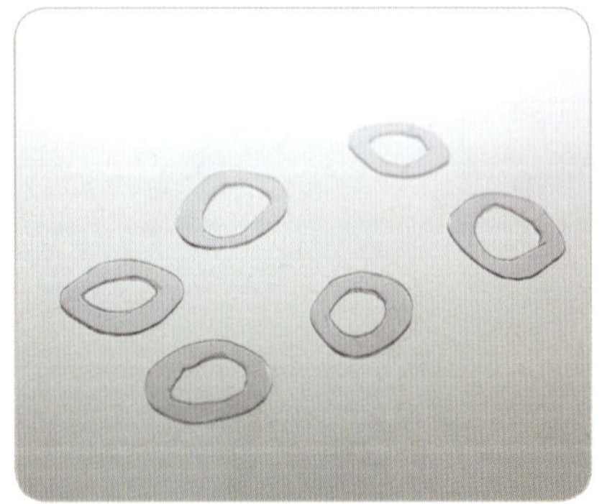

03 이렇게 총 5개(평범한 굵기의 손목일 경우)~6개(두꺼운 손목일 경우) 정도 오려주세요(5개 기준으로 진행).

04 준비된 두께의 체인을 1cm 폭으로 잘라 양쪽에 메탈사 8cm 2가닥을 두 번 매듭지어 묶어주세요. 이런 식으로 4개를 만들어 놓으세요.

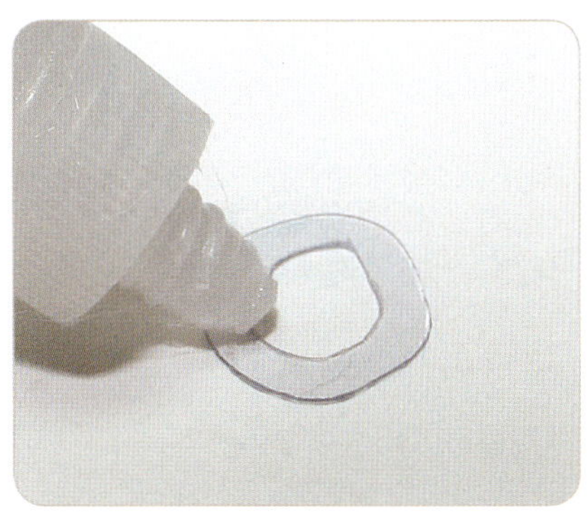

05 오려둔 도넛 한 개에 본드를 칠하고

06 묶어둔 체인을 본드를 칠한 곳에 묶어서 고정하되 묶은 매듭이 사진처럼 도넛 위 중앙에 오도록 하세요.

07 반대쪽 도넛에도 본드를 칠해서

08 다른 체인을 묶어주고(묶은 매듭은 모두 반드시 도넛 위 중앙에 오도록 주의하고)

09 옆 사진처럼 뻗친 은사실은 도넛판에 들어올 정도만 남기고 자른 뒤 도넛판에 본드를 칠해서 붙이세요.

10 준비한 크리스탈에 T침을 끼워 아래 위로 고리를 만들고

11 도넛판 안쪽 공간에 맞도록 235 백금 체인을 2~3칸 정도 잘라 고리에 걸고 고정한 후 체인 양쪽 끝에 메탈사 8cm 2가닥을 묶어 고정해주세요.

12 양쪽 체인을 9시, 3시 방향에 놓고 12시와 6시 방향에 본드를 칠해서

⑬ 크리스탈을 묶은 체인으로 두 번 묶어 고정해 주세요(역시 마찬가지로 매듭은 모두 도넛 위 중앙에 오도록).

⑭ 튀어나온 실은 도넛 길이에 맞도록 자르고 본드를 칠한 후 도넛판에 붙여주세요.

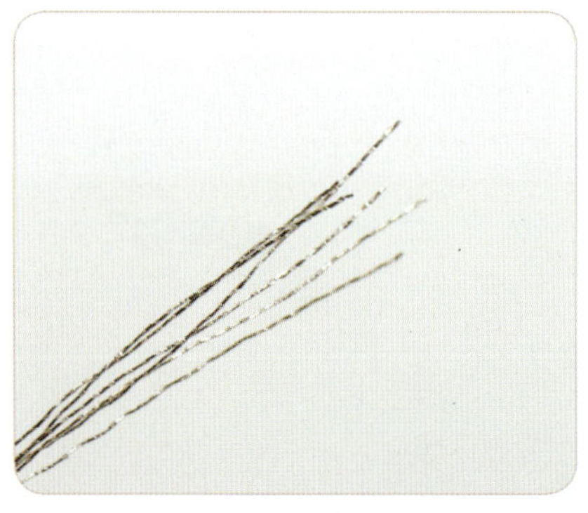

⑮ 도넛을 감을 실은 90cm로 잘라 6가닥 중 3가닥으로 나눠주는데 아마 실의 양쪽 끝이 사진처럼 벌어질 거예요.

⑯ 그렇게 되면 감을 때 불편하므로 양쪽 모두 코팅해서 모아주세요.

⑰ 코팅한 메탈사를 이등분하여 도넛의 55분 지점에서 가슴에서 바깥방향으로 중앙감기 하세요.

⑱ 실들이 겹치듯 촘촘히 감아주면 됩니다. 체인 매듭 부분도 잘 커버되도록 촘촘히 감아주세요.

⑲ 바깥쪽에 비해 안쪽 공간이 적으므로 손끝으로 빨간선 부분을 모으면서 촘촘히 감아주세요.

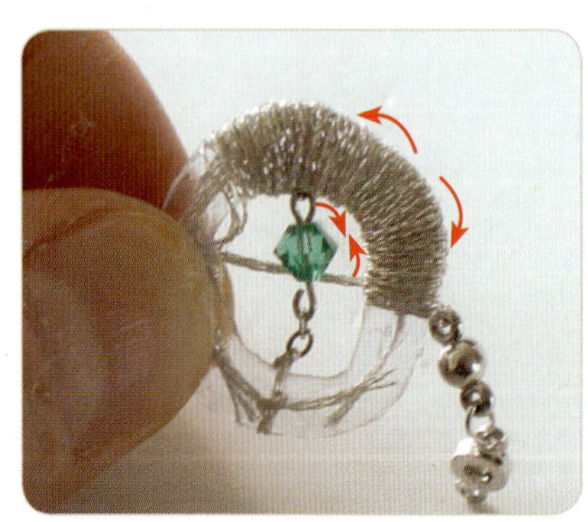

⑳ 커브가 심한 곳일수록 안쪽을 더 모아주고 바깥쪽은 살짝 넓히면서 감아주면 됩니다.

㉑ 이런 식으로 반을 다 감았으면 반대쪽 남은 실로 가슴에서 바깥 방향으로 촘촘히 감아주세요.

22 거의 다 감았을 때쯤 다시 한 번 도넛판 앞 뒤로 본드를 칠해서 마저 촘촘히 감아주세요.

23 실과 실끼리 만나면 도넛판 위 중앙 지점에서 본드를 칠해서 코팅해주세요.

24 5개 모두 같은 방법으로 작업해서 사진처럼 배열해 주면 됩니다. 손목 굵기가 굵은 경우 1개 분량을 추가하면 됩니다.

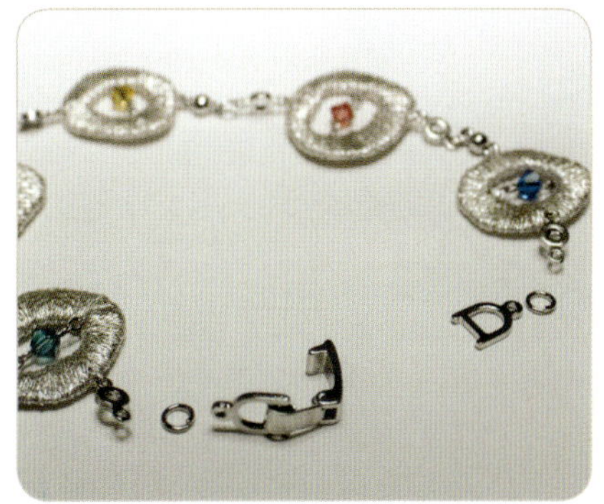

25 연결이 모두 끝났으면 O링으로 팔찌 연결 훅을 고정시켜 주세요.

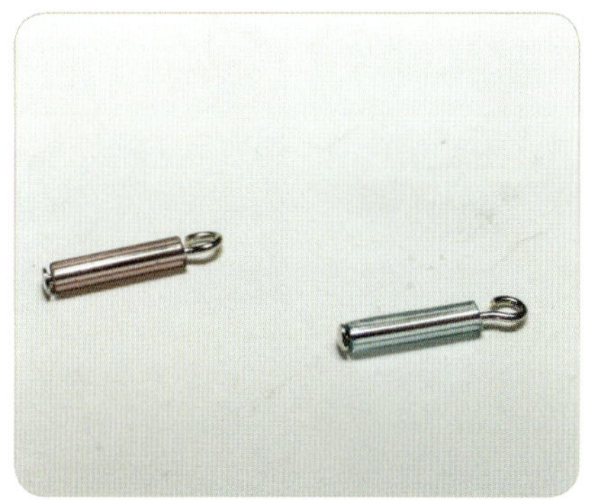

26 긴 막대 비즈도 T침을 이용해 한 쪽에만 고리를 만들어 두세요(2개).

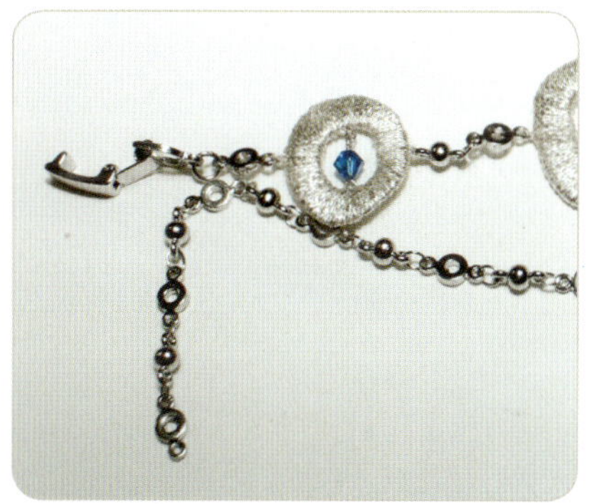

27 팔찌 체인을 25cm로 잘라 도넛을 연결한 길이보다 1.5cm 정도 짧게 팔찌훅을 연결한 O링에 걸어 고정해주세요.

28 양쪽 모두 고정하면 좌우 끝에 체인이 늘어질 거예요.

29 그 늘어진 체인 한쪽에 막대 비즈를 걸어 고정하고

30 반대쪽에도 막대 비즈 또 하나를 걸어 고정하세요.

#35

앤틱 이니셜 목걸이

Antique Initials Necklace

#35 앤틱 이니셜 목걸이

브론즈 느낌을 주는 앤틱 메탈사를 이용해 간직하고픈 이니셜을 만들어 매치해 보는 목걸이예요. 전체적으로 빈티지한 느낌이 세련되고 롱기장이라 어느 옷에도 매치하기 좋아요.

How to make

준비물 : 디엠씨 앤틱 메탈사 E436번 760cm
230pvc 11x3cm, 은버니쉬목걸이 체인 75cm, 24호 와이어 30cm 정도
은버니쉬 참 장식 x3개, T침 x4개, O링 x3개
각종 원석 x4개, 은버니쉬 목걸이 마감체인
앵커 면사 1028번, 1041번, 1066번 각각 50cm씩
핫픽스 ss6 라이트 콜로라도 토파즈 x20개
핫픽스(ss10 zm크리스탈 볼카노, ss6 블루 지르콘, 블랙다이아, 아메띠스트) 각각 10개 정도씩

완성품 크기 : 가로 약 4.5cm×세로 약 5.5cm

01 230pvc를 11×3cm로 자르고 (p.349 실물본 참고) 사진과 같이 놓은 뒤 메탈사 E436번 760cm로 본드를 앞뒤로 넉넉히 칠해가며 중앙감기 하세요.

02 메탈사 굵기가 굵어 실과 실 사이가 벌어질 수도 있어요. 그럼 그 즉시 손으로 촘촘히 좁혀가며 감고 바디가 휘지 않도록 힘주어 감지 말아야 해요.

03 본드는 아래 위 특히 가장자리 부분을 정확히 해주어야 미끄러지지 않고 잘 감긴답니다.

04 반대쪽도 똑같은 방법으로 마저 감아주고 마무리는 양쪽 모두 뒤쪽에서 가위로 자르고 반드시 코팅해주세요.

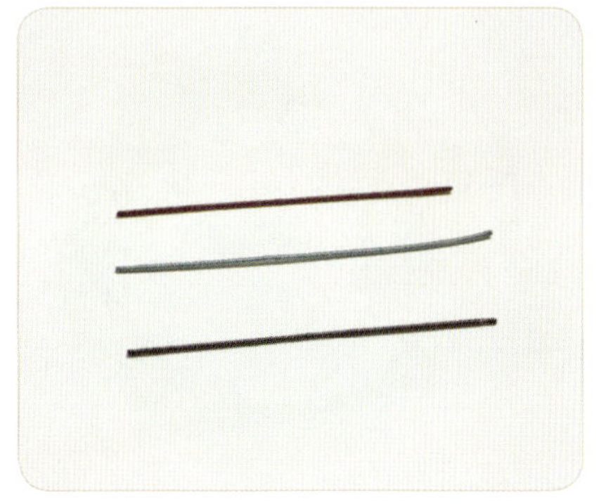

05 24호 와이어를 각각 10cm로 자르고 앵커사 세 가지색 50cm 4가닥을 중앙감기 하세요.

06 사진처럼 원하는 이니셜을 색상을 번갈아 만들어 주되 한 글자당 가로 세로가 0.7~0.8cm가 되도록 만드세요.

07 B나 M도 사진처럼 만들면 됩니다. 단, 자르고 난 곳은 반드시 코팅해주는 것 잊지 마세요.

08 04번에 감아놓은 바디를 사진처럼 위치를 잡아주고

09 서로 겹치는 부분에 글루건을 재빨리 얇게 쏘고 꽉 눌러 붙여 주세요.

10 65cm로 자른 목걸이 체인 끝에 마감 장식을 O링으로 연결해주고 각종 참과 원석도 O링이나 T침을 이용해 고리를 만들어 놓으세요.

11 목걸이 중간 부분에 참과 원석을 서로 방향이 어긋나도록 롱로즈로 고정시켜주고

12 이니셜 뒤쪽에 본드를 칠해서 원하는 곳에 붙여주세요.

⑬ 목걸이 아래쪽에
ss6 라이트 콜로라도 토파즈 핫픽스를
양쪽에 열 개씩 붙여주고

⑭ 이니셜 연결 부분에도 제 색상의
핫픽스를 포인트로 붙여주세요.

⑮ 이니셜 반대쪽 바디에도
ss10 크리스탈 볼카노 핫픽스를
붙여주세요.

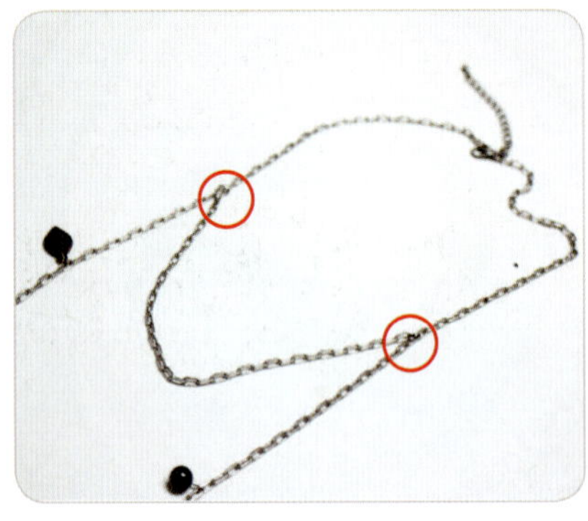

⑯ 목걸이 체인을 17cm로 잘라
65cm 목걸이 체인 위쪽에 O링으로
고정해주세요.

⑰ 16번에 연결한 체인에 참 장식과
원석들을 달아 고정해주세요.

⑱ 목걸이가 완성되었어요.

BONUS TIP

이 디자인은 체인이 주렁주렁 달려도 또 다른 매력이 있습니다.
원석과 체인을 원하는 스타일로 좀 더 추가해도 멋지답니다.

memo

★ REEL design
only handmade ornaments
silver, white gold platting , natural pearl
swarovski chrystal , germany cotton, france metal
price :

#36

오리엔탈 링 이어링

Oriental Ring Earring

#36 오리엔탈링 이어링

고혹적인 바이올렛 메탈사와
동양적인 노란색 크리스탈이 매치되어
세련되면서도 강한 인상을 주기에
아주 좋아요!
확실한 패셔니스타로 돋보일 수 있답니다.

H o w t o m a k e

준비물 : 디엠씨 메탈사 E718번 120cm ×2개
디엠씨 면사 728번 90cm ×1개
235백금체인 16cm 정도, 백금 O링 ×2개
씨드비즈 연두빛 ×2개, 백금 T침 ×4개
스와로브스키 주판알 라이트 토파즈 ×2개
블루지르콘 ×2개
200pvc 3x0.7cm 크기 ×2개
0.5pvc 4x4.5cm 크기 ×2개
백금포스트형 귀침 한쌍
라이트 토파즈 핫픽스 ×72개

완성품 크기 : 가로 약 3.9cm×
세로 귀침부터 체인끝까지 약 10cm

01 실물본(p.349) 따라 자른 직사각 pvc에 디엠씨 728번 90cm 3가닥으로 중앙감기 하세요.

02 이렇게 양 끝쪽 마무리 코팅을 해주고 또 하나를 만들어 놓습니다.

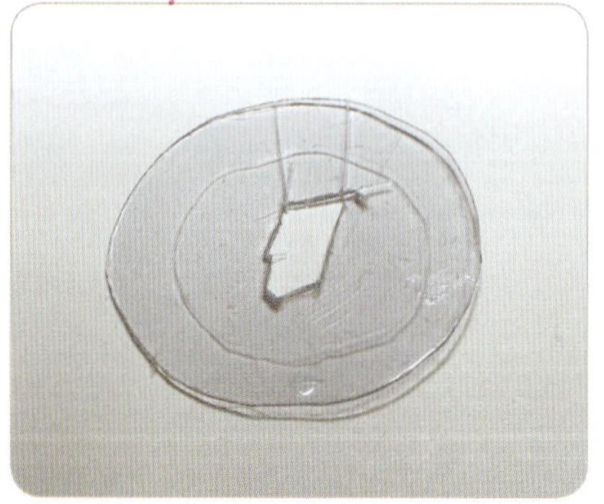

03 0.5pvc를 실물본 따라 자르고 가운데를 송곳으로 뚫어 구멍을 낸 뒤 가위로 안쪽 라인을 따라 파내 주세요.

04 메탈사 110cm를 반으로 나눠서 오려둔 pvc를 긴 쪽이 12시와 6시 방향에 오도록 하고선 6시 부분부터 중앙감기 하세요.

05 양쪽으로 감아올라가 중앙 12시 방향에서 만나게 될 때쯤 다시 한 번 pvc에 앞뒤로 본드를 칠한 후

06 12시 지점 pvc판 위쪽 가운데 지점에 그림처럼 세로방향으로 본드를 칠해서

07 본드를 칠한 곳이 잘 붙도록 양쪽에서 붙여준 뒤 가위로 pvc판 위쪽 중앙에서 마무리 해주세요.

08 이렇게 메탈링을 2개 만들어 놓고

09 씨드비즈에 O링을 걸고

10 235체인 20칸을 09번의 비즈가 가운데 오도록 O링에 고정시켜 둡니다. 이렇게 2개 만들어 놓아요.

11 T침을 이용해 라이트 토파즈는 양쪽으로 고리를 만들고 블루지르콘은 한쪽에만 고리를 만들어 주세요. 이렇게 한 쌍 더 만들어 놓습니다.

12 라이트 토파즈 한쪽에는 4cm 정도의 235체인을 걸어주고 한쪽에는 235체인 19칸을 양쪽으로 걸어 둥글게 만들어 놓으세요.

⑬ 사진처럼 만들었으면 4cm 긴 235체인 끝엔 블르지르콘을 매달아 고정시켜주세요.

⑭ 노란네모 pvc를 살짝 반으로 접어 사진 10번의 체인을 걸어주세요.

⑮ 메탈사 링 12시 방향에 앞뒤로 본드를 칠하고

⑯ 체인을 걸어놓은 노란 pvc를 접은 부분이 보라색에 닿도록 잡아주고 본드를 칠한 부분을 지긋이 눌러 붙여주세요.

⑰ 아직 고정하지 않은 노란 pvc 아래쪽에 크리스탈을 연결한 체인 (따라하기13번)을 걸어주고

⑱ 노란 pvc 부분에 본드를 적당히 칠해서 손으로 꽉 눌러 고정시켜주세요 (2분 정도 누르세요).

⑲ 사진처럼 되었으면 씨드비즈가 달린 O링에 귀침을 열어 고정시킵니다.

⑳ 완성하면 이런 모양이 돼요.

㉑ 라이트 토파즈 핫픽스를 사진처럼 나란히 배열해서 인두기로 붙여주세요.

22 핫픽스를 앞뒤로 붙여주세요.

23 양쪽 모두 작업해 주면 끝!

B O N U S T I P

★ 반짝임이 부담스럽거나 여름 아닌 계절에도 착용하고 싶다면 이렇게 만들어 보세요.

디엠씨 메탈사 중 반짝임이 매트한 앤틱 이펙트 중 E415번을 링에 감아주고
앵커 면사 1006번을 네모난 모양의 pvc에 감아준 뒤 크리스탈은 인디안 사파이어와
모리온 색상을 이용하면 도회적이면서 고급스런 느낌이 든답니다.

b r i l l i a n t + n o b l e

#37

빅 서클 포인트 목걸이

Big Circle Point Necklace

#37 빅서클 포인트 목걸이

큼직한 두 개의 원으로 이루어진 목걸이예요.
심플하지만 어느 의상에든지
정말 잘 어울린답니다.
여름엔 백금 체인으로
봄, 가을엔 신주 체인으로 교체해서
착용해 보세요.

H o w t o m a k e

준비물 : 지름 6.5cm 정도의 링귀걸이 프레임 x1개
3.5mm 와이어 10.5cm, 금 메탈사 160cm
22호 와이어 20cm, 230pvc 7x3cm
백금목걸이 체인 80cm, 백금 목걸이 마감장식
앵커 레이온사 1번 250cm
앵커 diadem 301번 메탈사 7cm 정도
디엠씨 메탈사 E898, E3849번 각각 2m씩
앵커 메탈사(LAME) 318번 110cm
핫픽스 ss10 시암 x15개, O링 x2개

완성품 크기 : 목걸이 모티브만 가로 약 6.5cm × 세로 8.2cm

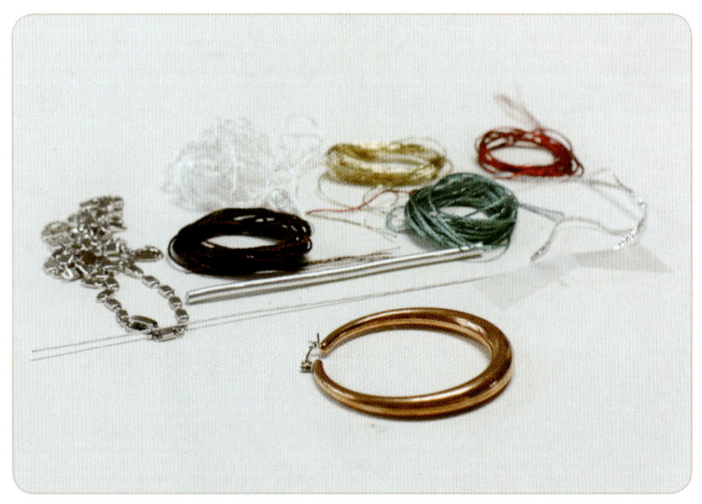

01 4mm 와이어의 단면을 일제 니퍼를 이용해 10.5cm로 깔끔히 잘라주세요.

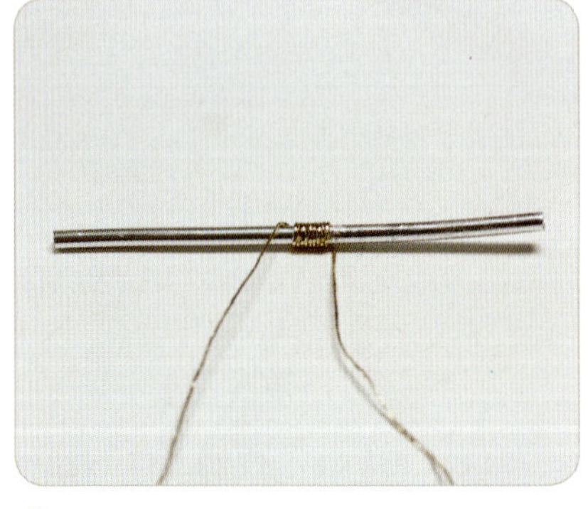

02 금 메탈사를 160cm로 잘라 4mm 와이어의 중간에서 중앙감기 해주세요. 와이어가 굵으므로 본드를 전체적으로 잘 칠해주세요.

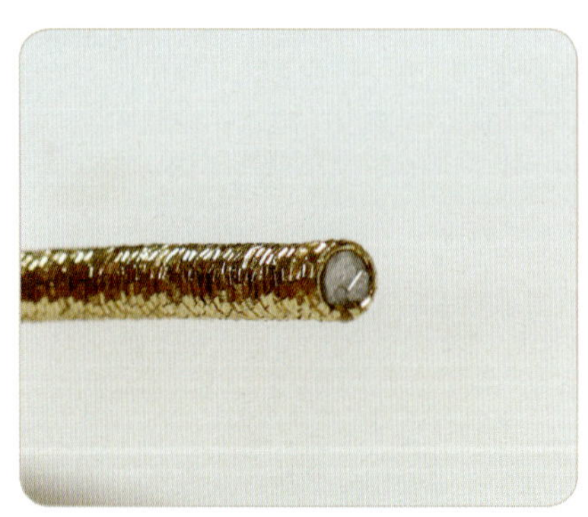

03 옆면은 감을 필요가 없어요. 그냥 다 감고 가위로 자르고 코팅해주세요.

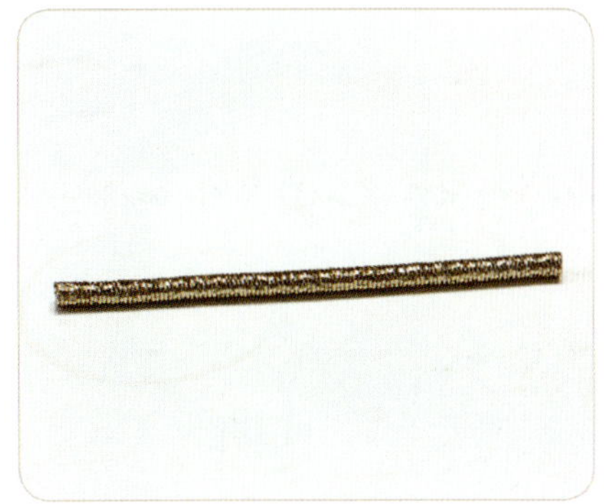

04 이렇게 촘촘히 감아서 완성해 둡니다.

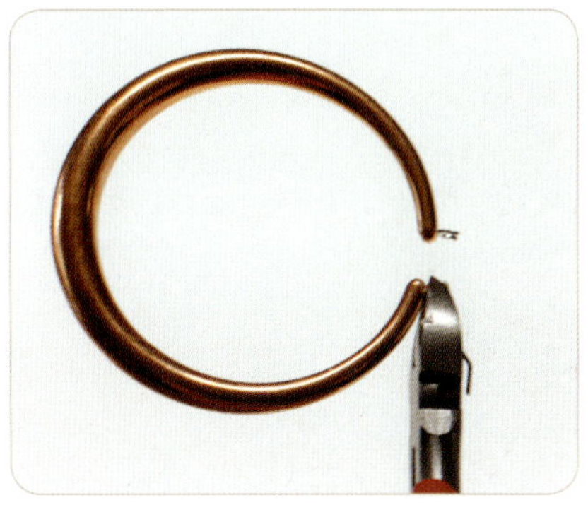

05 이번엔 6.5cm 링귀걸이의 귀침 부분을 모두 니퍼로 바짝 잘라내어 주세요.

06 2m로 자른 디엠씨 메탈사 청록색과 밤색을 나란히 붙여둔 상태로 중앙감기 하세요(본드는 귀걸이 프레임에 전체적으로 칠하면서 감으세요).

07 메탈사 2가지가 나란히 보이도록 감아야 하므로 실이 겹치지 않게 뒤쪽도 살피면서 감아주세요.

08 마무리는 완벽히 감을 필요 없어요. 사진 정도로만 감아주고 코팅만 잘 하시면 됩니다.

09 한쪽을 다 감았으면 나머지 반대쪽도 남은 메탈실로 감아주세요.

10 이렇게 예쁘게 완성이 되었나요?

11 이번엔 본 따라 오린 230pvc 바디에(p.351 실물본 참고) 앵커 레이온사 250cm를 바디의 중간지점에서 중앙감기 하세요.

12 나머지 반쪽도 마저 감고 기본기법 중 사각바디에 실감고 마무리하는 법(p.26)을 참고해서 코팅해주세요.

⑬ 04번의 감아놓은 와이어를 2.7~3cm 이내의 원형통에 대고 모양 따라 지긋이 돌려주세요.

⑭ 와이어가 제법 단단해서 쉽게 구부러지지는 않지만 최대한 모양 따라 원으로 구부릴 수 있는 만큼 구부리세요.

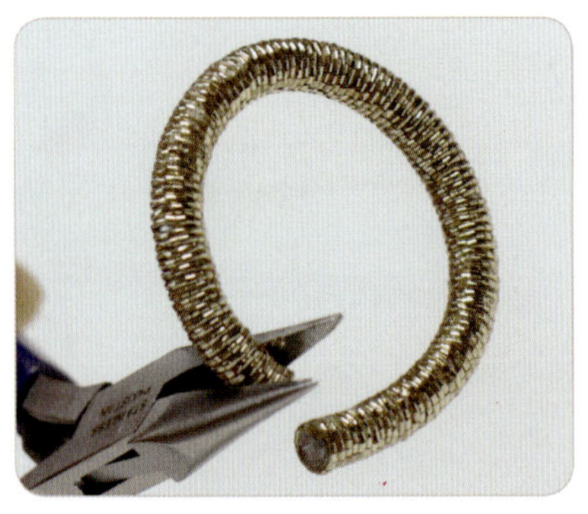

⑮ 14번 사진의 와이어 끝쪽은 손으로 구부리기 힘드므로 롱로즈를 이용해서 지긋이 안쪽으로 굴려주어

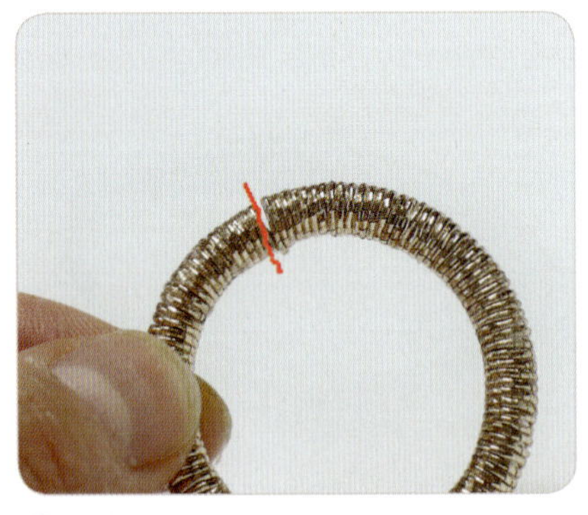

⑯ 양쪽이 딱 만날 수 있는 원이 되도록 만들어 주세요.

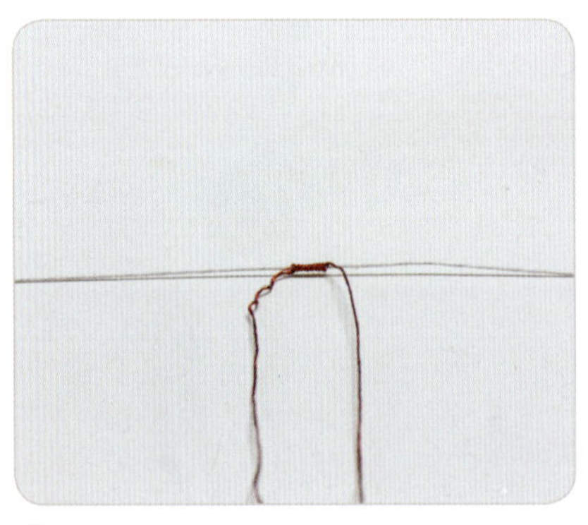

⑰ 20cm로 자른 22호 와이어에 앵커 메탈사 110cm로 중앙감기를 해주세요.

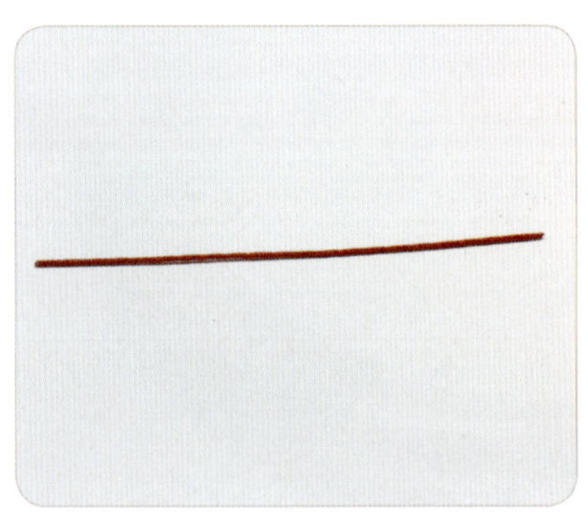

⑱ 역시 와이어가 휘지 않도록 잘 펴주고

⑲ 이번엔 12번에 완성해 놓은 바디를 반 접어주고 다시 벌려 접은 선 부분에 본드를 1mm 두께로 위아래로 칠해주세요.

⑳ 본드를 칠한 곳에 16번의 금링을 넣어준 뒤 연결된 부분이 바디의 가운데 오도록 하세요.

㉑ 다시 금링 0.5cm 위에 본드를 칠하고 10번에 감아놓은 링을 사진처럼 약간 간격을 두고 놓아주고 두 개의 링 위에 글루건을 쏘고 흰 바디를 재빨리 덮어요.

㉒ 흰 바디 속에 링들이 잘 붙으라고 꾹 눌러주세요.

㉓ 이번엔 흰 바디 위쪽에만 글루건을 얇게 칠하고 재빨리 붙여주세요. (흰 바디 중앙은 체인이 통과해야 하므로 붙지 않도록 주의하세요)

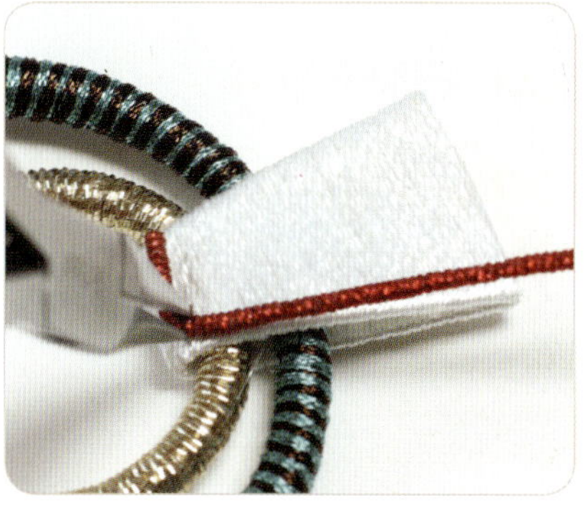

㉔ 감아놓은 빨간 와이어를 흰 바디 따라 모양대로 롱로즈를 이용해 사다리꼴을 만들어 주세요.

㉕ 사진처럼 각이 확실히 살아야 보기 좋아요. 시작점과 끝나는 점도 사진으로 확인해 주고요. 만약 와이어가 남는다면 자르고 코팅하세요.

㉖ 흰 바디 모양대로 만들어준 빨간 와이어를 핀셋으로 잡고 와이어 한 면에 본드를 1mm 두께로 재빨리 균일하게 칠해주세요.

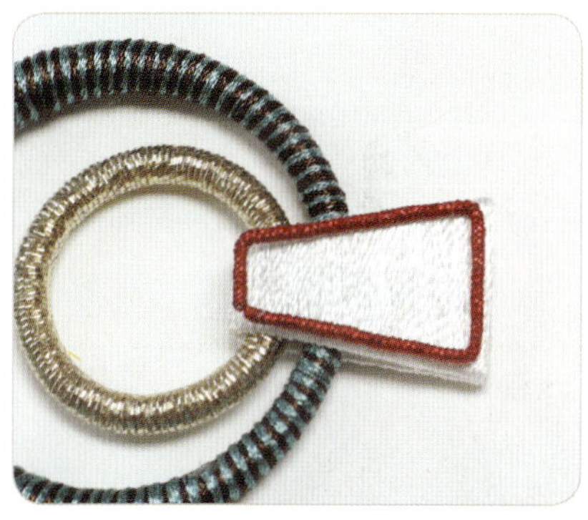

㉗ 그대로 본드를 칠한 부분을 흰 바디 위에 얹고 지긋이 눌러서 붙여놓으세요.

㉘ 흰 바디 옆면을 보면 사진과 같이 불투명 바디도 보이고 완성도가 없어 보일 거예요.

㉙ 이곳을 앵커사 diadem 은사로 메우면 되는데 흰색 바디보다 양쪽으로 조금 크게 자르고 옆면을 본드로 잘 붙여주세요.

㉚ 나머지 보이는 면적도 diadem 메탈사를 잘라 본드로 붙여서 완벽히 커버하세요.

31 30번에서 옆으로 튀어나온 메탈사들은 본드를 칠해서 흰 바디 안쪽으로 핀셋을 이용해 밀어 넣어 주세요.

32 목걸이 체인 양끝 마감장식을 O링을 이용해 연결해 주고요.

33 흰 바디 중앙으로 체인을 통과시키면 된답니다.

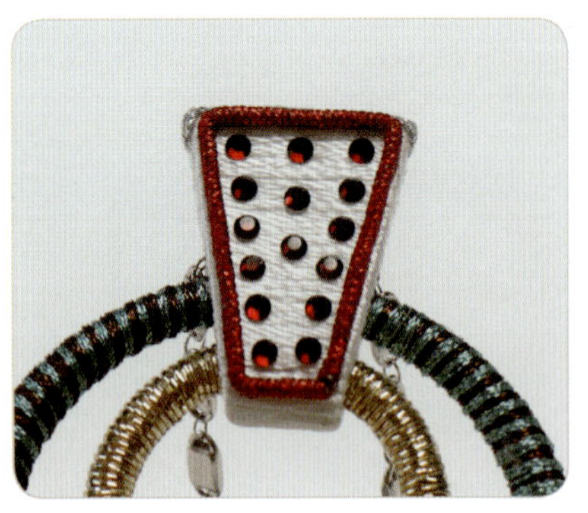

34 흰 바디 속에 ss10 시암 핫픽스를 사진처럼 붙이세요.

35 자 이렇게 멋진 목걸이가 완성되었어요. 체인만 계절에 맞게 바꿔가며 사용하세요.

B O N U S T I P

링 : 디엠씨 메탈사 E168, E317번
사각라인 : 디엠씨 메탈사 E301번

링 : 디엠씨 메탈사 E825, E168번
사각라인 : 앵커 메탈사(LAME) 318번

memo

Chapter 04
보너스 맛보기팁

S p e c i a l   I t e m

릴공예 중급과정 맛보기

중급과정은 원추형을 표현하는 방법을
위주로 작업이 이루어져요.
맛보기 '롤롤 포니테일' 중 '잎새' 만드는 과정을
잘 염두에 두고 작업하세요.

rolling ~ rolling ~ coiling ~coiling

#38

롤롤 헤어밴드

Roll Roll Hair Band

사랑스럽고 예쁜 컬러들의 조합이 돋보이는 헤어밴드예요.

어릴적 찰흙으로 그릇을 만들던 코일링 기법을 응용하기 때문에 만드는 재미도 있어요!

#38 롤롤 헤어밴드

긴 머리에 포인트 주기에 사랑스러운
헤어밴드예요.
돌돌 말린 꽃주머니 속에 커다란
진주가 쏘옥~
움직일 때마다 진주 방울이 달랑달랑!
색색 마다 다 예뻐요.

How to make

준비물 : 앵커 면사 921번 160cm
850번 160cm, 23번 340cm
디엠씨 면사 3806번 600cm
1.2mm 와이어 140cm
230pvc 5x6cm, 판 있는 머리끈
스와로브스키 진주 라이트그레이 10mm x1개
투명실 10cm
핫픽스 ss6 파파라샤 x30~35개
ss10 몬타나 x14개

완성품 크기 : 가로 약 4.3cm x 세로 약 6.5cm

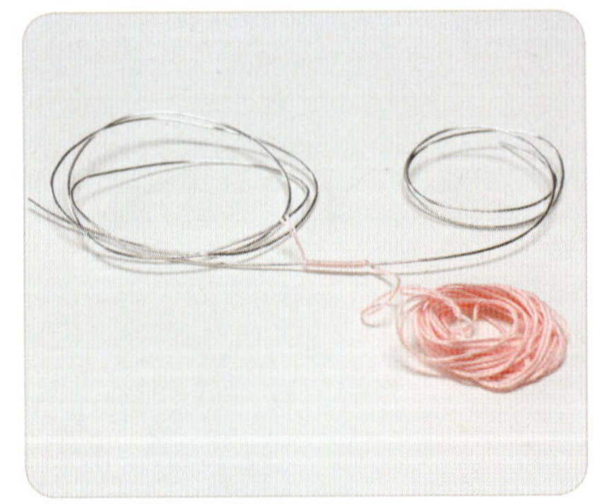

01 1.2mm 와이어 140cm 중 90cm는 디엠씨 3806번으로 나머지 50cm는 앵커 23번으로 감는데 일단 휴지로 와이어를 쭉 피고

02 50cm 되는 지점에 실 여유분 1cm 정도 남기고 촘촘히 감아주세요. 와이어가 길어서 감기 힘드므로 사진처럼 말아놓고 감을 만큼만 휴지로 펴가면서 감으세요.

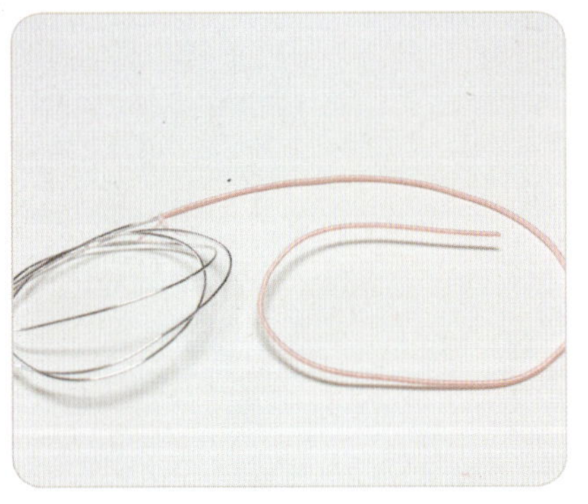

03 50cm를 다 감았으면 반대쪽 90cm를 감을 거예요. 실을 감은 와이어는 구부러지지 않게 잘 펴준 상태로 두세요.

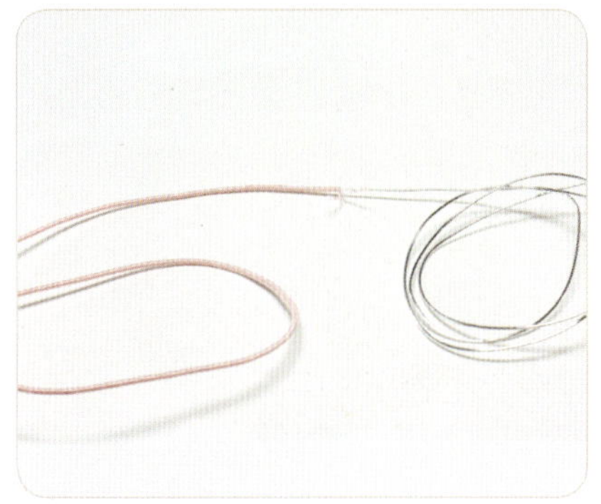

04 90cm쪽을 디엠씨 3806번으로 감기 위해 와이어를 오른쪽으로 놓고

05 디엠씨 3806번을 실 여유분 1cm 정도 남기고 앵커사 시작점부터 감아주세요. 역시 휴지로 감을 만큼의 와이어를 펴가면서 감습니다.

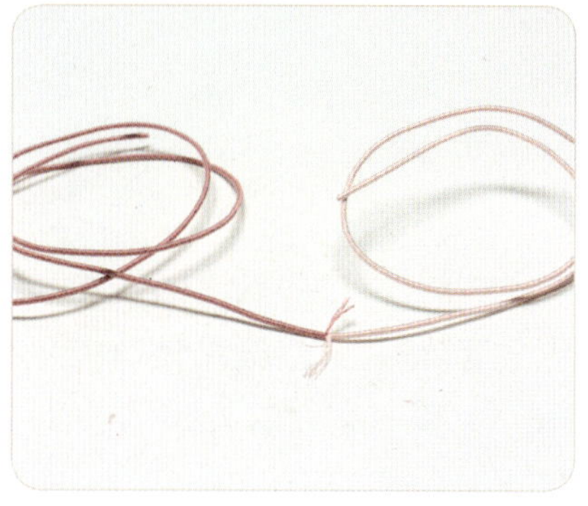

06 참고 사진에선 다 감은 와이어를 둥글게 말아놓았지만 실제는 쫙 펴진 채로 있어야 해요.

07 실과 실이 만나는 지점에 본드를 깨알 반만큼 톡 칠하고

08 양쪽 실이 붙도록 한 뒤 손으로 세~네 번 꼬아주고

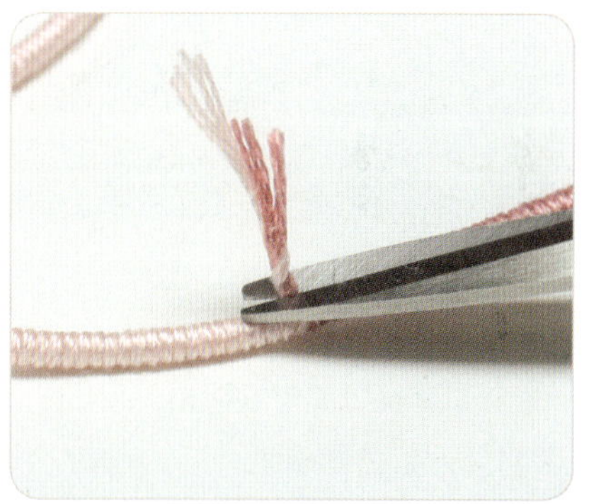

09 가위로 바짝 자릅니다.

10 다시 한 번 자른 부위를 코팅해주세요.

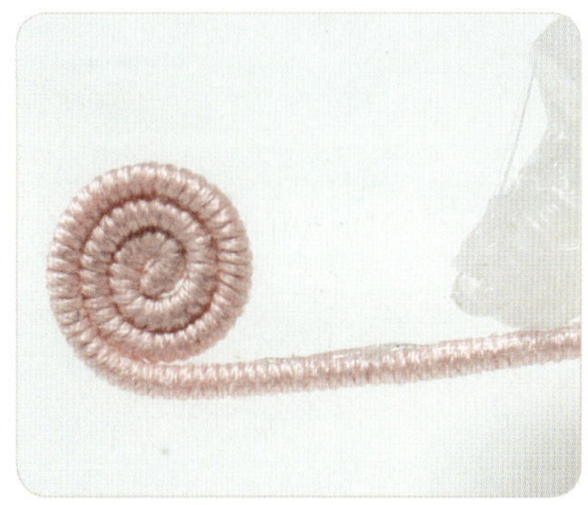

11 50cm쯤 감은 연분홍쪽을 골뱅이로 말아주세요. 이때 실과 실끼리 붙는 면적에 본드를 얇게 촘촘히 발라가며 둥글게 골뱅이를 말아주세요.

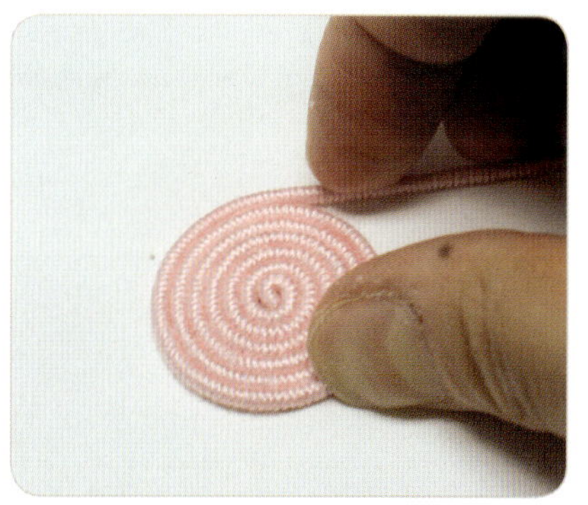

12 오십원짜리 크기 정도가 되었다면 땅에 내려놓고 역시 실과 실이 붙는 안쪽에 본드를 칠해가면서 촘촘히 말아주세요. 조금씩 조금씩.

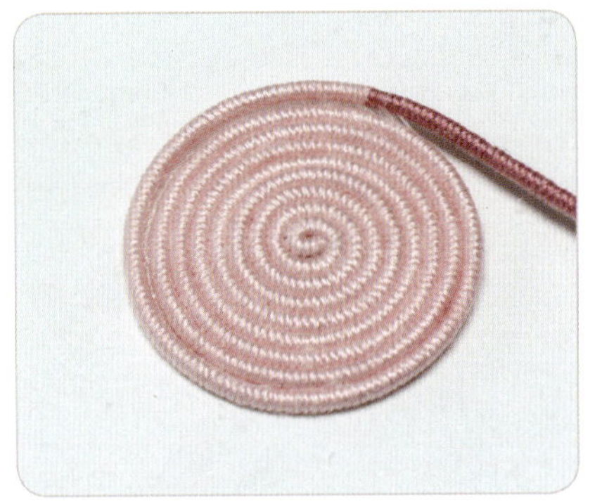

⑬ 연한 분홍색을 다 감았으면

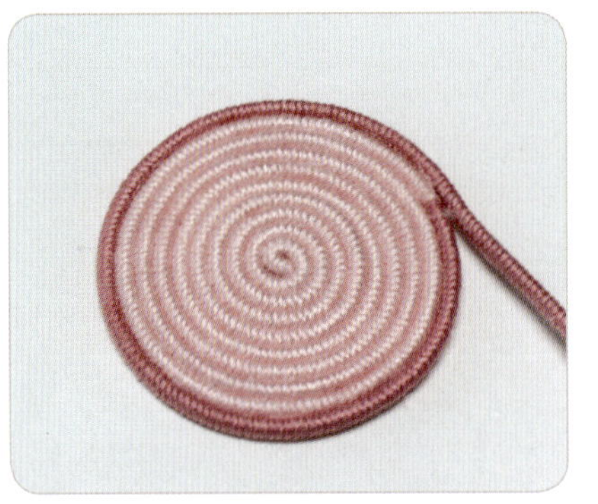

⑭ 진한 분홍도 한 바퀴 감아주고
(역시 본드를 칠하면서. 실이 진하면
본드를 더 깔끔히 해야 해요)

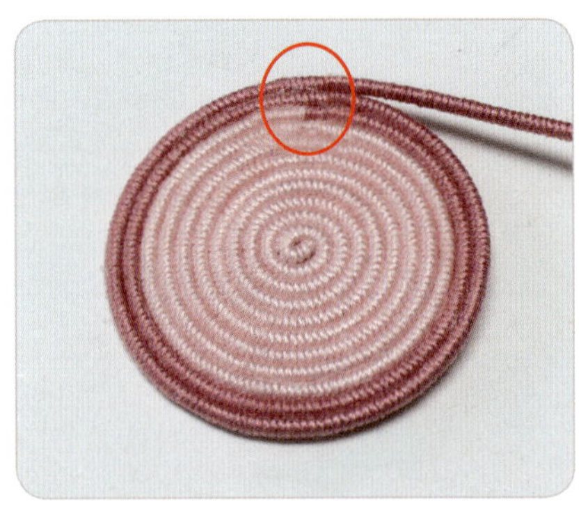

⑮ 마지막으로 본드를 칠해서 한 바퀴
더 돌려서

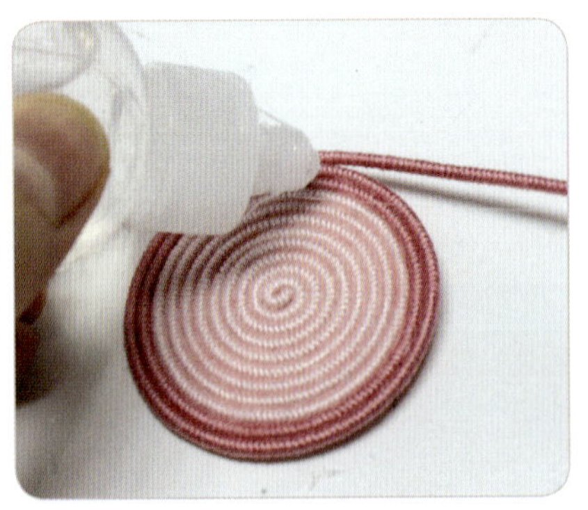

⑯ 14번의 빨간 동그라미 지점
(즉 진한 분홍이 시작되는 지점)
두 번째 진한 분홍라인 위에 본드를
1mm 두께로 쭉 칠해주세요.

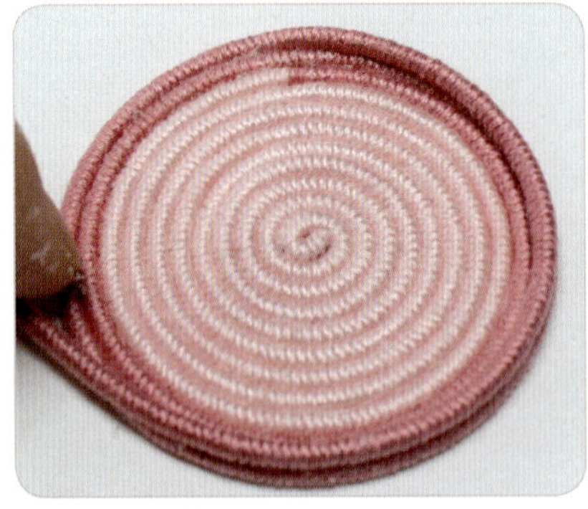

⑰ 본드를 칠한 위로 와이어를 얹어
(진한분홍 시작점에서 위로 올리며 됨)
조금씩 둥글게 감아주세요.

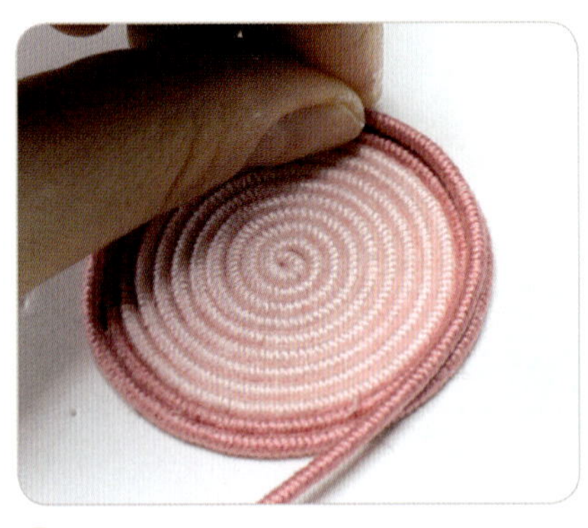

⑱ 안쪽에 엄지손가락을 넣어
의지하면서 말면 둥글게 모양이
잡힙니다.

⑲ 이렇게 2단 그대로 직선으로 쌓고
(계속 본드를 칠하면서 쌓아나가야
해요)

⑳ 3단째는 약간 안쪽으로 들어와
감아주세요.

㉑ 4단째는 좀 더 안으로 들어와
감아주고

22 5~6단 점점 안쪽으로 들어오도록 사진처럼 손으로 모양을 잡아주면서 감아주세요.

23 이렇게 항아리 모양이 되었다면

24 마지막 남은 와이어 3cm 정도 옆쪽에 본드를 칠해서 항아리 그릇 안쪽으로 집어 넣어주세요.

25 자 이렇게 완성! 원지름이 대략 4.3cm 안팎 정도 될 거예요.

26 만약 지름을 줄이고 단을 좀 더 높이고 싶다면(메인사진 다른 색상들처럼) 14번에서 바로 단쌓기를 하면 됩니다.

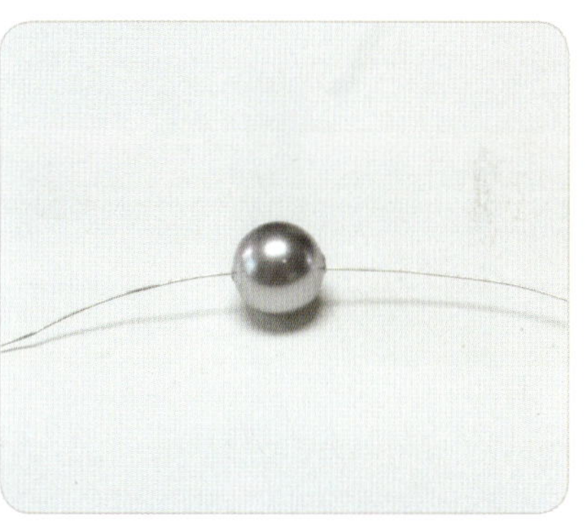

27 신주를 투명실 10cm 정도에 끼워 놓고

28 실의 중앙지점에서 세 번 정도 꽉 묶어 주세요(헐겁지 않게).

29 송곳이나 시침핀 등으로 사진부분에 구멍을 뚫어주세요.

30 그 옆쪽도 구멍을 뚫고

31 진주를 묶은 투명실을 30번에서 뚫은 구멍에 각각 빼내어 주세요.

32 뒤쪽에서 헐겁지 않도록 서로 묶어 고정하세요.

33 그럼 사진처럼 가운데에 진주가 달랑 달랑 고정될 거예요.

34 잎새 모양으로 자른 바디(p.351 실물본 참고)에 앵커 850번 160cm 5가닥으로 중앙감기 하세요. 이때 바디 앞 뒤로 얇게 본드를 칠하면서 감는데 본드를 얇게 칠하지 않으면 지저분하게 감기니 반드시 얇게 칠하되 가장자리 부분까지 잘 칠해주세요.

35 계속 조금씩 촘촘하게 감아준 뒤 바디가 좁아질수록 실이 벌어지게 되므로 한 번 감고 화살표 방향으로 양 손톱을 이용해 내려주고 한 번 감고 내리고를 반복해주세요.

36 이런 식으로 끝까지 촘촘하게 감아주세요(물론 본드는 얇게 앞뒤로 칠해가면서...본드가 없거나 마르면 절대 감기지 않아요).

37 거의 다 감았을 땐 다시 한 번 본드를 앞뒤로 칠하고 끝까지 촘촘히 손톱으로 내리면서 감고

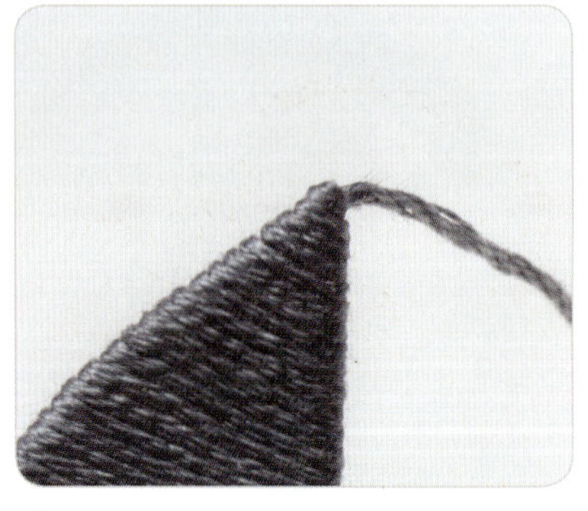

38 뒤쪽에서 가위로 남은 실은 바짝 자르고

39 그 위에 본드 깨알만큼 톡 칠하고

40 본드기 없는 깨끗한 손만 골라서 세 번 정도 가위질한 곳을 톡톡 눌러주세요.

41 나머지 반대쪽도 마찬가지로 촘촘히 감고 코팅까지 마무리 하세요.

42 다른 잎 하나는 앵커사 920번 160cm 5가닥으로 앞의 과정을 똑같이 하면 돼요.

43 43~45번 사진처럼 잎새 2장을 원하는 대로 배치하세요.

44 배치 예시

45 배치 예시

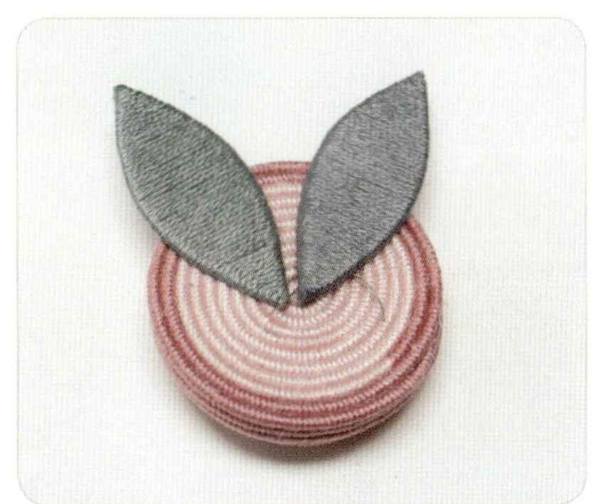

46 원하는 위치를 잡았으면 잎새에 본드를 넉넉히 칠해서 꽃항아리 뒤에 붙여주고

47 글루건을 헤어밴드 판에 재빨리 쏘고 꽃항아리 한가운데에 붙여주세요.

48 ss10 몬타나 핫픽스를 사진처럼 잎새에 붙여주고

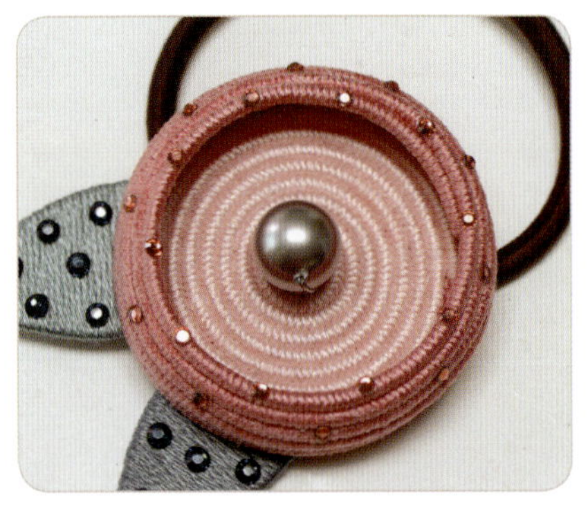

㊾ ss6 파파라샤를 맨 위쪽면에 사진처럼 대략 1cm 간격으로 빙둘러 붙여주고

㊿ 그 다음 사진처럼 서로서로 엇갈리듯 3단 정도 붙여주면 됩니다.

51 그럼 귀여운 꽃 한송이 포니테일 헤어밴드가 완성되어요.

B O N U S T I P

롤롤 헤어밴드는 어느 색과 매치해도 다 예뻐요.
왼쪽 사진처럼 봄 여름엔 화사한 색상으로
가을 겨울엔 오른쪽 사진처럼 다운된 컬러로...
단, 주의점은 본드를 칠해가며 모양을 잡아줘야 하므로 진한 색보다는
파스텔 라인의 흐린 색상을 선택해서 만드는 게 더 완성도 있게 나온답니다.

memo

S p e c i a l I t e m

릴공예 인테리어 소품과정 맛보기

소품과정은 실생활에 유용하게 쓰이는
시계나 도어벨, 마그넷, 화병, 실생활 용품들이 있어요!
그 중 다양한 용도로 사용할 수 있는
미니 바스켓과 손님대접이나 선물용으로도 좋은
티매트를 만들어 볼 거예요~

일상에서 차와 함께 하는 쉼표 같은 나눔의 시간...

좀 더 자연과 가깝게...

나뭇잎 티매트는 뜨거운차는 물론 냉차를 대접할때도 좋아요~*

#39

싱그러운 나뭇잎 티매트

Fresh Leaves Tea-Mat

#39 싱그러운 나뭇잎 티매트

특별한 손님이 올 때,
아니면 나만의 행복한 티타임을
가지고 싶을 때...
마사로 만들어 견고하며
뒤쪽은 펠트지로 되어 있어 미끄러지지 않아요.

H o w t o m a k e

준비물 : 2mm 두께의 올리브색 염색 마끈 420cm ×4개
앵커 면사 845번 30cm ×4개
0.5mm 폭의 레이스 100cm
0.2mm 두께의 그린톤 펠트지 A4사이즈 1장
230pvc 10x14cm 사이즈 ×8장
핫픽스(푸시아 ×60개)

완성품 크기 : 가로 약 10cm×세로 약 12cm

01 420cm 마끈을 허공에서 타원형 골뱅이로 50원 짜리 폭만큼 감은 뒤

02 잘라놓은 pvc판 한가운데에 본드를 골뱅이 크기만큼 칠하고 그 위에 붙여준 뒤 손가락으로 톡 눌러주세요.

03 골뱅이 둘레를 그림과 같이 약 1cm 폭으로 원을 그리며 1mm 두께로 본드를 칠해주고 다시 그 위에 본드를 골뱅이를 촘촘히 말아주세요.

04 1cm 폭만큼 감았으면 그림처럼 화살표 방향으로 양손 검지를 이용해 눌러서 잎새 모양이 되도록 해주세요. (본드가 완전히 굳기 전에 모양을 잡아줘야 합니다)

05 또 다시 1cm 폭으로 본드를 칠하고 그 위에 골뱅이 감아주고 또 위쪽 화살표 방향으로 눌러 모양을 잡아 주고 하는 식으로 계속 감아주세요.

06 pvc 판 양쪽 중 어느 한 곳이라도 마끈이 닿아서 더이상 감을 수 없을 때 가위로 잘라주세요(대략 폭이 10cm 정도 나오면 됩니다).

07 가위질 한 끝은 코팅을 잘 해주어 풀리지 않도록 마무리해주세요.

08 잎새 아래쪽에 그림과 같이 줄기 모양을 가로 약 0.5~0.6cm×세로 1.5cm가 되도록 자연스레 연필로 그려주세요.

09 줄기까지 그렸으면 마끈으로 감은 잎새 모양과 줄기를 함께 깔끔히 오려주세요.

10 줄기에 그려진 연필 자국을 지우고 30cm로 잘라놓은 앵커사 6가닥을 잎새 바로 밑에서 감으세요.

11 다 감았으면 가위로 뒤쪽에서 위, 아래 여분 실을 모두 자르고 코팅해주세요.

12 다시 새 pvc에 대고 잎새 모양을 따라 연필이나 송곳으로 그려주세요.

⑬ 줄기는 빼고 잎새 모양을 따라 오려준 뒤

⑭ 펠트지에 대고 그대로 잎새 모양을 따라 오려놓아요.

⑮ 마끈이 감기지 않은 뒤쪽 pvc 가장자리에 0.3cm 폭으로 본드를 칠해서

⑯ 레이스를 32cm로 잘라 붙여주세요. 사진처럼 잎새 줄기쪽에서 시작해서 그 반대쪽에서 마무리하면 됩니다.

⑰ 레이스 두른 곳에 미리 오려놓은 펠트지를 모양 따라 본드를 칠해 잘 붙여주세요.

⑱ 이번엔 30cm 앵커 면사 845번을 각각 10cm와 20cm로 잘라 6가닥 그대로 빳빳하게 코팅해주세요.
p.34 실 코팅하는 법 참고

⑲ 핀셋으로 코팅된 10cm 줄기에 본드를 얇게 칠해서

⑳ 마끈 감아놓은 곳에 중심 잎맥을 표현해 주세요. 사진처럼 위쪽은 약 2cm 정도 남겨 놓아야 예뻐요(이때 웨이브가 자연스레 있어야 사실적으로 표현됩니다).

㉑ 길이가 남을테니 아래쪽 줄기 감은 곳에 맞춰 잘라내고 핀셋 뒤로 눌러서 붙여주세요.

㉒ 이번엔 나머지 코팅된 20cm로 옆쪽 잎맥을 적절한 길이로 잘라 19번과 같은 방법으로 붙여주세요.
(역시 웨이브를 살리는 것 잊지마세요)

㉓ 사진처럼 잎맥이 자연스럽게 잘 붙었으면

㉔ 푸시아 크리스탈 13개를 도트 모양으로 안팎에 적절히 배치하여 인두기로 눌러 장식해주세요.

B O N U S T I P

만약 염색한 마를 구하기 힘들다면 일반 마사를 이용해도 좋아요.
두께 2mm 정도의 것이면 똑같이 작업할 수 있어요.
대신 줄기 색상을 좀 더 밝고 싱그럽게 표현하기 위해 앵커사 256번으로 잎맥을 표현하고 258번으로 줄기를 감아주면 된답니다!
크리스탈은 마찬가지로 핑크톤으로 해도 되고 좀 점잖고 은은하게 하고 싶으시면 같은 에메랄드 컬러나 페리도트, 올리바인 정도로 선택하면 됩니다.

★ HOT

선물하고 싶으세요? 간단하면서도 예쁜 포장법인데요.
빵 담는 봉투인데 앞이 투명인 크라프트백이 있어요.
여기에 도일리를 이용하여 하나하나 감싸주고 크라프트백에 담아보세요.
그리고 봉투엔 예쁜 메시지와 함께 스티커로 마무리하면 좋을 거예요!
또한 티백 몇 개 정도 함께 동봉해 준다면 더욱 더 센스가 발휘되겠죠?

#40

바니 미니 바스켓

Bunny Mini Basket

#40 바니 미니 바스켓

나무로 깎아 만든 양동이가
귀여운 토끼랑 잘 어울리는 모빌 장식이에요.
현관 옆에 걸어놓고 열쇠를 보관해도 좋고
화장대 옆에 걸어 놓고 잊어버리기 쉬운
작은 액세서리를 수납해도 좋아요.

H o w t o m a k e

준비물 : 디엠씨 면사 712번 1200cm(1개 반 분량)
3819번 25cm, 352번 10cm
963번 10cm, 3031번 10cm
앵커 면사 185번 250cm, 55번 180cm
금사 30cm
컬러체인 60cm, 나무양동이
230pvc 20x7cm, 22호 와이어 7cm
5.5cm 정도의 긴 T침 x1개, O링 x3개
지름 4mm 우드비즈, 작은 단추비즈

완성품 크기 : 토끼만 4.5cmx12.5cm(총길이 55cm)

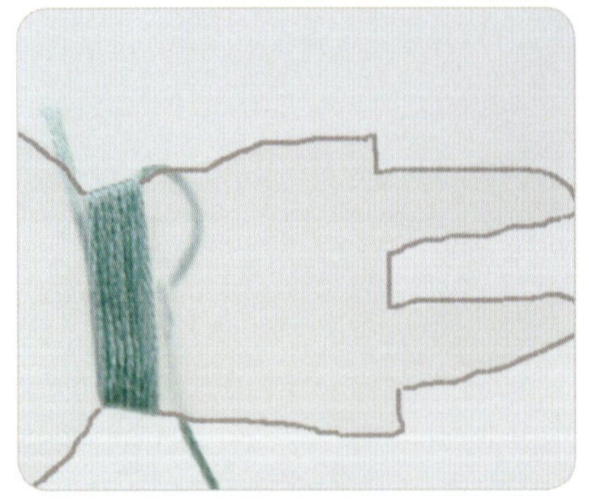

01 230pvc 바디에 오린 바니를(p.351 실물본 참고) 앵커 185번 250cm로 티셔츠 윗부분부터 실 여유분 1cm정도 남기고 본드를 앞뒤로 칠해 촘촘히 감아주세요.

02 거의 다 감았을 때 다시 한 번 앞 뒤로 본드를 칠하고 감아주세요.

03 실 마무리가 뒤쪽으로 오도록 하고 (이때 만약 바디가 조금 남는다면 그냥 두세요. 억지로 감는 것보단 덜 감는 게 나아요. 살짝 남은 바디는 잘라내면 되니까요)

04 뒤쪽에서 가위로 자른 후 본드를
깨알 반만큼 톡 칠해서 코팅하세요.

05 바니 티셔츠 위쪽도 마찬가지로
뒤쪽에서 가위질하고 코팅하세요.

06 자 이렇게 완성해 놓고요.

07 디엠씨 712번을 2mm 길이로
균일하게 자르세요(1개 반 모두).

08 손으로 복실 복실 만져준 후

09 바니 얼굴 부분에 1mm 두께로
균일하게 본드를 칠 하고 08번 잘라놓은
실을 바니 얼굴에 덮어주세요.

10 털이 잘 붙도록 손으로 골고루 톡톡
두드려주세요(특히 귀부분).

11 핀셋으로 붙지 않은 실들을 슬슬
긁어 주고 긁어낸 실들은 모아두세요.

12 붙은 털만 남기고 잘 긁어 내주고
(만약 빈 곳이 생기면 그냥 두세요)

⑬ 뒤를 돌려 토끼 라인을 따라 가위로 잘 오려주세요(특히 귀와 귀 사이).

⑭ 이번엔 바니를 뒤로 돌려 얼굴 전체에 1mm 두께로 균일하게 본드를 칠하고

⑮ 긁어 모아두었던 실을 그 위에 얹어 덮어준 뒤 손으로 골고루 두드려 붙여 주세요.

⑯ 핀셋으로 붙지 않은 실들을 전부 긁어내고요.

⑰ 남은 실들을 다시 한 번 손으로 두드려 주세요.

⑱ 다시 뒤집어 토끼 라인을 따라 가위로 오려주세요.

⑲ 다시 처음 털 붙이기 했던 앞쪽에 본드를 전체적으로 칠하고

⑳ 나머지 털들을 그 위에 얹어주세요.

㉑ 손으로 골고루 두드려 주고요.

22 핀셋으로 붙지 않은 실들을 다시 한 번 슬슬 긁어 주세요.

23 뒤를 돌려 라인따라 가위로 잘라 주되 이번엔 너무 바짝 자르진 마세요. 보슬보슬 털이 조금은 살아있어야 자연스러워요.

24 바니 양쪽 다리에도 본드를 1mm 두께로 칠하고

25 털들을 그 위에 얹어 손으로 골고루 두드려 준 뒤 핀셋으로 붙지 않은 실들을 긁어주세요.

26 뒤를 돌려 라인을 따라 가위로 오려주세요.

27 뒤쪽도 앞과 같이 본드를 칠하고 털을 얹어 손으로 톡톡 두드려 주세요.

28 핀셋으로 붙지 않은 실들을 긁어 주세요.

29 뒤를 돌려 라인을 따라 가위로 오려주고요.

30 다시 한 번 앞쪽에 위와 같은 방법으로 털을 붙이고

31 핀셋으로 붙지 않은 실들을 긁어내세요.

32 뒤를 돌려 가위로 너무 바짝 자르지 말고 자연스럽게 잘라주세요.

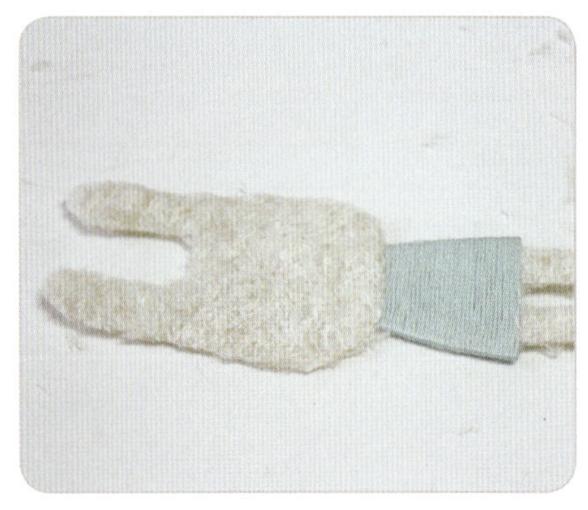

33 그럼 뒤는 털붙이기 한 번! 앞은 털붙이기 두 번이 됩니다. 털이 남으면 뒤쪽도 한 번 더 해주어도 좋아요.

34 잘라놓은 바니 팔에도 앞처럼 똑같이 털 붙이기 해주세요.

35 팔도 똑같이 앞은 두 번, 뒤는 한 번 털 붙이기예요(실이 여유가 있으면 뒤쪽도 두 번 하세요).

36 지저분하게 묻은 털들은 테이프를 이용해 깔끔히 제거해 주세요.

37 양 팔 안쪽에 본드를 칠해서 바니 티셔츠 뒤쪽에 붙여주세요.

38 디엠씨 963번 10cm를 가위로 아주 곱게 잘라주세요.

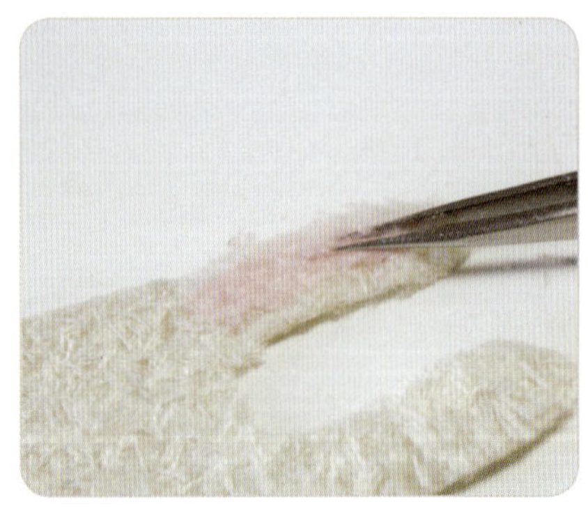

39 바니 귀 가운데 쯤에 본드를 칠하고 38번 털을 핀셋으로 붙여주세요.

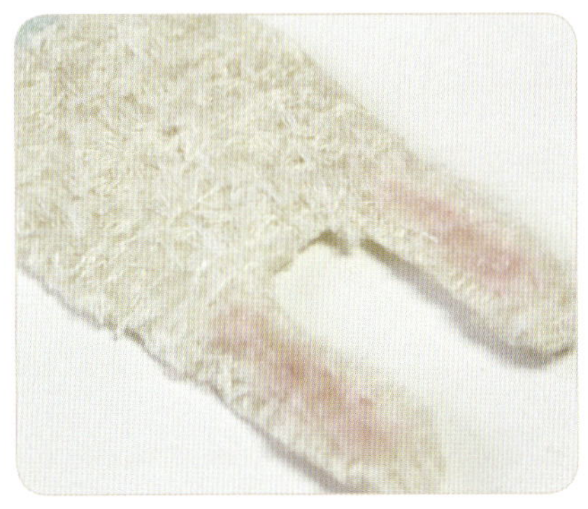

40 양쪽 귀 모두 분홍털로 포인트를 주고요.

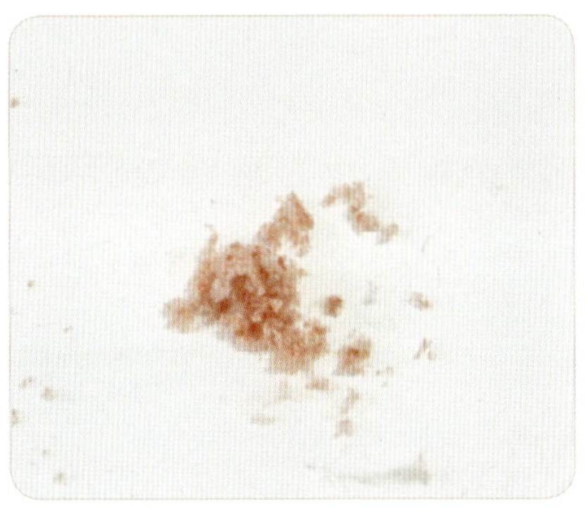

41 이번엔 디엠씨 352번 10cm을 아주 곱게 가위로 잘라주세요.

42 바니뺨에 둥글게 본드를 칠하고 41번 실을 핀셋으로 옮겨 붙이세요.

43 양쪽 볼 모두 붙여 주세요.

44 작은 미니 단추를 본드로 붙여 주고요.

45 디엠씨 3031번 7cm를 빳빳하게 코팅하세요.
p.34 기본기법 중 실 코팅하기 참고

46 원하는 눈 크기로 여유분 있게 가위로 잘라주세요.

47 사진처럼 핀셋으로 눈을 들고서 본드를 칠하고

48 토끼 얼굴에 붙이고 핀셋 뒤로 살짝 눌러주세요(눈은 바깥으로 붙여야 안정감 있고 귀여워요).

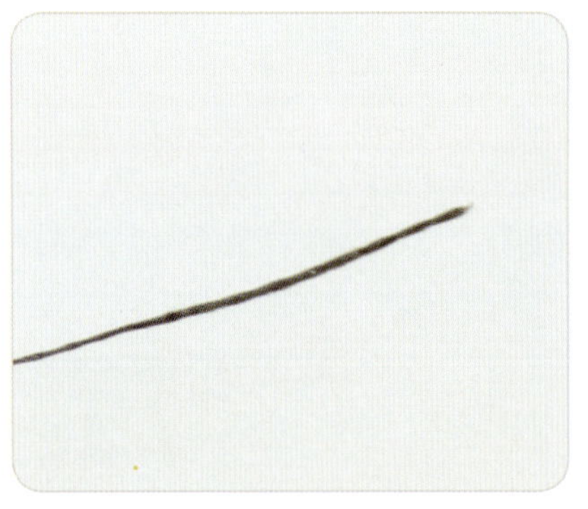

49 디엠씨 3031번 3cm 1가닥을 빳빳하게 코팅하세요.

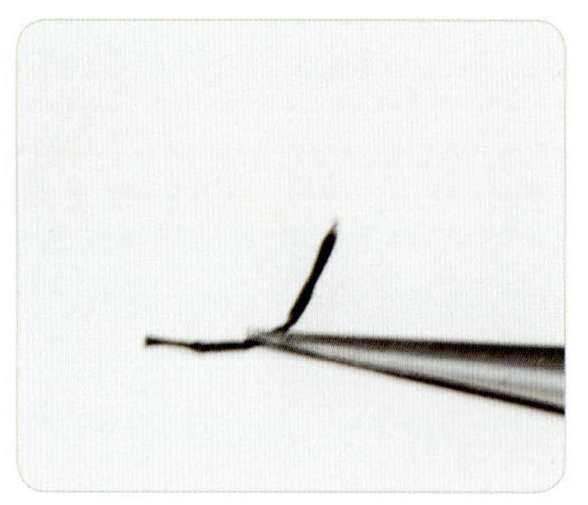

50 핀셋으로 잡고 본드를 칠해서

51 코 부분에 사진처럼 핀셋으로 모양을 만들면서 붙여주세요. 3cm 다 쓸 필요는 없어요. 길이가 길면 잘라내세요.

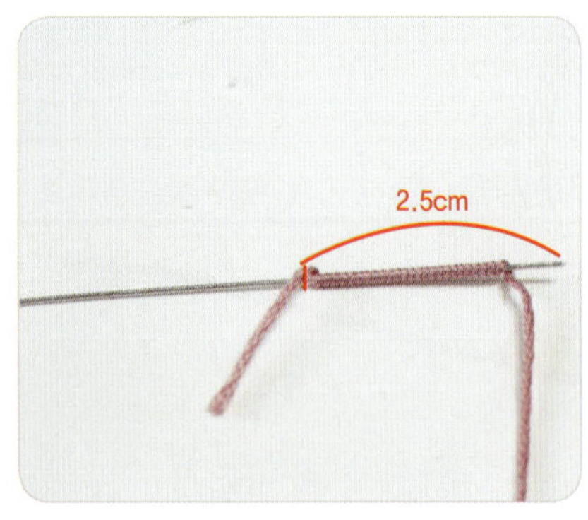

52 22호 와이어 7cm에 앵커 55번 180cm로 2.5cm되는 부분에 실 여유분 1cm 정도를 남기고 촘촘히 1.5cm 지점까지만 감아주세요.

53 그 다음 부터는 면사를 오른쪽으로 돌려서 꼬아진 면사를 넓적하게 핀 상태로 감아주세요.

54 그럼 사진처럼 실을 풀어 감은 곳은 굵기가 얇아져요. 남은 와이어 끝까지 감으세요.

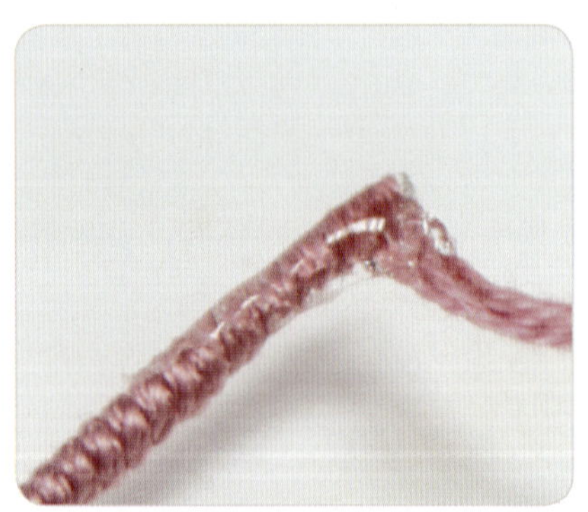

55 얇게 감은 부분에 전체적으로 본드를 얇게 칠하고

56 다시 실을 오른쪽으로 돌리면서 펴진 상태로 1.5cm만큼만 감아주세요.

57 얇은 부분까지 감았으면 다시 그 윗부분에 본드를 칠하고

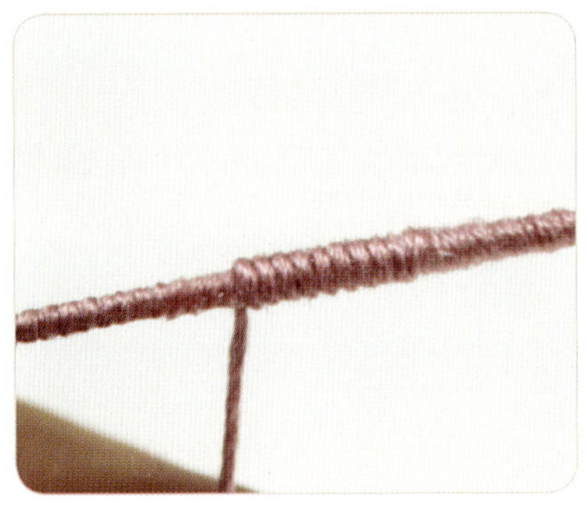

58 이번엔 다시 실을 왼쪽으로 돌려서 처음 상태처럼 서로 꼬이도록 해 놓고 1cm 정도 감아주세요. 여기까지 만들어 놓고

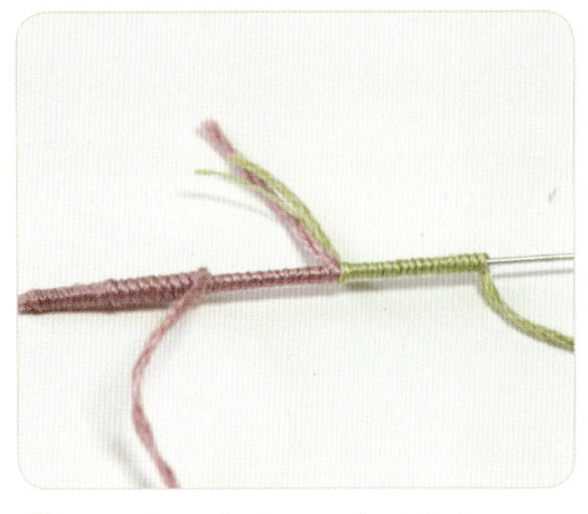

59 와이어를 반대로 돌려 분홍실 시작점에 디엠씨 3819번 25cm 4가닥으로 여유분 1cm 남기고 촘촘히 감아주세요.

60 실과 실이 만나는 곳을 본드 깨알 반만큼 칠하고

61 서로 3번 정도 꼬아서 가위로 바짝 자르세요.

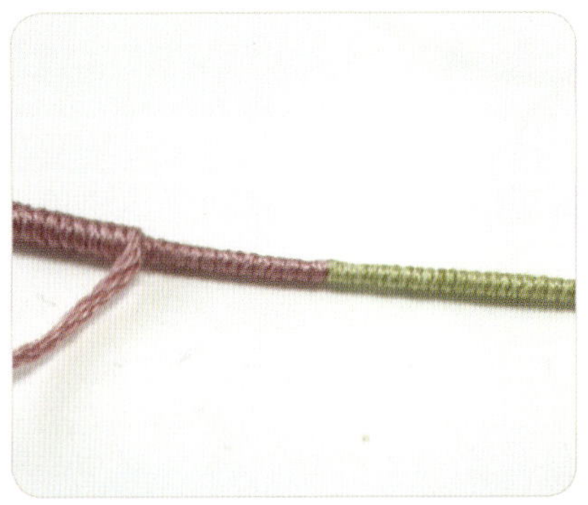

62 자른 부위에 다시 한 번 본드를 칠하고 손으로 두세 번 눌러주세요.

63 연두색 실을 감은 맨 끝쪽도 가위로 자르고 코팅하세요.

64 다시 와이어를 돌려놓고 58번에 감다 놓은 실을 마저 분홍 시작점까지 감아주세요(실이 꼬인 상태여야 해요).

65 그럼 사진처럼 중간보다 앞쪽이 자연스럽게 얇을 거예요.

66 다시 1cm 폭 정도 본드를 칠해서 실이 꼬여 있는 상태로 촘촘히 감아가세요.

67 얇아지는 부분까지 그대로 쭉 감아주고요.

68 얇아지는 부분에서 다시 실을 오른쪽으로 돌려 풀어준 뒤 끝까지 감으세요.

69 실을 오른쪽으로 돌리면서 감아주면 조금 더 얇아질 거예요.

70 다시 본드를 칠하고 실을 오른쪽으로 돌리면서 굵어지기 시작하는 부분까지 감아주세요.

71 굵어지는 부분에선 다시 실을 왼쪽으로 돌려가며 분홍 시작점까지 감아주세요.

72 끝까지 왔으면 그 위에 다시 본드를 칠하고

73 그 상태로 얇아지는 부분까지 촘촘히 감아주세요.

74 얇아지는 곳에서는 실을 오른쪽으로 돌리면서 감아주고요.

75 다시 한 번 본드를 칠해서 실을 푼 상태로 굵어지는 부분까지 감아주세요.

76 굵어지는 부분에선 다시 실을 왼쪽으로 돌려 분홍 시작점까지 감아주고 가위로 바짝 잘라

77 코팅해주세요. 그럼 당근이 완성됩니다.

78 연두색 와이어를 사진처럼 레이스 잡기 해주세요. 언덕을 3개 만들고 아래쪽 연결 부위를 롱로즈로 붙여주세요.

79 레이스를 사진처럼 벌려 주세요.

80 사진처럼 두 번째 레이스를 꺾어 주세요.

81 연두 줄기 구멍에 금사를 통과시켜 묶어주세요.

82 금사를 토끼목에 돌돌 감아서

83 당근의 금사와 연결해 묶어주세요.

84 토끼 양손 끝에 송곳이나 시침핀으로 구멍을 뚫고 O링으로 체인을 연결하세요(구멍이 보이도록 뚫어야 O링 넣기가 쉬워요).

85 바니 이마 가운데도 송곳이나 시침핀으로 구멍을 뚫어주고

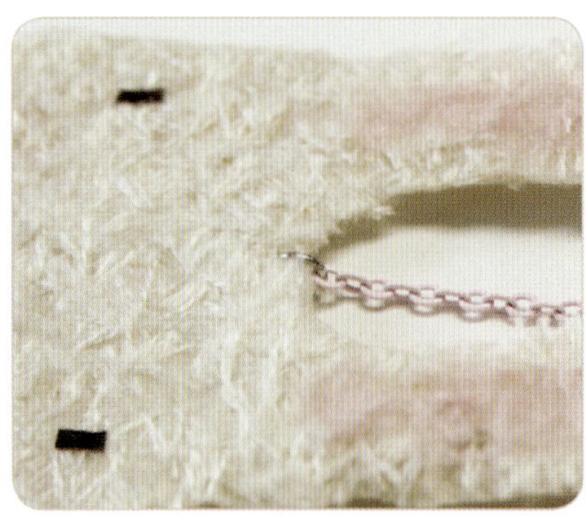

86 O링을 걸로 체인을 연결해 주세요.

87 양동이에도 체인을 연결해 주고요.

88 바니 위쪽 체인 중앙에 T침을 이용해 양쪽 고리를 만든 나무 비즈를 연결해 주세요.

89 나무 비즈는 인두기로 새기고픈 글자를 써넣으면 더 좋아요.

90 다른 색상으로 친구 바니도 만들어 보세요.

B O N U S T I P

나무양동이나 컬러체인, 우드비즈는 릴공예 온라인샵(ireel.cafe24.com)에서 구입하실 수 있어요.

memo

Chapter 05

릴공예와 관련된 정보들

오프라인 강좌 안내

릴공예를 배울 수 있는 곳이에요.

핑거스 아카데미(혜화동)
www.thefingers.co.kr
TEL : 02-741-9070

릴공예 작업실(인천)
www.ireel.co.kr
TEL : 010-3371-2712

오프라인 매장 안내

릴공예 작품을
직접 보거나
구매할 수 있어요.

롯데백화점(중동점)
TEL : 032-320-7114

바보사랑(안양점)
TEL : 031-443-7888

릴공예 관련 온라인 사이트

릴공예를 온라인에서
만날 수 있는 곳이에요.

한국 릴공예 협회
www.ireel.co.kr

릴공예 네이버 까페
cafe.naver.com/ireel

릴공예 온라인 Shop

시중에서 구하기 힘든 부자재나
패키지 혹은 완제품을
구매할 수 있어요.

릴공예 Shop
ireel.cafe24.com

바보사랑
www.babosarang.co.kr

릴 공예에 도움을 주는 협력업체들

텐바이텐 핑거스 아카데미
www.thefingers.co.kr

다양한 공예를 원데이 클래스부터 위클리 클래스까지 만날 수 있어요.
일반 문화센터와는 차별화 된 프로그램과 아이템들이 많답니다.
보다 전문가적인 공예를 함께 하고 싶다면 한 번쯤 들러보세요.
릴공예를 세상에 처음 알리게 된 곳이기도 해서 감사와 애정이 제일 많이 가는 곳이랍니다.

주)코츠코리아
www.coatskorea.co.kr

앵커실을 주로 쓰는 릴공예에게 큰 도움을 주는 곳입니다.
한국에선 구하기 힘든 희귀 실을 수입해주고 실에 관한 정보와 책자 등을 지원 받고 있습니다.

클릭십자수
www.shipjasu.co.kr

누구든지 편리하게 각종 실을 구입할 수 있는 온라인 사이트입니다. 다른 십자수 사이트에 비해 매우 다양한 실을 보유하고 있으며 친절하고 빠른 배송에 동대문시장보다 저렴한 메탈사를 만날 수 있습니다.

데코타운
www.decotown.net

릴공예에 쓰이는 다양한 원석과 비즈들을 쉽게 구매할 수 있는 온라인 쇼핑몰입니다.
분위기가 깔끔하고 재료 찾기도 복잡하지 않아 편리하게 쇼핑할 수 있습니다.

퀵코리아
www.quick-korea.com

릴공예에 없어서는 안될 인두기를 판매하는 곳입니다.
타 사이트에 비해 가장 저렴하며 배송도 빨라 믿고 구매할 수 있는 곳입니다.

핸디로
www.handyro.com

공예 포탈 사이트로 앞으로 크고 체계적으로 운영될 곳이에요.
릴공예를 홍보하고 여러 가지를 지원해 주고 있습니다.

Chapter 06

책을 마무리하며

2011년 3월에 출시될 릴공예 중급 과정에서는
화려한 꽃들을 주제로 한 장신구들이 소개됩니다.
기초과정을 익히고 릴공예가 익숙해 졌다면 반드시 도전해 보세요.
여자라면 좋아하지 않을 수 없는 다양한 꽃들의 아름다움이 가득한.....
좀 더 섬세하고 정교하게~
내 주변이 정성 가득한 꽃들로 가득찰 거예요.

블라썸 데이지 코사쥬

Blossom Daisy Corsage

2011년 8월에 출시될 릴공예 고급과정이에요.
회화적이면서도 우아한 디자인의 장신구들을 만나보실 수 있어요!
나만의 럭셔리한 장신구를 소유하고 싶으면 잊지말고 기대해 주세요.

루비 브로치

Rooby Brooch

릴공예 협회 소개

I n f o r m a t i o n

대표: 이지언

총무: 이은정

운영위: 이서윤
김가미
최선애
김연우
고경민
유효진
우윤경

릴공예 강사 모집

R e c r u t m e n t

릴공예강사에 도전하세요!

릴이라는 브랜드를 공유할 수 있으며 작품 판매와 외부강의, 공방 운영 등을 할 수 있습니다.

자세한 사항은 홈페이지 www.ireel.co.kr에서 확인하시면 됩니다.

DMC	Anchor	DMC	Anchor	DMC	Anchor	DMC	Anchor	DMC	Anchor	DMC	Anchor	DMC	Anchor	DMC	Anchor
208	110	414	235	605	1094	758	882	842	1080	955	206	3340	329	3778	1013
209	97	415	848	606	334	760	1022	844	1041	956	33	3341	328	3779	4146
210	108	420	374	608	330	761	1021	869	277	957	55	3345	269	3781	905
211	342	422	943	610	1086	762	234	890	1044	958	187	3346	268	3782	392
221	43	433	357	611	856	772	259	891	35	959	186	3347	266	3787	273
223	895	434	310	612	832	775	158	892	28	961	76	3348	264	3790	1086
224	1008	435	1046	613	853	776	36	893	33	962	62	3350	59	3799	401
225	1020	436	1045	632	936	778	1016	894	31	963	23	3354	60	3801	35
300	352	437	368	640	393	780	310	895	1044	964	167	3362	263	3802	897
301	1049	444	297	642	832	781	309	898	360	966	240	3363	860	3803	972
304	19	445	293	644	391	782	308	899	26	970	324	3364	261	3804	89
307	290	451	233	645	860	783	307	900	326	971	316	3371	382	3805	63
309	39	452	232	646	8581	791	123	902	897	972	298	3607	87	3806	62
310	403	453	231	647	1040	792	941	904	258	973	290	3608	86	3807	177
311	1036	469	267	648	232	793	176	905	258	975	351	3609	85	3808	1068
312	979	470	267	666	46	794	175	906	256	976	1001	3685	1028	3809	1066
315	1019	471	265	676	942	796	139	907	255	977	1002	3687	68	3810	1064
316	1017	472	254	677	886	797	147	909	923	986	246	3688	894	3811	1060
317	400	498	1005	680	901	798	131	910	230	987	262	3689	73	3812	188
318	849	500	683	699	923	799	145	911	230	988	257	3705	35	3813	875
319	1044	501	217	700	229	800	159	912	209	989	261	3706	27	3814	1076
320	216	502	876	701	229	801	359	913	204	991	1068	3708	55	3815	877
321	47	503	875	702	244	806	162	915	1029	992	1072	3712	1023	3816	876
322	978	504	274	703	238	807	168	917	88	993	1070	3716	25	3817	875
326	42	517	162	704	265	809	140	918	351	995	410	3721	896	3818	923
327	101	518	161	712	926	813	140	919	341	996	433	3722	1027	3819	279
333	119	519	160	718	88	814	22	920	1004	3011	845	3726	1019	3820	307
334	977	520	862	720	326	815	43	921	339	3012	844	3727	1016	3821	363
335	38	522	859	721	324	816	1006	922	1048	3013	853	3731	1024	3822	891
336	1036	523	858	722	323	817	13	924	683	3021	905	3733	1022	3823	292
340	118	524	858	725	306	818	48	926	850	3022	8581	3740	873	3824	8
341	117	535	273	726	305	819	271	927	849	3023	392	3743	869	3825	1047
347	1025	543	933	727	293	820	134	928	274	3024	231	3746	1030	3826	1049
349	1098	550	102	729	890	822	390	930	1035	3031	380	3747	120	3827	1047
350	11	552	99	730	924	823	127	931	921	3032	1082	3750	1036	3828	888
351	11	553	98	731	281	824	139	932	939	3033	830	3752	1096	3829	901
352	9	554	96	732	281	825	143	934	1044	3041	871	3753	1032	3830	884
353	8	561	212	733	280	826	146	935	862	3042	870	3755	140	BLANC	2
355	341	562	216	734	945	827	159	936	846	3045	888	3756	1037	ECRUT	387
356	5975	563	203	738	372	828	1060	937	268	3046	887	3760	146	B5200	1
367	877	564	206	739	880	829	906	938	1088	3047	852	3761	928		
368	261	580	281	740	314	830	277	939	152	3051	268	3765	169		
369	259	581	266	741	314	831	944	943	188	3052	859	3766	1038		
370	855	597	168	742	303	832	907	945	881	3053	261	3768	922		
371	855	598	167	743	302	833	945	946	332	3064	883	3770	1011		
372	854	600	47	744	301	834	874	947	330	3072	234	3772	1007		
400	351	601	63	745	301	838	380	948	1009	3078	292	3773	914		
402	1047	602	63	746	386	839	1050	950	4146	3325	159	3774	778		
407	914	603	62	747	128	840	898	951	1012	3326	36	3776	1048		
413	236	604	66	754	4146	841	1082	954	203	3328	1024	3777	1015		

〈출처 : 자향〉

Chapter 07
작은 선물 드려요

인터넷 비즈부자재 쇼핑몰
데코타운
www.decotown.net

10% 할인쿠폰(4만원 이상 구입시)

중복할인은 불가함

인터넷십자수 쇼핑몰
클릭십자수
www.shipjasu.co.kr

면사 20% 할인쿠폰

중복할인은 불가함

오프라인 공예전문 아카데미
핑거스 아카데미
www.thefingers.co.kr

릴공예 강좌 20% 할인쿠폰

릴공예 기초 1회 무료 수강쿠폰

릴공예 작업실에서만 가능합니다(수업 시 쿠폰을 오려오세요)

릴공예 온라인 샵 ireel.cafe24.com 회원가입 시
추가 적립금 2,000원 쿠폰

사용방법 : 데코타운 홈페이지(www.decotown.net) 공지게시판을 확인해주세요.

쿠폰번호 : DC04-3265-6B3X-YY39

사용기한 : 2010년 10월 ~ 2011년 2월 28일

사용방법 : 클릭십자수 홈페이지(www.shipjasu.co.kr) 공지게시판을 확인해주세요.

쿠폰번호 : 2010-76F1-D710-F099

사용기한 : 2010년 10월 ~ 2011년 2월 28일

홈페이지 : www.thefingers.co.kr

전화번호 : 02-741-9070

쿠폰번호 : FC01-8209-7F7F-BB48

사용기한 : 2010년 10월 ~ 2011년 2월 28일

사용방법 : 날짜와 시간은 홈페이지(www.ireel.co.kr)를 참고하세요.

*재료비는 별도입니다.

사용방법 : 홈페이지(ireel.cafe24.com)에 회원가입하시고 쿠폰번호를 게시판에 남겨주시면 확인 후 적립해드립니다.
기존 가입자도 로그인 후 쿠폰번호를 게시판에 남겨주시면 추가 적립해드립니다.

쿠폰번호 : RC02-1008-9G7Y-TT28

Chapter 08

릴공예 기초 만들기 실물본

만들기 실물본

투명 바디를 실물본 위에 얹어 놓고 그대로 따라 그리세요.
가는 송곳이나 핀셋의 뾰족한 부분으로 그리면 편리해요.

1. 일러스트 캔버스 이어링(p. 72)

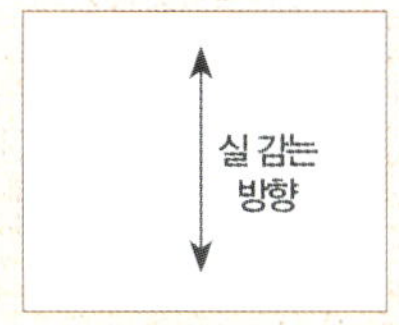

2. 앤 브로치(p. 78)

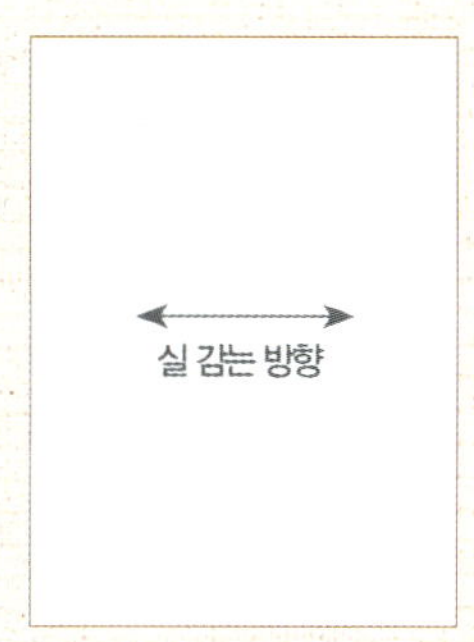

3. 담수진주 머리핀(p. 122)

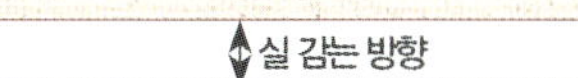

4. 사각 포인트 헤어핀(p.128)

5. 커브 이어링(p. 134)

만들기 실물본

투명 바디를 실물본 위에 얹어 놓고 그대로 따라 그리세요.
가는 송곳이나 핀셋의 뾰족한 부분으로 그리면 편리해요.

6. 새싹 묶음 머리핀(p. 170)

실 감는 방향

7. 큐브 헤어밴드(p. 228)

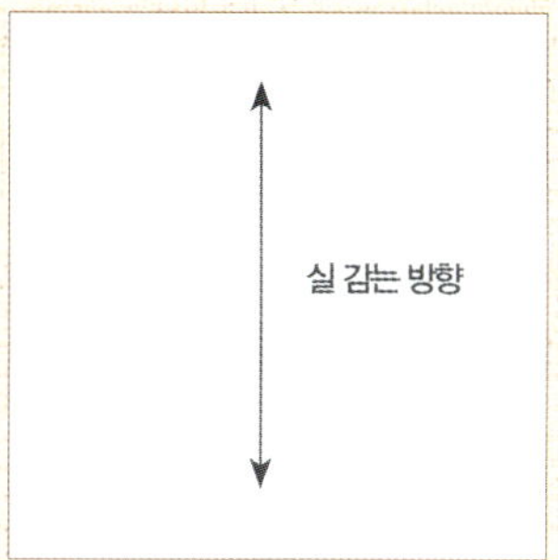

8. 큐브 스톤 프레임 목걸이(p. 178)

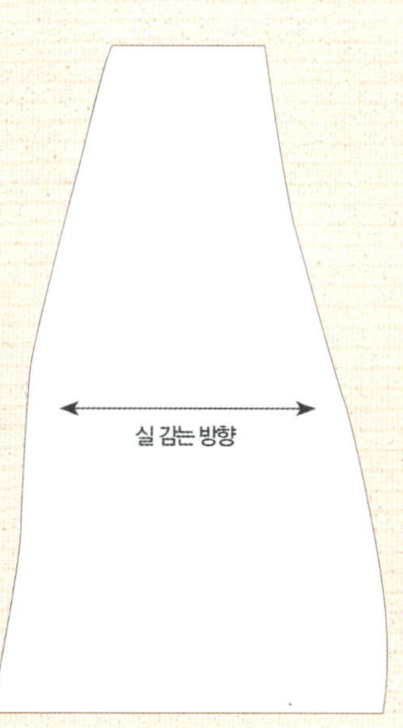

9. 에스닉 스타일 목걸이(p. 182)

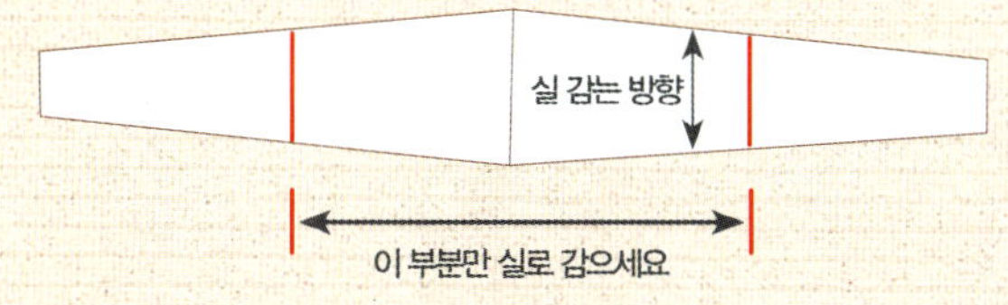

만들기 실물본

{ 투명 바디를 실물본 위에 얹어 놓고 그대로 따라 그리세요.
가는 송곳이나 핀셋의 뾰족한 부분으로 그리면 편리해요. }

10. 일러스트 리본 브로치(p. 190)

11. 솜사탕 핸드폰 고리(p. 200)

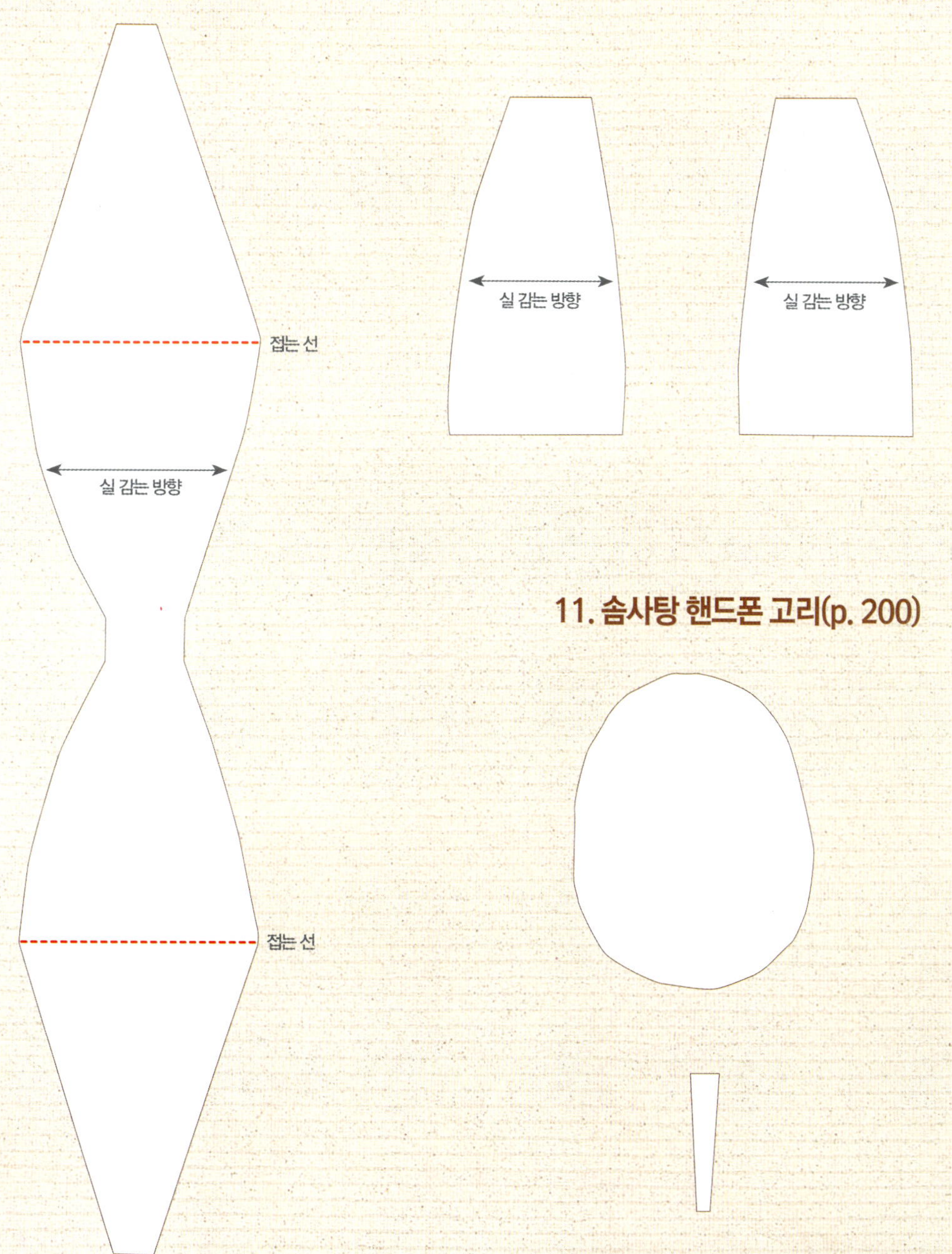

만들기 실물본

투명 바디를 실물본 위에 얹어 놓고 그대로 따라 그리세요.
가는 송곳이나 핀셋의 뾰족한 부분으로 그리면 편리해요.

12. 민트 베어 이어링(p. 206)

13. 미니 퍼피 이어링(p. 214)

14. 사과나무 이어링(p. 222)

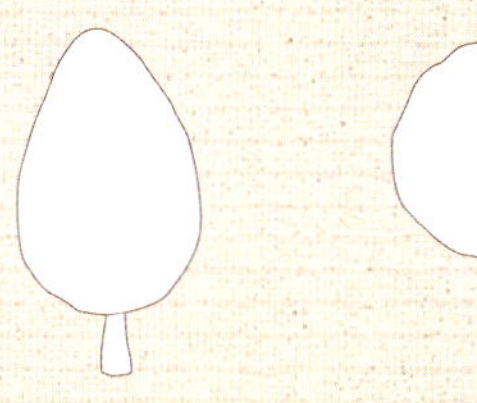

15. 실버 스틱 이어링(p. 252)

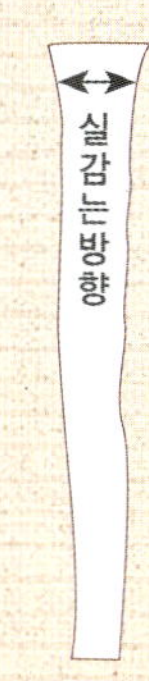

16. 언발란스 이어링(p. 258)

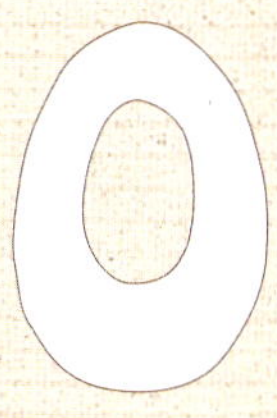

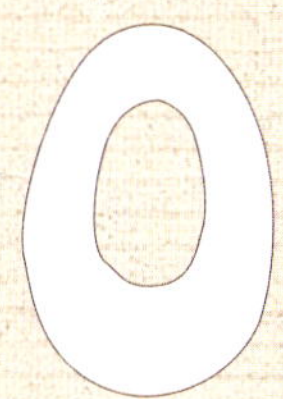

만들기 실물본

투명 바디를 실물본 위에 얹어 놓고 그대로 따라 그리세요.
가는 송곳이나 핀셋의 뾰족한 부분으로 그리면 편리해요.

17. 실버메탈 팔찌(p. 264)

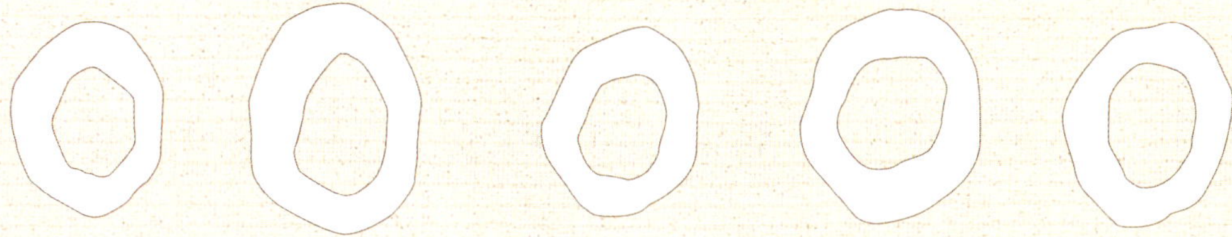

18. 이니셜 목걸이(p. 270)

19. 오리엔탈 링 이어링(p. 276)

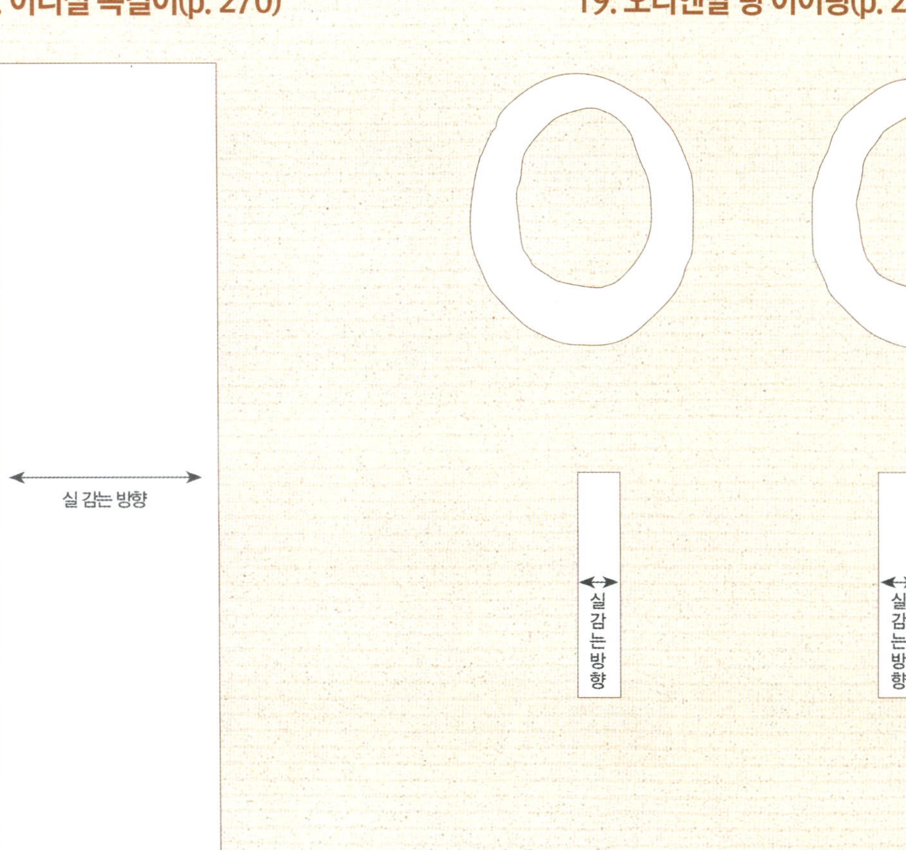

만들기 실물본

투명 바디를 실물본 위에 얹어 놓고 그대로 따라 그리세요.
가는 송곳이나 핀셋의 뾰족한 부분으로 그리면 편리해요.

20. 빅서클 포인트 목걸이(p. 282)

실 감는 방향

21. 롤롤 헤어밴드(p. 294)

실 감는 방향

실 감는 방향

22. 바니 미니 바스켓(p. 312)

실 감는 방향